Sogensha
History Books
創元世界史ライブラリー

マリア・テレジアとハプスブルク帝国

複合君主政国家の光と影

岩﨑周一 著

創元社

はじめに

二〇二〇年一〇月二〇日、プラハ。プラハ城北西のマリア・テレジア公園にて、一体の像の除幕式が催された。チェコ共和国において初となるという、マリア・テレジアの記念像のお披露目である。二〇一三年に開始されたこのプロジェクトは、立ち上げの動機や理念が曖昧なまま、マリア・テレジアがハプスブルク君主国の統治者となって二八〇年目となるこの日に完結した。(1)

顔のつくりがなく、「チェスの駒」と揶揄《やゆ》されているというこの白い像の制作意図は、次のように説明されている。「私たちは、この偉大な女王を思い起こさせる純粋なエッセンス、すなわち高貴な存在感、高い地位、重大な社会的使命を強調したかった。これらすべてを、厳密に精選された簡潔なコンセプトのなかに詰め込んだのだ。私たちは、より広い文脈で人々に語りかけることのできる、時代を超えた原型を実現できたと信じている」「マリア・テレジアの人格を、過去のヨーロッパの政治ゲームのなかの仮想の人物として想像することができるのだ。マリア・テレジアが誰だったか、その生涯で何をし、どのような姿であったかを思い描き、考察し、調べることを人々に促すこのモニュメントは、教育的な側面も持っている」。(2)

だが、こうした制作者たちの意図とは別に、この像の捉えどころのなさは、マリア・テレジアに

プラハのマリア・テレジア記念像

対するイメージと奇妙に合致するところがある。子沢山、そしてマリ・アントワネットの母ということ以外に、彼女について思い浮かぶことはあるだろうか。実のところ、この事情はオーストリアなどの旧ハプスブルク支配圏でもあまり変わらない。歴史研究における動向も似たようなものである。マリア・テレジアに関する研究は、没後二〇〇年（一九八〇年）や生誕三〇〇年（二〇一七年）といった機会に単発的には増加するが、継続的な関心を集めるには至っていない[3]。マリア・テレジアが誰であったか、その生涯で何をし、どのような姿であったかを思い描き、考察し、調べることは、未開拓のテーマとして私たちの前に残されている。

しかし、なぜマリア・テレジアはこのように捉えがたく、どこか敬遠された存在となっているのだろうか。無敵艦隊を撃破したといった類の「分かりやすい」事績の乏しさもさることながら、より根底にあるのは、マリア・テレジアの統治が近代化あるいは保守反動などといった性格付けを容易に受けつけない、複雑で多面的なものであったことにあるように思われる。彼女自身、改革に勤しんだが守旧的で、柔軟だが強情で、慈悲深いが酷薄で、穏健でありながら強権的という具合に、矛盾する要素を一身に宿し、そのなかを揺れ動き、思い惑いながら統治した人物だった。

ただ、このような混沌《こんとん》はマリア・テレジアが生きた時代の特徴でもあった。アドリア海沿岸の都市ドゥブロヴニクの貴族トモ・バセグリ（バセリッチ）いわく、「我々の世紀［一八世紀］の特徴の一つは、何事においても中間の立場をとり、自己矛盾を抱えること」であった。「何もかもが、欲望と無欲、専制君主と共和主義者、獰猛《どうもう》と人間味、残酷と慈愛、非常に文明的で非常に野蛮、活気と倦怠《けんたい》、一言で言えば、互いに相反する色調の混合物である」(4)。この意味に立つとき、マリア・テレジアは、一八世紀という時代を体現する存在に見えてくる。

　このような視座のもと、本書ではマリア・テレジアとその治世を、彼女が率いた政府、統治した国家と諸地域、そしてそこに生きた人々との関係を通して描い

マリア・テレジアとその家族（マイテンス画、1755年）

ていく。マリア・テレジアの生涯を辿《たど》ることはもとより重要なテーマであるが、偉大な女傑の一代記、あるいは華麗なる王朝の愛憎劇ではなく、かと言って偶像破壊に血道《ちみち》を上げることにもならないよう注意したい。過去と現在のあいだに存在する隔たりを意識しつつ、マリア・テレジアが統治した時代における政治・社会・文化の動向を、その人物と共に、多様な地域と人々のありようが相補的に絡み合っていくように描く。それが本書の目的である。よって時には、彼女と直接関係しない事柄や人物を扱いもする。しかしそれらが最終的には、マリア・テレジアとその時代に対する理解を深めるかたちに収斂《しゅうれん》していけばと願っている。

さて本論に入る前に、本書で用いる語句などについて、煩雑ではあるがいくつかお断りしておく。

一、「ハプスブルク君主国」について。本書は、「ハプスブルク帝国」を書名に含めている。しかし文中では、ハプスブルク家の君主により統治されていた国家を、一貫して「ハプスブルク君主国」と呼称する（冗長さを避ける際の略称は「君主国」）。これは、主として「神聖ローマ帝国」との混同を避けるためである。よって「帝国」を含む語句（たとえば「帝国議会」）は、すべて神聖ローマ帝国に直接関連する用語となる。

この観点からすれば、書名も『マリア・テレジアとハプスブルク君主国』とするほうが統一がとれる。しかし、「ハプスブルク帝国」という呼称は広く人口に膾炙《かいしゃ》している。そして「ハプスブルク君主国」は研究上の用語として適切ではあっても、一般には馴染みが薄いうえ、日本語としてこなれていない感が否めない。そこで首尾一貫性を欠くが、このように処理することとした。

二、マリア・テレジアの称号について。マリア・テレジアはハプスブルク君主国の正統な統治者であるが、帝位には就かなかった。よって、彼女を女帝とすることには問題がある。しかしその活動実態を見れば不適切とは言いがたく、また実際に生前から、限りなく女帝に近い存在として遇されてもいた。よって本書では文脈とニュアンスに応じ、女帝あるいは皇后と使い分けることとした。

三、「チェコ」および「ボヘミア」について。「チェコ」は国名として使われる場合と、プラハを中心とするチェコ共和国の西部地域の呼称として使われる場合とがあり、混乱を招きやすい。そこで本書では前者の意味でのみ「チェコ」を用い、後者の意味では「ボヘミア」を用いることとした。

四、註について。本書は一般書であるが、同業者や後進の参考になることもあるかと思い、引用註のみ付すこととした。よって出典が気にならない方は、すべて無視していただいて構わない。なお註記に際しては、数を減らすため、段落の最初あるいは最後にまとめるかたちを多くとった。

五、地名・人名の表記について。基本的には原音を尊重したが、一般に広く認知されているもの——たとえば「ハプスブルク」や「ウィーン」——については、その限りでない（原音ではそれぞれ「ハープスブルク」「ヴィーン」がより正確）。しかし、この問題に統一的な基準を設けることは不可能なため、最終的にはかなり恣意《しい》的に判断した。

六、邦訳の引用について。本書の記述に合うよう、訳文や用語を改めさせていただいたところもある。ご了解いただければ幸いである。

目次

地図製作　ZAPPA河本佳樹

装丁　濱崎実幸

図版出所一覧

絵画作品の作者や制作年などの情報はなるべく記載したが、紙幅の都合により表記を簡略化している(作者または制作年代が不詳の場合は記載省略)。主要作品の所蔵先は以下のとおり（数字は図版掲載ページ)。

なお、85頁の肖像画のように、所蔵者と展示場所が異なる場合もある（同作はシェーンブルン宮殿で展示されているが、所蔵者はウィーン美術史美術館である)。

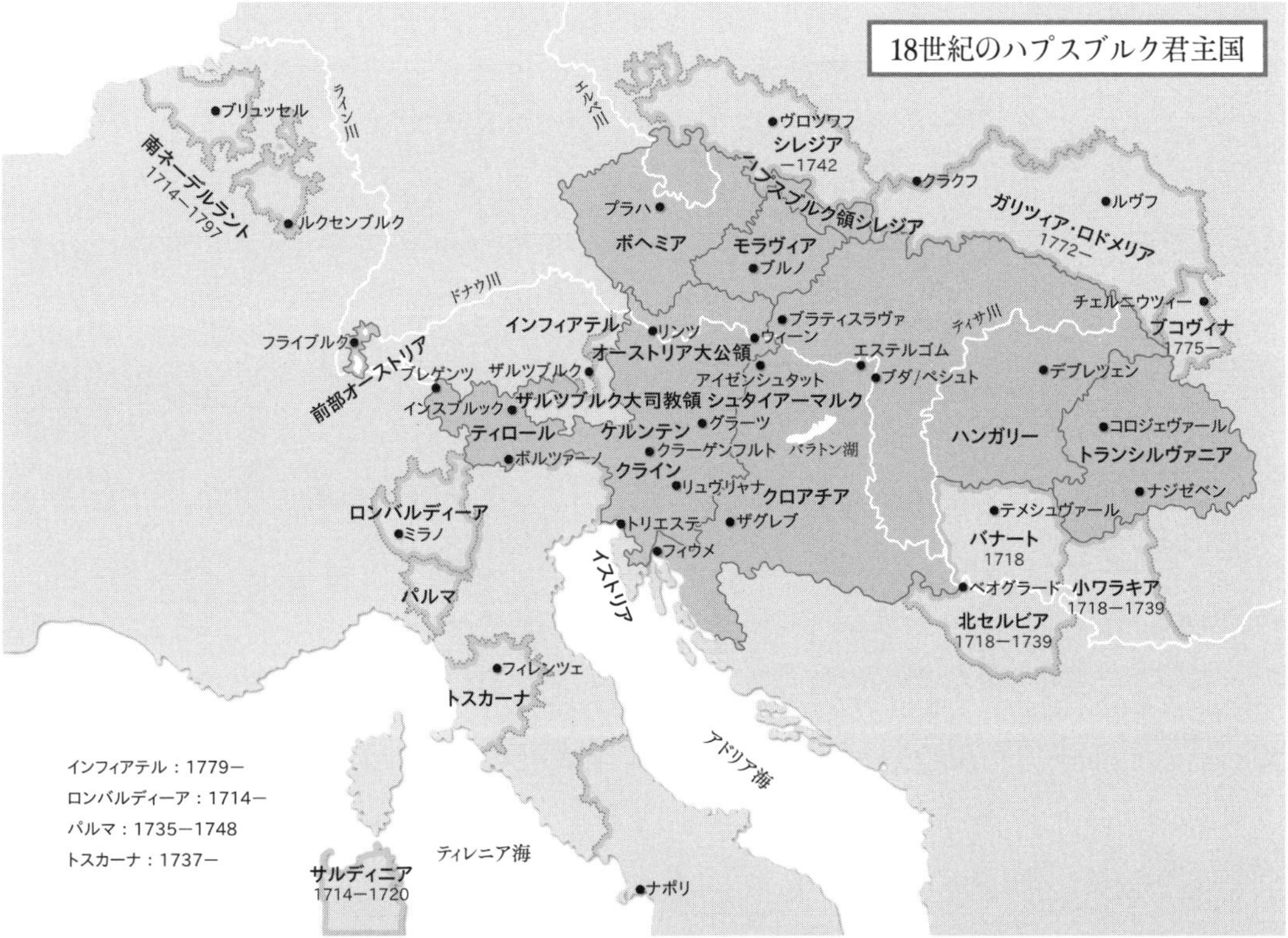
18世紀のハプスブルク君主国
●ブリュッセル
南ネーデルラント
1714ー1797
●ルクセンブルク
ライン川
エルベ川
●ヴロツワフ
シレジア
ー1742
ハプスブルク領シレジア
●クラクフ
●ルヴフ
ガリツィア・ロドメリア
1772ー
●プラハ
ボヘミア
モラヴィア
●ブルノ
ドナウ川
チェルニウツィー●
ブコヴィナ
1775ー
●ブラティスラヴァ
ティサ川
インフィアテル
●リンツ
●ウィーン
フライブルク●
オーストリア大公領
エステルゴム
●デブレツェン
前部オーストリア
ブレゲンツ
ザルツブルク●
アイゼンシュタット
●ブダ/ペシュト
ザルツブルク大司教領
シュタイアーマルク
インスブルック●
●グラーツ
●コロジェヴァール
ティロール
ケルンテン
ハンガリー
●ボルツァーノ
●クラーゲンフルト
バラトン湖
トランシルヴァニア
クライン
●リュブリャナ
クロアチア
●ナジゼベン
ロンバルディーア
●テメシュヴァール
●トリエステ
●ザグレブ
●ミラノ
バナート
1718
イストリア
●フィウメ
パルマ
●ベオグラード
小ワラキア
1718ー1739
北セルビア
1718ー1739
●フィレンツェ
トスカーナ
アドリア海
インフィアテル：1779ー
ロンバルディーア：1714ー
パルマ：1735ー1748
トスカーナ：1737ー
ティレニア海
サルディニア
1714ー1720
●ナポリ

第1章　曙光

1　ハプスブルク家の人々

誕生

一七一七年五月一三日の朝、ウィーンのホーフブルク宮殿の一室に赤子の産声が響いた。ハプスブルク家の当主にして神聖ローマ皇帝のカール六世に、第二子が誕生したのである。この出来事をカールは日記にこう記した。「まったくもって幸いなことに、七時二〇分、娘マリア・テレジア・ヴァルプルギス・クリスティーナ誕生。母子ともに健康。［…］死んだ息子のことがあっただけに、とても嬉しい」。この時代、妊産婦の死亡は珍しくなかった。またカールは前年、結婚から八年を経てようやく授かった長男を、生後半年ほどで亡くしたばかりであった。男子の誕生が一番の望みだったとはいえ、母子ともに健康な状態で出産が無事終わったことを、カールはひとまず喜んだの

3歳のマリア・テレジア

である。彼は義父にこう伝えた。「妻は今回娘を得たことに満足していません。でも、子供が生まれたことに変わりはありません。これからまた息子たちや娘たちに恵まれることを望んでいます」[1]。

誕生の日の夕方、赤子は「マリア・テレジア・ヴァルブルガ・アマーリア・クリスティーナ」と正式に名付けられて洗礼を受けた。「マリア」は言うまでもなく、最高位の聖人であり、ハプスブルク家そしてオーストリアの守護聖人として崇敬の対象となっていた聖母マリアに由来する。「テレジア」は、アヴィラの聖テレサあるいはイエズスの聖テレジアとして知られる、一六世紀にスペインでカルメル修道会の改革などに尽力した神秘家の名。これには、父カールの早逝したすぐ上の姉の名であったことも、あるいは影響していたかもしれない。「ヴァルブルガ」は八世紀に活動し、オーストリアでとくに崇敬されていた聖女の名。「アマーリア」は洗礼の時に代母を務めた先帝ヨーゼフ一世の未亡人アマーリア・ヴィルヘルミーナに、「クリスティーナ」は母エリーザベト・クリスティーネに由来する。敬虔《けいけん》なカトリック信仰、そして一族の絆《きずな》に基づく命名であったといえるだろう。

女子であったにもかかわらず、マリア・テレジアの誕生は相続権保持者の誕生として祝われた。

すでに誕生のおよそ一月まえには、生まれてくる子を性別に関係なく、そのように扱うことが確認されている。これは当時ハプスブルク家に、カール六世の後を継ぐ男子がいなかったことによる。このためカールは、一七一三年に制定された「国事詔書《プラグマーティッシェ・ザンクツィオーン》」において男系断絶の際には女系への継承を認めると定めたことに基づき、断絶の危機を避けるため、早々と手を打ったのだった。(2)

皇帝カール六世

マリア・テレジアの父カール六世は、一六八五年に皇帝レーオポルト一世の第一三子としてウィーンに生まれた。この時期、同じハプスブルク家のスペイン国王カルロス二世が病弱なうえに後継者となる子を持たなかったので、スペイン系統の断絶が現実味を帯びていた。このためオーストリア系ハプスブルク家は、カールの兄のヨーゼフに帝位と中欧諸国を継がせ、カールにはスペインを継承させようと企図した。この方針のもと、カールはスペイン語（カスティーリャ語）のみならず、カタルーニャ語まで習得し、来るべき継承の日に備えた。

皇帝カール６世（アウエルバッハ画、1735年）

カルロス二世が一七〇〇年に没したのち、その後継をめぐる争いは、ついに列強の多くを巻き込む戦争に発展した（スペイン継承戦争）。イギリスやオランダとの共闘、そして名将プリンツ・オイゲンの活躍などもあり、ハプスブルク側は総じて

会議中のオイゲンと重臣たち

優位に戦いを進めた。しかしレーオポルト一世の没後、後を継いだヨーゼフ一世が早世したことで（一一年）、事態は一変した。これによってカールがハプスブルク家唯一の男子となり、その全家領を相続する立場となったためである。スペインと中東欧にまたがる広大な領域を単独で統治する強大な君主の登場を喜ぶ国は、どこにもなかった。こうしてハプスブルク君主国は、ロンバルディーア、ナポリ、サルデーニャといったスペイン領イタリア諸地域に加え、南ネーデルラントも得たものの、スペイン本国の領有は諦めざるを得なかった。

　カールはウィーンに戻り、一一年には皇帝に選ばれて、カール六世として即位した。ハプスブルク君主国の統治者としての最大の業績は、ハンガリーとの関係改善を果たしたことであろう。ハプスブルク君主国は一七世紀末からオスマン帝国に対して戦勝を重ね、長らくその支配下にあったハンガリー諸地域を獲得したが、そこで中央への服属を強いる政策をとったために反発を招き、一八世紀初頭には大規模な抵抗闘争が勃発していた。カールはこの主因を政府の失政と軍の横暴にあるとみなし、自らの尊厳と王権の利益に反しないかぎり、この国の慣習・特権を尊重して統治する方針をとった。[3] これにより、長く続いてきた対立はかなりの程度緩和されたのだった。

ただ、カールは概して政務に熱心でなく、プリンツ・オイゲンをはじめとする旧来の重臣たちに多くを委ねた。しかし自らの権威については敏感で、最終決定権を握ることにはこだわった。無口で近寄りがたく、胸襟を開く相手はヨハン・ミヒャエル・アルタンをはじめとするスペイン時代からの近臣に限られていたため、周囲はその意を察することに苦心した。鬱《うつ》病の気もあり、日記からは気分や感情の制御に苦労していたことが窺える。怠惰ではなかったが熱意が持続せず、優柔不断なところがあり、面倒な問題はしばしば先送りにした[4]。

家庭においては、子煩悩な善き父であった。長女マリア・テレジアを「テレースル」という愛称で呼んで可愛がり、一八年に生まれた次女マリア・アンナを含め、家族団欒《だんらん》の機会をしばしば持った。学芸にも広く通じ、とくに音楽を好んで、自らヴァイオリンを弾き作曲もした。二八年にトリエステを訪れた折には、(ヴァイオリン協奏曲集「四季」で知られる)ヴィヴァルディに謁見を許している。ファリネッリの名で知られる著名なカストラート歌手カルロ・ブロスキは、人を驚嘆させるのではなく感動させようと望むなら、超絶的な技巧に走らず簡素を尊ぶべきとカールから直々に忠告されたことが、何よりもためになったと語ったという。こうした学芸上の功績は、ウィーンのカール教会、そしてオーストリア国立図書館内の豪華絢爛《けんらん》な「プルンクザール」が象徴的に示している[5]。

オーストリア国立図書館・プルンクザール

皇后エリーザベト・クリスティーネ（アウエルバッハ画、1737年）

皇后エリーザベト・クリスティーネ

マリア・テレジアの母エリーザベト・クリスティーネは、ドイツ北部の名門ブラウンシュヴァイク家の出身である。カール六世との結婚は、皇帝に接近することで勢威を増そうとする自家、そして宗派の相違を超えて帝国諸侯とのつながりを深めようとするハプスブルク家の思惑の産物であり、ルター派であった彼女は、この際にカトリックへの改宗を強いられた。

一七〇一年にスペイン継承戦争が勃発すると、エリーザベト・クリスティーネはバルセロナでしばしば夫の代理を努め、非凡な政治能力を発揮した。また実家の姪《めい》がプロイセン王太子フリードリヒ（のちの国王フリードリヒ二世）に嫁《とつ》ぐ際には、プロイセンとの関係強化を望んだハプスブルク政府の意向にも後押しされて、その実現に寄与している。ウィーンに移ってからは表立って政治に関わることはなかったが、彼女が非公式に夫の政策決定に影響を与えていたことを示唆する証拠は複数ある。五〇年にエリーザベト・クリスティーネが没した際、当時の侍従長ヨハン・ヨーゼフ・ケーフェンヒュラー＝メッチュ（後述）はこう記した。「彼女は［カール六世の］晩年にほとんど完全に支配していたが、あまりにも目立たないので、皇帝カールはそれでも自分が一人で支配していると信じ、彼女が巧みに教えてくれたことを自分の考えとして受けとめていた」[6]。

夫との関係は良好であった。カールは初対面の時から妻の美しさに惹《ひ》かれ、以後も「我が最愛の天使」と呼ぶなど、称賛の言葉を惜しまなかった（ただ彼に限らず、本書の登場人物が残した文章の大半には、一八世紀中葉以降のヨーロッパ文芸の特徴である感傷主義の影響か、最上級表現の多用などによって感情を強く表出する傾向がみられるので、解釈には注意を要する）。彼女の美貌はつとに知られ、一六年にハプスブルク君主国を訪れたメアリー・ウォートリー・モンタギュー（種痘［人痘］をヨーロッパに広めたことで知られる）は、拝顔の栄に浴することを心待ちにした。そして拝謁後には、生気あるまなざしや美しい微笑み、そして魅力的な体つきに魅了され、「自然がこれほどのものを創り出すことができようとは、まったく思いもよりませんでした」と絶賛した(7)。

しかし、三〇年余の結婚生活において男子が一人しか生まれず、しかもその子を早くに失ったことは、彼女の心に暗い影を落とした。世継ぎの男子を求める周囲の声に悩まされ、心痛から夜に突如落涙することもあった。こうしたなか、カールが再婚して男子を得ることができるよう、病気がちな彼女の早世を期待する向きさえ現れるようになる。実際のところ、これはカールの脳裡を一度ならずよぎった考えで、政府もそれに備え、後添《のちぞい》となる女性を内々に物色していた(8)。

理由は分からないが、エリーザベト・クリスティーネとマリア・テレジアとのあいだに、親密な愛情が育まれることはなかったようである。生涯を通じ、母も娘も互いについて、ほとんど言及しなかった。周囲との人間関係の構築にも問題を抱えていたらしく、次女のマリア・アンナと結婚したカール・ロートリンゲンは、この義母を「美人、陰険、狡猾、執念深い、不実」と評している(9)。夫の没後、彼女は公の場から退き、表舞台からほとんど姿を消した。このような関係がおそらく影響して、マリア・テレジアの「母親」に対する愛情は、別の女性に向けられることとなる。

11歳のマリア・テレジア（メラー画、1727年）

若年期

　ハプスブルク家では、特別に任ぜられた貴族を責任者として、従僕や侍女が子供の養育を担当した。これは王侯貴族の場合、珍しいことではない。親が子供を直接養育するようになるのは、日本の皇室では昭和天皇の代から、イギリスの王室では二一世紀に入ってからのことであった。

　マリア・テレジアの幼年期を知ることのできる同時代の記録は、ほとんど残っていない。アンドレアス・メラーの筆になる美麗な肖像画（一七二七年）が伝える、利発で闊達《かったつ》そうな少女の様子が、最良の資料ということになるのかもしれない。もっとも、一六歳になっても生理が始まらず、痩せぎすで壮健とは言いがたかったことから、一〇代前半までは早世を心配する声もあった[10]。

　マリア・テレジアが受けた教育は充実していた。一歳下の妹マリア・アンナと共に宗教教育をイエズス会士から受け、諸言語（ラテン語、スペイン語、イタリア語、フランス語）、音楽、歴史、地理については専門の教師から学んだ。近世史家バーバラ・シュトルベルク＝リリンガーが言うように、法学を学ばなかったことを除けば、その教育内容は皇子たちのそれと大差なかったといえる(11)。

一七二〇年代からハプスブルク君主国を訪れた知識人たちも、この点に注目した。たとえばヨハン・バジリウス・キュッヘルベッカーはこう書いた。「この二人の皇女方は、優れた特質を備えておられる。それが、この方々がうけた類稀《たぐいまれ》で優れた教育の賜物であることは疑う余地がない。それによってこの方々は、知性、賢さそして学識において、ほかの多くの高貴な女性たちをはるかに凌《しの》いでいる」(12)。後年にマリア・テレジアが発揮することになる傑出した政治能力は、このような教育を下地としたものであった。

アヴィラの聖テレサ
（マリア・テレジア画）

カール六世が音楽を好んだため、子供たちは歌やダンスを披露する機会を多く持った。マリア・テレジアいわく、「私はヨーロッパで最初のヴィルトゥオーサ〔演奏の名手。ヴィルトゥオーゾの女性形〕です。父は私がまだ五歳の時、ウィーンの宮廷劇場の舞台に立たせて、アリアを歌わせたのですから」。彼女の歌唱力は高く、母もこの点については称賛の言葉を残している。詩人でオペラ台本作家のピエトロ・メタスタジオは弟に対し、彼女たちの地位を忖度《そんたく》しての発言ではないと断ったうえで、彼の作品の上演に加わった皇女たちが練習時間の不足を物ともせず、見事な出来を見せたと褒め称えた(13)。

マリア・テレジアは、一一歳の時から教育係となったカロリーネ・フクス伯爵夫人とのあいだに、特別に親密な感情を育んだ。彼女にとっては事実上の母たる存在で、実際に「ママ」と呼んで慕っている。フクスの公明正大な姿勢は、周囲の人々も広く認めるところであった。彼女が五四年に没した時、マリア・テレジアは特命を発し、ウィーンのカプツィーナー教会の地下にあるハプスブルク一族の墓所に葬らせた。このような扱いを受けた人物はほかにいない。その棺には、「徳高き教育に深く感謝する心による、不滅の記憶のために」というマリア・テレジアの言葉が銘打たれている。

フランツ・シュテファン・ロートリンゲン

マリア・テレジアの夫となるフランツ・シュテファン・ロートリンゲンは、一七〇八年にロートリンゲン（ロレーヌ）家の公子としてナンシーに生まれた。祖父のカールは皇帝フェルディナント三世の娘を妻とし、オスマン帝国やフランスとの戦いで勇戦奮闘した名将である。また、父のレーオポルトはウィーンで育ち、いとこにあたるヨーゼフ一世そしてカール六世とは竹馬の友であった。

一七二三年、ロートリンゲン公レーオポルトは息子フランツ・シュテファンをカール六世の子女と結婚させようと考え、ウィーンに遊学させた。この目論みは図に当たった。狩りを共にした際にドイツ語で会話できたことなどから、カール六世はこの少年をすぐに気に入り、早くもマリア・テレジアの結婚相手として考えるようになる。当のマリア・テレジアはまだ五歳であったが、五〇年ほどのちの回想では、この時から彼が好きだったと語っている。二九年、ウィーンを離れることになった彼に対し、一二歳のマリア・テレジアはダイヤモンドで装飾された自身の肖像画を贈った。[14]

フランツ・シュテファンは、快活で人好きのする愛らしい少年だった。しかし怠惰なところがあり、はじめは読み書きさえおぼつかなかった。こうした特徴は、結果的に終生ついてまわることになる。のちには学芸（とりわけ自然科学領域）に広範な関心を示し、とりわけ財務に才を示すようになるが、文章力はあまり向上しなかった。ただ、二九年から南ネーデルラント、オランダ、プロイセン、イギリスなどを周遊するグランド・ツアーを経験したことは、彼の成長を大きく促した。

バイエルン公家やスペイン王室との縁組のほうが国益にかなうという声もあったため、マリア・テレジアの許婚《いいなずけ》としてのフランツ・シュテファンの立場は当初不安定であった。それでも三〇年代になると、未来の花婿の地位はほぼ不動のものとなる。なお、プロイセンの王太子フリードリヒ（のちのフリードリヒ二世）との婚姻が検討されたと言われることがあるが、これには何の根拠もない。[15]

15歳のフランツ・シュテファン

しかしこの展開は、フランスとの関係を悪化させる一因となった。フランツ・シュテファンの故国であるロートリンゲン公国はドイツ語圏とフランス語圏の境界地域で、近世の初めから第二次世界大戦に至るまで、係争の絶えない地域であった。そのためロートリンゲン家がハプスブルク家と姻戚関係を結ぶことを、フランスは警戒すべき事態とみなしたのである。このことは、三三年に勃発するポーランド継承戦争において、重大な意味をもつことになる。

2　ハプスブルク君主国

中世から近世へ

さてここで、マリア・テレジア期に至るまでのハプスブルク君主国について概観しておこう。

ハプスブルク家はライン川上流域の小貴族から身を起こし、一三世紀後半に初めてドイツ王（ルードルフ一世）を輩出し、オーストリアを獲得するなどして、神聖ローマ帝国の有力諸侯に加わった。そして一四三八年から継続的に神聖ローマ皇帝に選出され、マクシミリアン一世とカール五世の時代にネーデルラントやスペイン、またチェコやハンガリーにも版図を広げ、一六世紀前半までにヨーロッパの覇権を窺うまでの発展を遂げた。

しかし、この過程でハプスブルク家の傘下に入った国や地域は、たいてい複数の地域の連合体であった。たとえばチェコは、ボヘミア、モラヴィア、シレジア（シュレージエン）、上下ラウジッツの諸邦からなっていた。またハンガリーは、ハンガリー、クロアチア、トランシルヴァニアなどの諸国からなっていた。さらにこれらの国や地域も、いわば入れ子細工のように、複合的な構造を内包していることがしばしばであった。たとえばシレジアは、大小二七の公国・侯国の連合体だった。

またこれらの国や地域は、ハプスブルク家の支配に服するまでに独自の国制をそれぞれに確立していた。共通していたのは、在地の有力者たち（主に聖職者、貴族、都市）が身分ごとにまとまって連帯し、「諸身分（等族）」とよばれる団体を形成して、君主と共治する慣習を確立していたことである。諸身分は国政に関して広範な協賛権を得るとともに、君主と交渉し合意形成を行うため、

（身分制）議会という場を作り上げた。これが今日の議会制の起源である。歴史家オットー・ブルンナーに言わせれば、ハプスブルク君主国は「諸身分国家群の君主制的連合体」であった[16]。このような事情のため、この国家を統治するにあたり、ハプスブルク家の君主は上から一元的に支配を強く貫徹させたい欲求を抑制し、各地の政治エリートとの利害調整と合意形成に腐心するよう努めなければならなかった。

カール五世が退位すると（一五五五年）、スペインとその植民地は息子フェリーペ、中東欧は弟フェルディナントが相続し、ハプスブルク君主国はスペイン系とオーストリア系の二系統に分かれた。しかし多種多様な諸地域を治める困難は変わらず、スペイン系ハプスブルク家はネーデルラントで高圧的な統治を推し進めた結果、北部諸地域の離反を招くこととなる（オランダの独立）。オーストリア系ハプスブルク家もまた、宗派をめぐる対立なども相まって、一七世紀前半にボヘミアを中心とする反乱に直面した。しかし彼らはその圧伏に成功し、これを契機として勃発した三十年戦争を経たのち、国政における主導権を確立した。

ただそれでも諸身分の勢力は健在で、彼らとの協働は依然として不可欠であった。このため、君主－諸身分間の相補的・互恵的関係を基調とする中世以来の国制構造は壊れなかった。歴史家ロバート・エヴァンズが言うように、「ハプスブルク国家の統合は、本質的に、支配者とその有力な臣下のあいだの双務的な合意に基づいていた」のだった[17]。

「複合君主政国家」

このようなありようは、従来「絶対主義」をキーワードとして説明されてきた近世（後期）ヨー

1725年頃のハプスブルク君主国

ロッパのイメージと異なるので、違和感があるかもしれない。しかし実際のところ、近世ヨーロッパにおける強国化は、君主権力の一方的な拡充によるより、政府－国内諸勢力間の協調と合意形成によって達成されることのほうが多かった。その典型はイギリスだが、ハプスブルク君主国もまたその好例である。この国は第二次ウィーン包囲に端を発する対オスマン戦争、九年戦争、スペイン継承戦争と、一七世紀末から一八世紀初頭にかけて三〇年に及ぶ戦争を時に並行して戦い、領土をほぼ倍増させた。ここでハプスブルク王権は、諸身分と絶えず衝突しつつも総じて緊密に協働し、常態化した軍事的危機を乗り切るために行財政を整備して、強国となっていったのである（「財政軍事国家」）。この時期、ハプスブルク君主国の歳入は約五倍、常備軍の兵数は約七倍に増大した。[18]

このような背景のもと、貴族を中心とする政治エリートのあいだにはハプスブルク家に対する「王朝敬愛心」が芽生え、ハプスブルク君主国を諸地域の集合体ではなく、単一の国家とみなす「全体国家」意識が醸成されていった。これは彼らの実利とも深く結びついていた。なぜなら彼らの所領は、ハプスブルク傘下の諸地域に幅広くまたがって形成されたからである。これを維持するためには、ハプスブルク君主国が一体性を保って存続することが望ましい。こうしてハプスブルク君主と貴族のあいだには、ある種の運命共同体的な関係が育まれていった。[19]

またハプスブルク君主国の貴族は、一八世紀頃から現れてきた能力主義を受け入れ、自己研鑽《けんさん》に励むようになった。「身分主義に代わる能力主義の時代、貴族でさえもその能力を問われる新しい時代が来ていた。そしてそのことはひろく意識されていたのであって、これは十八世紀から十九世紀にかかる時代のドイツの状況を理解するための、基本的に重要な事実である」（坂井栄八郎）。貴族はやがて、君主に続く「国家の第二の僕《しもべ》」の役回りを期待されることとなる。

この時代精神のもと、啓蒙思想の影響をうけた教師による充実した家庭教育、そしてルーヴェン、ライデン、ライプツィヒ、ストラスブールといった諸外国の大学での学業やヨーロッパ各地を巡っての遊学（「グランド・ツアー」）などにより、高度な学識と進取的な意識を身につけた貴族たちがハプスブルク君主国に現れてくる。もとより、すべての貴族がこの変化に適応したわけではない。しかしマリア・テレジア期に国政を司った重臣の多くは、このような環境で生育した人々であった。[20]

ウィーン鳥観図（1683年）

「帝都」ウィーンの宮廷社会

ハプスブルク王権とその政治エリートが関係を深化させる場となったのは、宮廷そして行政府の所在地たるウィーンである。一七二八年にハプスブルク君主国を訪れたモンテスキューが評したように、ここでは「宮廷と都市が一体化」していた。ハプスブルク家が一四三八年以降神聖ローマ皇帝の位を（結果として）保持しつづけたこと、そしてその支配領域が「ドイツ」の枠をはるかに越えていたことにより、ウィーンはハプスブルク君主国を構成する多種多様な諸地域を統合するうえで最も重要な結節点となり、ヨーロッパ中から有為の人材を惹きつける場となった。フランス王家に近いサヴォイ公家の傍系に生まれながら、突如パリを出奔してハプスブルク家に仕え、数々の戦勝によって国の興隆に貢献したプリンツ・オイゲンは、その代表的な存在といえる。

　王権は、官職や特権あるいは貴族位の授与、そして授爵・陞爵《しょうしゃく》に関する権限を、臣民を従える手段として活用した。なかでもキリスト教信仰の護持と騎士道精神の発揚を掲げてブルゴーニュのフィリップ善良公によって創設された「金羊毛騎士団」の団員資格の授与は、ハプスブルク貴族にとって最大の栄誉であり、ロシアのエカチェリーナ二世のような外国の君主さえこの栄誉を欲した。[21]
王族の日常生活の儀礼化・公開化が進行し、時に排泄《はいせつ》や出産までもが人目に晒《さら》されたフランスと異なり、ハプスブルク家は日常生活を原則非公開とし、公には豪奢《ごうしゃ》、私的には簡素であることを重んじた。カール六世夫妻に謁見した際にモンテスキューが感じ取ったのも、「質素と節度の気風」である。一方で王権は、祝賀などの折には壮麗なスペクタクルを伴った祭典を華々しく挙行し、その威信を顕示した。儀礼と祝祭は、権力の行使者にして権威の体現者である君主がその本来の力を顕現し、多様な人々が集う宮廷社会を統合する手段だったのである。こうした場でオペラをはじめとする音楽芸術が盛んになったことは、「音楽の都」ウィーンが発展する重要な契機となる。官職、栄誉そして行事は相互に連動して王権と貴族を結びつけ、臣民の心服を得る一助となった。

プリンツ・オイゲン（シュッペン画、1718年）

宮廷社会は階層的社会秩序を明瞭に可視化する場であった。よってそこに生きる人々は、嫌でも身分差に鋭敏になった。言葉遣い、身に着けるもの、儀式などで占める位置、さらには馬車につけられる馬の頭数――ちなみに教皇と皇帝の六頭が最多――に至るまで、身分差を表す指標とされたものは数限りなく存在する。「社会的アイデンティティは、差異のなかに存在している。そして差異というものは、最大の脅威を意味する最も接近したものとの対抗のなかで主張される」というフランスの社会学者ピエール・ブルデューの言葉は、近世のハプスブルク君主国においてもあてはまる。キュッヘルベッカーいわく、「ウィーンでどれほど頻繁に貴族や家門の出自が話題にのぼるからといって、驚いてはならない」「外国人の貴族がウィーンに滞在するのなら、いつでも質問に正しく答えられるよう、家系図を証拠として常にかばんに入れて持ち歩くことが、ほとんど必須である」。モンタギューはこれに関連して、二台の馬車が狭い通りで向かい合わせになったとき、乗っていた貴婦人たちが身分的に同等であったためにどちらも譲らず、午前二時まで睨《にら》み合ったという、『源氏物語』における葵上と六条御息所の「車争い」を想起させるエピソードを伝えている。「もし皇帝が護衛官を遣わして仲裁しなければ、通りは彼女たちが死ぬまで塞がれたままとなったことでしょう」。(22)

こうした事情から、身分が高い者ほど、身分相応であるために「威信のための消費」が必要とされた。そしてこのために陞爵を諦めたり、困窮して没落したりする家門もあった。それだけに、国政などでめざましい功績を残しても、宮廷社会への参入は至難の業《わざ》であった。財を成したのちに身分的上昇を図ろうとする人々が侮蔑の対象となったことは、マリア・テレジア期のウィーンを舞台とした楽劇『ばらの騎士』(脚本フーゴー・ホフマンスタール/作曲リヒャルト・シュトラウス)が描いたとおりである。こうしてハプスブルク君主国の政治社会には、伝統的高位貴族からなる「第一社会(大社会)」と、中小貴族および市民からなる「第二社会(小社会)」が出現することとなった。(23)

ただ、「第一社会」の住人たちは国内各地に有した広大な所領から多大な収益を得ていたため、社会経済的には満ち足りた状態にあった。今日でも「一国一城」の主であるリヒテンシュタイン家などがその例で、その多くは今日でも中欧屈指の資産家である。近世ヨーロッパにおいて宮廷の重要性が増した理由として、貧窮化した貴族が王権に寄生し、宮廷という「黄金の檻《おり》」に自ら入ったためという説明がなされることがあるが、ハプスブルク君主国では逆であった。歴史家アンドレア

レドニツェのリヒテンシュタイン宮殿

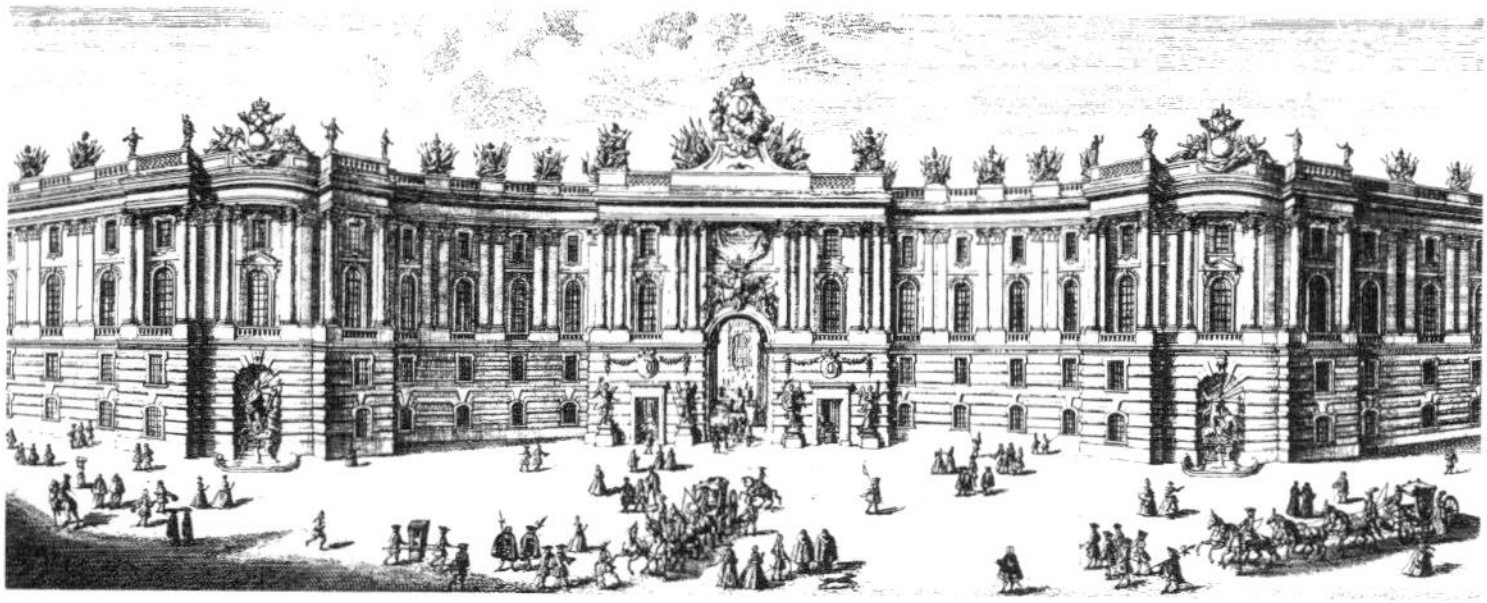

ホーフブルク宮殿

ス・ペカールが言うように、「人々は富を求めてではなく、富があるからこそ宮廷社会に参与できた」のである。また貴族たちは一年の半分をウィーンで、残りの半分を本領で過ごすというかたちでも富と自立性を顕示し、ウィーン滞在中も用がなければとくに参内《さんだい》しなかった。のちにマリア・テレジアはこうした状況に不満を覚え、宮廷に人が集まるよう試行錯誤することとなる(24)。

さらに大貴族は本領だけでなく、ウィーンにもこぞって壮麗な邸宅を構え、舞踏会などの催し物を通じて勢威を競い合った。一方でハプスブルク君主が居城としたホーフブルク宮殿は、当時はまだ今日のような威容を備えてはおらず、みすぼらしいと嘲笑されることが常であった。これに関してモンテスキューはウィーン滞在中、「ヴェルサイユを知っているフランス出身の貴方から見ると、皇帝の宮殿がかくも質素なことに驚くでしょう」と尋ねられて、「君主が貧相な宮殿に、臣下が立派な邸宅に住んでいるというのは悪くないと思います」と興味深い答えを返している。(25)

都市・市場町

近世ハプスブルク君主国の諸都市は、王権と貴族の勢力拡大、上流市民の貴族化、対抗宗教改革運動の進展によるプロテスタント市民の流出、非ヨーロッパ圏と交易する機会の少なさといった問題に直面し、自立的な有産市民を生み出せずに弱体化した。一八世紀前半、ヨーロッパにおいて総人口に占める人口五千人以上の都市人口の割合は一一パーセント半ばであったが、オーストリアおよびハンガリーのそれは三パーセント前後に過ぎない。(26)この時期にハプスブルク君主国で発展したのは、ウィーン、プラハ、ミラノ、ブリュッセルなど、王権と結びついた居城都市であった。

都市の規模は小さかった。人口が一〇万を超えていたウィーンは別格で、一万を超えれば十分に「大都市」であり、たいていの都市の人口は二千人未満だった。また、都市と農村の中間には市場町というカテゴリーがあったが、その住民数が千を超えることは稀《まれ》だった。しかしそこでは中世来の慣習や気風がなお幅を利かせ、独自の世界を形成していた。

シレジアの出身でルター派の白なめし革職人ザムエル・クレンナーは、一七二〇年に仲間と連れ立ってハプスブルク諸邦を遍歴し、こうした都市民の生活について貴重な記録を残した。ウィーンでは聖体祭の行列に出くわし、スペイン風の衣装を身に着けてダイヤモンド製の十字架を胸から吊るし、片手にたいまつ、片手にロザリオを持って進む「ひどい恰好」のカール六世や、すべてのツンフト（手工業者の団体）が金糸や銀糸で縫い取りをした立派な絹製の旗を一〇人がかりで掲げて勢威を誇示し、行列に連なっている様子を見物している。またハンガリー北西部では、四日移動しても荒涼とした風景が続き、一日移動しても村や居酒屋に出くわさないという体験をした。

三四週にわたって滞在し、カトリックだったら結婚し永住してもいいと思うほど快適だったゴリツィア（イタリアとスロヴェニアの境にある都市）での体験談は、宗派をめぐる対立と共生の実態を垣間見ることのできる事例として、とくに興味深い。それまでプロテスタントと接したことのなかった町の人々は、はじめクレンナーたちを怪物扱いした。しかし彼らを受け入れた親方は、追い出しを求める声を退けてルター派信仰に基づく礼拝を許し、その祈りや歌声、そして聖書の音読に、じっと耳を傾けた。クレンナーたちが歌う讃美歌の美しさは、ほかの人々にも感銘を与えたという。

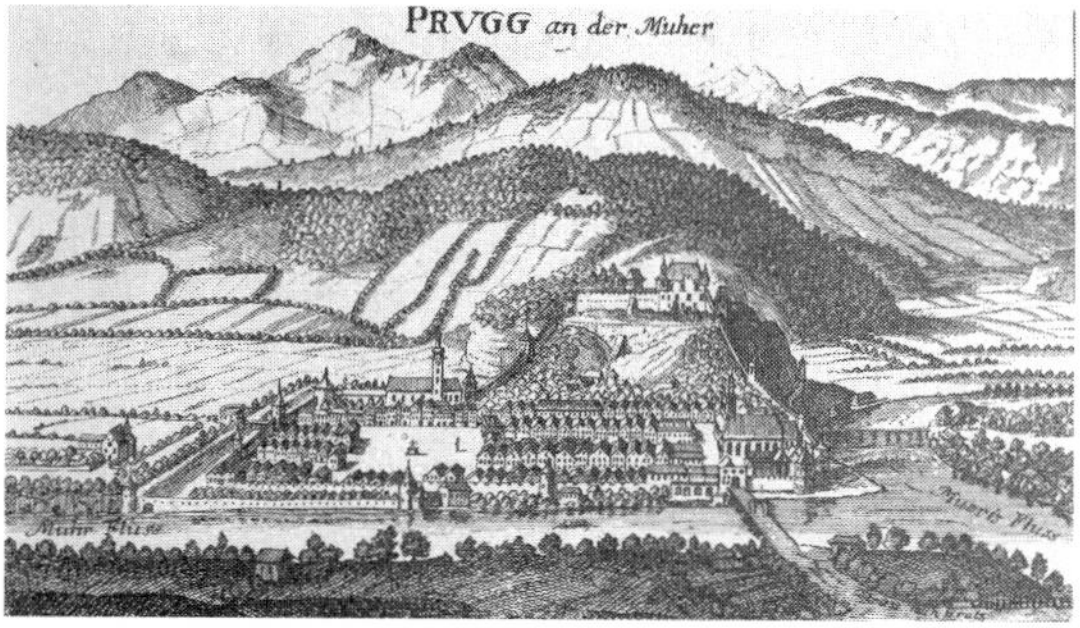

都市ブルック・アン・デア・ムーア

　ここでの食生活は最高だった。食事は「おそらく世界のほかのどこでもありつけないほど素晴らしく」、肉食日には焼いた肉や煮物、精進日には魚料理や卵料理などが、一日二回豊富に出された。また、胡桃や栗やパルメザンチーズは食べ放題、ワインは飲み放題だった。クレンナーたちは強いワインを飲み過ぎて泥酔し、「キリスト教徒にあるまじき」醜態をさらすこともあったという。

　またクレンナーは、毎年欠かさず徒弟たちと共に巡礼する習慣をもつという親方からの頼みに加え、好奇心や周囲からの勧めも手伝って、ルター派でありながら、近場にある聖地（おそらくメジュゴリエ）への巡礼に同行した。フランシスコ派に属する教会は、すべてが美しかった。しかし道は険しく、同行した仲間が辛くなって「これは呪われてるみたいにひどい道だ！」と漏らしたところ、一人のドイツ人が腹を立て、「このルター派の異端野郎、これは呪われてるんじゃなくて神聖な道なんだ」と叫んで剣で刺そうとし、クレンナーらが割って入って事なきを得るという一幕もあった。また、礼拝が終わったあとは乱痴気騒ぎが待っており、娼婦《しょうふ》のところに行く者もいたという。ほかに親方が可愛がっていた不品行な若者をめぐり、彼を解雇しないなら皆出ていくと職人たちが結託して親方に詰め寄る騒動などもあったが、クレンナーはゴリツィアでの生活を満喫した。しかし彼は出発し、イタリアに向かう。理解ある親方のもとで働けて物質的にも大いに満たされていたとはいえ、奉ずる宗派の違いは、やはり耐えがたいものであったのだろう。

農村

　一八世紀のハプスブルク君主国において人口の九割以上を占めていた農民は、その大半が強固な領主制のもと、小作農として暮らしていた。ティロールや（オスマン帝国との境に防衛線として形成された）軍政国境地帯などを除き、自由農民は少なかった。とくにチェコやハンガリーでは、結婚・移動・職業選択などの自由を失い、税・労働・土地に関する権限を領主に握られ、賦役（労働地代）を厳しく課せられて、農奴と呼ばれる状態におかれることが珍しくなかった。

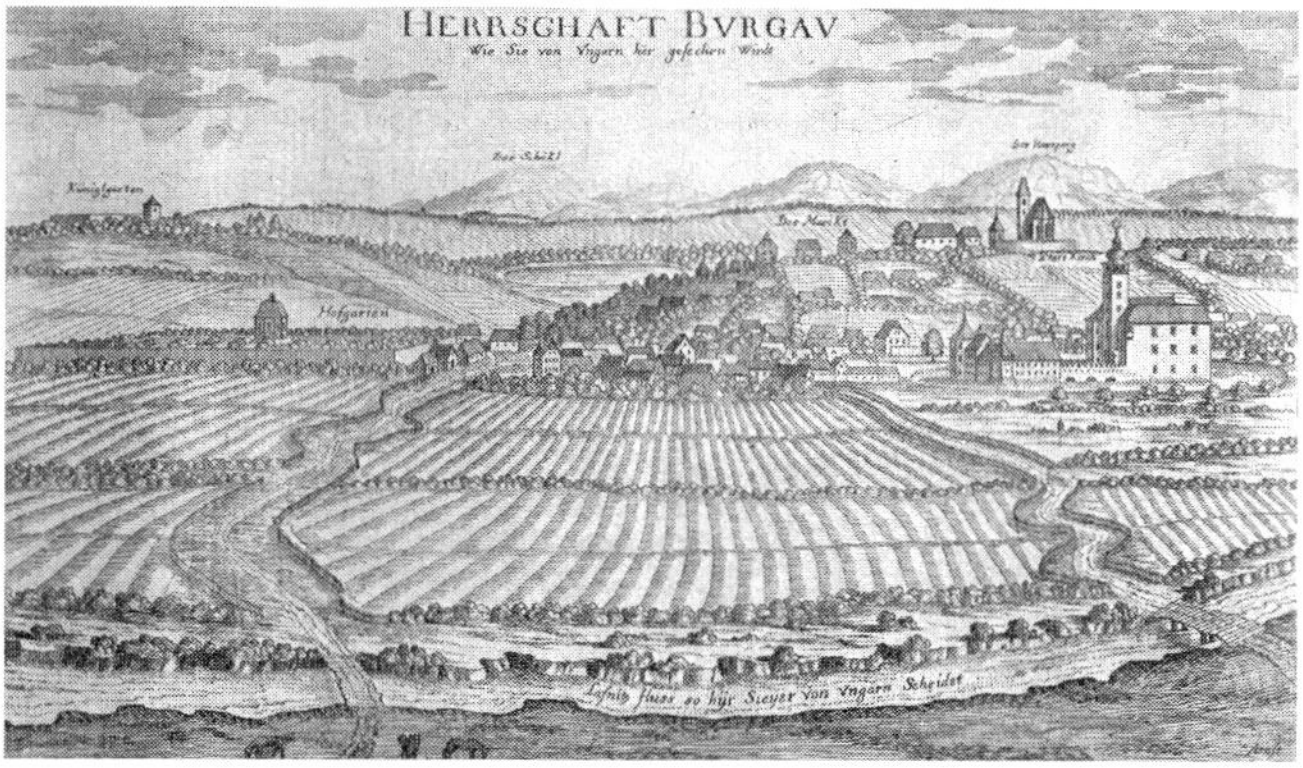

荘園ブルガウ（シュタイアーマルク）

もっとも、実態はきわめて多様で複雑であった。たとえばオーストリアに限ってみても、賦役はティロールには存在せず、上オーストリアでは年に一四日ほど課せられるだけだったが、下オーストリアでは週二日が通例で、シュタイアーマルクやケルンテンでは週四日、最大で週六日に達することさえあった。また、農奴であるからといって自由農民より貧しいとは限らず、一定の自由ないし自治を認められることもあった。そしてこの関連から、領主による保護から得られる実利を自由や自立よりも重視して、農奴の地位にあえて留まる人々もいた。そのため、近世後期の中東欧では一般に「農場領主制（グーツヘルシャフト）」とよばれる領主の直接的で大規模な所領経営が展開され、領民に対する支配が強化されて農民の地位が低下したとする従来の見方（「再版農奴制」）には、現在では留保がつけられている。

　ただそれでも、農村住民の生活環境は総じて厳しいものだった。とりわけ一七世紀以降は、賦役の増大、租税の増額、新税の導入、軍役の強制、営業活動や日常生活への領主の干渉などが進行した。戦乱や天候不順などの外的な要因もあったとはいえ、この時期に、とりわけチエコとハンガリーで農民蜂起が頻発したことに不思議はない。

このような状況に、農民は農村共同体を基盤として粘り強く抵抗した。また領主側も、農民を追い詰めるだけでは益にならないことは一般に理解していた。そして、所領経営の手間や経費を節減したいという動機も手伝って、事情に応じて農村共同体に一定の自由や自律性を与えたり、農奴から自由農民への移行を認めたりすることもあった。こうして両者のあいだには明確な上下関係がありつつも、一定の協力関係が成立し、それは結果として一種のセーフティネットの役割を果たした。

ただ、農村共同体も平等な一枚岩の団体ではなかった。農民間に存在する貧富の差は、そのまま共同体における発言権や存在感に比例した。一九世紀中葉に農民解放運動を主導したハンス・クートリッヒは、生まれ育ったシレジアの農村の状況を後年振り返り、「貧しい小屋住み農にとって、農民はいかめしく青き血の流れる貴族であった」と、魯迅の短編小説『故郷』を想起させる言葉を残している。また、「記憶するに値する」事どもを一七七〇年から一八一六年まで書き残したボヘミアの富農フランチシェク・ヤン・ヴァヴァークも、農村住民を上下に分け、下の階級の人々を、不完全で、上流階級に属する農民の家庭の隅で働く、独特の労働負担を課せられた奉公人とみなした。村の宴会や祝祭に参加できるのも農民のみで、下層民はそうした折に飲食物の提供を義務付けられたり、現物あるいは金銭による施しをうけたりする側にまわったのである。彼らが自らの境遇を奴隷のように感じたのも、けだし当然といえるだろう(27)。

アンナ・ルイーザ・カルシュ

一八世紀のドイツで活動した作家アンナ・ルイーザ・カルシュは、若年期をハプスブルク統治下

のシレジアで過ごした。彼女の回想は、市井に生きた女性の日常を伝える貴重なものである。(28)

カルシュは一七二二年、ポーランドとの境に近いシレジアの北部に生まれた。彼女は幼い時分に教育を受けることなく、後年自ら「野生」と評するような環境で生育した。しかし六歳の時、大伯父の家に数年間預けられたことが転機となる。彼はカルシュの母や祖母の反対を押し切って彼女に読み書きや計算を教え、ラテン語の手ほどきまでして、文芸に対する関心を呼び起こしたのだった。

しかしカルシュの母は、「こうして昼夜を問わず本にかじりついていたら、気がおかしくなるのではないかと心配です。読み書きができれば女の子としては十分で、それ以上は不要です」と主張して、娘を家に連れ帰った。このエピソードは、下オーストリアのルター派中流貴族ヴォルフ・ヘルムバルト・ホーベルクが一七世紀後半に著した家政書の一節を思い起こさせる。

母親は娘を、とくに従順になるよう、自分の意思や自分にあると思い込んでいる自由を抑えるよう、大いに教育すべきである。というのも、そのように育っていればいるだけ、将来彼女が神のお導きにより結婚することになった際、夫の意思と意見に抵抗を感じることなく従うことが容易になるからである。ごく幼い時から母親に構われず勝手気ままに育った娘は、のちのちの結婚生活において、とくに気紛れで頑固な夫のもとでは、楽しく幸せな生活を送ることがほとんど不可能だからである。

アンナ・ルイーザ・カルシュ

このような考えは、当時ごく一般的であった。のちに私たちは、この考えに基づいてマリア・テレジアが娘たちを訓導する姿をみることになるだろう。

さて、生家に戻ったカルシュはやがて父と死別し、子守や牛の世話に明け暮れつつ、空想の世界での戦争ごっこなどに慰めを見い出す日々を送った。この時期の喜ばしい出来事は、ある本好きの牧童と偶然に出会い、『ロビンソン・クルーソー』や『千夜一夜物語』などに触れる機会を得たことである。しかし家ではこうしたことは好まれず、カルシュは再婚した母の夫がふるう暴力に怯えつつ、隠し持った本を大事に読んだ。また、一二歳のときに針仕事を教わった女性のもとでしばらく生活した折には、下女のように扱われて重労働を強いられた。後年、彼女はこの忍従の日々を「私の善良な創造主は、将来もっと過酷な試練にあっても不平を言わないよう、私を忍耐の学校で学ばせることを好まれた」と、ホーベルクの主張を想起させる言葉で回想している。

三七年、カルシュは母に勧められるまま、一五歳で結婚した。やがて子どもが生まれ、「女としての、下女としての、母としての務め」に追われる日々が始まるが、この頃から彼女は詩作を始めるようになる。興味深いのは、オーストリア継承戦争が勃発してシレジアがプロイセンの支配下に入った四〇年代初頭に、「皇帝の統治下におけるシレジアの国制についての風刺　一七四〇」という作品を著したことである。これは、ハプスブルク軍の宿営に端を発する市当局の不正や汚職に苦しんでいたシレジアの人々が、プロイセン王フリードリヒ二世の到来によって救われるという内容の作品で、実際の出来事から想を得つつ、プロテスタントであった彼女のプロイセン（とりわけフリードリヒ）に肩入れする心情から生み出されたものと考えられている[30]。

四九年、夫の暴力に耐えかねたカルシュは、暮らしていた土地がプロイセン領となり、その法に服する身となったことで、離婚に踏み切った。その後も生活苦は続いたが、読書と詩作の習慣は失わなかった。こうした努力はやがて実を結び、彼女の文才は徐々に注目されていくことになる。

3　斜陽の時期

ポーランド継承戦争（一七三三～三五年）

一七一七年にマリア・テレジアが生まれた時、ハプスブルク君主国はオスマン帝国との戦争の最中《さなか》にあった。翌年に締結されたパサロヴィッツ条約において、ハプスブルク君主国は北セルビアやバナート地方を獲得し、バルカン半島における領土をさらに拡大した。

この後、ハプスブルク君主国は長く平和を享受し、繁栄を謳歌《おうか》した。三三年、ヴェネツィア大使ダニエル・ブラガディンは、カール六世はハプスブルク家の歴史上でも類のない権勢を誇っていると報告している(31)。しかし、状況はまさしくこの時期から暗転しはじめた。

最初の躓《つまず》きはポーランド継承戦争だった。ポーランドでは一七世紀後半から、国勢の衰えに乗じた列強の干渉が常態化していた。そして三三年に国王アウグスト二世が死去したのちに後継争いが勃発すると、列強の軍事介入を招き、戦争の勃発へと至った。

この戦争で、ハプスブルク君主国は予想に反し苦戦を強いられた。最終的にポーランドの王位継承問題はハプスブルク君主国側の意向に沿うかたちで決着したが、不振の印象は拭いがたく残った。この時、かつての栄光が地に落ちたと苦言を呈したカール六世に対し、最高司令官オイゲンは、長く続いた平和のなかで無秩序と不正が蔓延《まんえん》したためと答えている。

なおこの戦争の折、プロイセン王太子フリードリヒはハプスブルク軍の陣中を訪れ、オイゲンと対面した。フリードリヒにとって、尊崇する英雄の衰えた姿は失望を誘うものであった。しかしオイゲンはこの若き王子に対し、何かを感じ取ったらしい。彼はカール六世に対し、「この若者を得ることは非常に重要です。彼はいつの日か父親［フリードリヒ・ヴィルヘルム一世］より多くの友を作り、善と同じくらい悪をなすことができるようになるでしょう」と伝えたのだった。(32)

結婚

ポーランド継承戦争は、結果としてマリア・テレジアとフランツ・シュテファンの結婚を決定づけた。この和平交渉において、フランツ・シュテファンがロートリンゲン公国の相続権を放棄し、代わりにトスカーナ大公国を継承するということで、懸案となっていたロートリンゲン問題が処理されたためである。彼は激しく反発して抵抗したが、最後には諦めざるを得なかった。

マリア・テレジアはフランツ・シュテファンを深く愛し、ロートリンゲン問題においても彼を支持して、父帝への助力を拒んだ。「魂との強さとは別に、彼女は優しい愛情をロートリンゲンの公子に抱いている。夜は彼を夢に見て、日中は女官たちと彼のことばかり話している。自分のために生まれてきたと信じている男を、彼女が忘れることはないだろう。そして彼を失うという危険に彼女を追いやった人物を、決して許すことはないだろう」（イギリス大使トーマス・ロビンソン）(33)。

一七三五年の年末になって、カール六世は二人の婚約を公表した。結婚式が挙行されたのは、その翌年の二月一二日のことである。この日の午後四時、フランツ・シュテファンはホーフブルク宮殿にて白と銀の礼服を身にまとい、金羊毛騎士団の勲章を佩用《はいよう》して、皇帝のもとに赴いた。六時に

結婚披露宴（ルントベルク画、1735年頃）

なると、位階や儀式の慣習に厳格に従ったうえで、厳かな行列が宮殿内のアウグスティーナー教会に向かって出立した。皇帝と花婿を先導したのは、皇帝やロートリンゲン家の貴族たちや廷臣、そして金羊毛騎士団である。その後には、白で装った皇后と「多くの高価な装身具で身を飾った」花嫁が、フクス伯爵夫人をはじめとする侍女たちを従えて続いた。

数え切れないほどの蠟燭《ろうそく》の明かりで照らされ、南ネーデルラントのタペストリーで飾られた教会で、式を司ったのは教皇クレメンス七世の代理たる教皇大使ドメニコ・パッシオネイであった。祝賀行事は翌日も朝のミサ、皇后のもとでの午《ご》餐《さん》と続き、晩にはオペラ『シーロのアキッレ』が上演された。その最後を飾ったのは、式の翌々日に開かれた仮面舞踏会であった[34]。

三七年七月、フランツ・シュテファンはトスカーナ大公となった。そして翌年一二月、彼はトスカーナ大公妃となった妻を伴い、フィレンツェへと赴く。この旅はマリア・テレジアにとって、ささやかながら公の舞台で政治の世界を経験する初めての機会となった。

対オスマン戦争（一七三七～三九年）

ポーランド継承戦争でうけた痛手が癒えないうちに、ハプスブルク君主国はオスマン帝国とのあいだに戦端を開いた。これは、同盟国ロシアとオスマン帝国のあいだで紛争が生じたことに端を発する。しかし、この機にバルカン半島でさらに勢力を拡大しようとの思惑は外れた。ロシアとの連携が機能せず、戦争指導に多くの問題を抱えていたため、劣勢を強いられたのである。フランツ・シュテファンも一度は総司令官の大任を任されたが、彼に祖父のような将器はなく、評価を下げるだけの結果に終わる。彼は宮廷内で孤立し、味方はマリア・テレジアだけという状態に陥った。[35]

一七三九年に結ばれた講和条約の結果、ハプスブルク君主国はベオグラードをはじめ、パサロヴィッツ条約で得た領土のほとんどを失った。カール六世はこの結果に衝撃を受け、「この年は私の生涯から多くの年を奪った」と慨嘆している。この失態はオイゲンの死没（三六年）とともにハプスブルク君主国の衰退を周囲に強く印象付け、将来に大きな禍根を残した。

ポーランド継承戦争に続くこの失態の原因は、近世ヨーロッパにあっては異例といえるほど長く続いた平時において緊張が失われ、政府が十分な検討や準備を欠いたまま事を起こしたことにあるだろう。平和と繁栄の陰で多くの問題が生じていることには、少なからぬ人々が気づいていた。そしてそうした問題を指摘し、改革や改善を求める声は継続的に上がっていた。そのなかには、マリア・テレジアの時代になって取り上げられたものも少なくない。

しかし、当時政府の中枢にいた人々は進取の気性に乏しく、そうした献策を真剣に検討しようとはしなかった。三九年八月、イギリス大使ロビンソンは次のように書いている。「この宮廷では、あらゆるものが最後の混乱と破滅へと向かっています。ここでは、天が滅ぼそうと決意している人々に、愚かさと狂気がこれまでにないほどはっきりとした形で示されています。度重なる敗北、無防備、貧困、疫病などの公的な災難に加え、国内の分裂によってもです」[36]。

カール六世の死

先述したように、一七三〇年前後から、マリア・テレジアがカール六世の後継者になるという観測は強まっていた。また彼女自身もそれを意識し、政治に関心を寄せるようになった。マリア・テレジアに注目して接触を開始していたロビンソンは、「彼女はすでに英邁《えいまい》で、国事に携わろうと努めている。父親の美徳に感嘆してはいるが、彼の失政を非難している。彼女には野心があり、統治能力も備えていて、父親をせいぜい管理人程度にしかみていない」と三三年に記している。またヴェネツィア大使フォスカリーニは、「世界中の女性のなかからハプスブルク家を継ぐ人物を自由に選ぶなら、彼女をおいてほかにないだろう。それは衆目の一致するところである。その才気と振舞いからして、選に入るのは彼女だけなのである。彼女は美しさにも欠けるところがないが、それ以上に優美である。[…] 悠然たる態度と真摯《しんし》な眼差しの持ち主だが、愛らしい魅力にも欠けていない。[…] しかしこの皇女のおそらく最大の美点は、大きな使命を担うことを可能とする、ある種の男性的な魂と結びついた精神の崇高さであろう。彼女はすでに将来の自分の地位を予感している」と述べた[37]。

一方、カール六世とその政府は、マリア・テレジアが後継者となる場合に備え、国事詔書に対する承認を国外でもとりつけようと外交努力を重ねた。この結果、少なからぬ利益提供と引き換えに、スペイン、ロシア、イギリス、神聖ローマ帝国、そしてフランスが国事詔書を承認した。

しかしカールは、マリア・テレジアに君主教育を授けようとはせず、フランツ・シュテファンを枢密会議に呼ぶだけに留めた。彼が後継としてまず第一に考えていたのは、娘が産む（であろう）男子だった。さらに彼は、自分自身が息子を得る望みもなお捨ててはいなかった。マリア・テレジアの結婚まえには、もし今後カールに男子が誕生した場合、彼女の相続権は消滅することがあらためて確認されている。イギリスの政治家チャールズ・ハンブリー・ウィリアムズが言ったように、「カール六世は国に対する娘の相続権を確実なものとするための努力を惜しまなかったが、それと同時に、彼女が国を統治することがないよう、ありとあらゆることをした」のだった。(38)

四〇年の秋、そんなカールを突然の死が襲った。一〇月初旬、カールは体の不調を感じつつも、不順で寒冷な天候のなかで何度か狩りに興じた。やがて体調は目に見えて悪化し、嘔吐と発熱が続いて、周囲は容易ならざる事態を迎えたことを悟る。病因は今日なお特定されていないが、大食したキノコ料理、そして悪天候のなかでの狩りが体に障った可能性などが指摘されている。

カールもまた死を覚悟し、家族と重臣たちを枕頭に集めて後事を託した。しかし身重であったマリア・テレジアは、体に障らないようにという配慮から、病室に入ることを禁じられた。フランツ・シュテファンとは二人きりで二時間ほど話をしたが、その内容は分かっていない。やがてカールは人事不省に陥り、一〇月二〇日の未明に没した。享年五五。マリア・テレジアが待望の男子（のちの皇帝ヨーゼフ二世）を宿していることを知らぬままの最期であった。

第2章　戦乱

1　新君主

即位をめぐって

「すべてが眠っています。私がやらなければ、何もなされません」[1]。これは、マリア・テレジアが即位して一年ほど経った時期の言葉である。しかしこれを即位直後の実感として捉えても、さして問題はないだろう。父が没したその瞬間から、彼女は山積する課題に対処しなければならなかった。

臨終のカール六世が、後事についてどのように指示したのかは分かっていない。確かなのは、彼が没した数時間後、重臣たちがマリア・テレジアに対して弔意を表すとともに、その即位を祝したことである。彼女自身はおよそ一〇年後、この時のことをこう回顧した。「私は当初から、自分の内なる導きに従い、純粋な心で神に祈り、あらゆる副次的な考慮、傲慢《ごうまん》、野心その他の情念を捨て、十分な検討を重ねたうえで、私に課せられた統治の責務を平静にして毅然《きぜん》と引き受けることを決めました」「もしそれを神の御心と信じたなら、私は喜んですべてを放棄し、トスカーナ大公妃になったことでしょう。しかし、神は私に統治の重責を負わせることを選ばれたのですから、私は見出すべき助けや利用できる資源があるかぎり、それを活用しようと決意し、そうすることが私の義務であると考えました」[2]。生起する事どもをすべて神意として受けとめ、そのなかで自分にも他人にも滅私奉公を厳しく求めるこの姿勢を、マリア・テレジアは終生堅持することとなる。

しかし、ハプスブルク家の歴史上初となる女性の登位に、周囲は少なからず動揺した。たとえばこの後しばらく、外国駐在の大使から送られてくる外交文書の宛先はフランツ・シュテファンであった。また、君主としての正統性を疑う声、あるいはその治世は短命で終わるとの見方もあった。「女性に統治されるのでは国の尊厳は保持できない」という声は、やはり小さくなかったのだった[3]。

このような逆風のなか、マリア・テレジアは「正義と慈愛」を自らのモットーに選んで掲げ、夫の補佐を受けつつ、精力的に政務にあたった。側近のタルーカ（後述）いわく、「女王と大公は、ありがたいことに勇気に満ち、あらゆる期待を上回る忍耐力で働き、同時にすべての大臣や臣下に対し、自分たちがよく仕えていて幸福の絶頂にあるかのように思わせる優しさと配慮を見せている」。このように、マリア・テレジアは即位当初から、驚異的な人心掌握の能力を遺憾なく発揮した。はじめ彼女に好意的でなかったある貴族の女性は、女官として近侍するようになると、たちまち評価を一変させた。「彼女は本当に魅力的です。もし彼女の敵が私たちのように彼女を知れば、すぐに友人となることでしょう。彼女について言われていることは、彼女を見た時に感じることに比べれば、すべて何の価値もありません。私は、私のすべてを心の底から喜んで彼女に捧げます」[4]。

下オーストリアの諸身分による忠誠誓約式

マリア・テレジアは、傘下の諸邦に従来の国制の尊重を約し、自らの即位が国事詔書に基づく正当なものであることを宣した。また、「その性別ゆえに」補佐が必要として、夫と共同で統治することを明らかにした。そして父帝の不評であった施策をいくつか改め、民衆の歓心を買いもした。こうした努力、そして各地の諸身分が明確に支持を表明したことなどにより、国内の動揺は一か月程度で収まった。ヴェネツィア大使ゼノが述べたように、マリア・テレジアは多種多様な臣民に、ハプスブルク君主国が一体性を保持することの重要性を納得させることに成功したのだった(5)。

予想だにしなかった新君主の優れた政治手腕に、周囲は瞠目《どうもく》した。フランス大使ミルポワは即位から一週間と経たない時期に、マリア・テレジアはフランツ・シュテファンよりもはるかに優れていると評価した。義弟カール・ロートリンゲンは、「とても美しく、判断力に優れ、活気があり、一日中忙しく働き、世界一の意志に動かされている王女――完璧な君主」と絶賛している。また、ヴェネツィア大使ゼノはこう述べた。

女王は真に偉大な王族の精神を示している。彼女は相手を満足させ、自分に傾倒させるための努力と配慮を怠らない。同じような配慮をもって、自分にとって必要で有益なことであれば、いつでも国内のことに気を配っている。寛仁大度《かんじんたいど》な姿勢によって、この君主は自分の支配の継続に有利な見通しを立てている。(6)

助言者たち

政務に忙殺されるなかでマリア・テレジアが痛感するようになったのは、頼むに足る者が少ないことである。高齢になっていた旧来の重臣の多くが即位後間もない時期に相次いで没したことを奇貨として、彼女は夫などの助言を仰ぎつつ、清新な有為《ゆうい》の人材を周囲に集めていった。

カール六世期の重臣でこの時期にも重要な役割を果たしたのは、グンダカール・シュタルヘムベルクとヨハン・クリストフ・バルテンシュタインの二人である。このうちシュタルヘムベルクは、マリア・テレジアを含めて四代のハプスブルク君主に仕え、半世紀にわたって国を支えた元老格の大物である。裏工作の通じぬ剛直な人物で、財政に長じ、臨終のカール六世からとくに後事を託されていた。のちにマリア・テレジアは、信頼に値したが政治的才覚には疑問があったとして、彼をあまり評価しなかった。しかし後述するように、すでに齢《よわい》八〇に近く、四五年に死没したために仕えた期間は短かったものの、大事な局面できわめて重要な助言を行っている。また、マリア・テレジアを長く支えることになる重臣たちのキャリア形成にも、シュタルヘムベルクは大きく貢献した。

バルテンシュタインは国外の出身で、ルター派のギムナジウム教師の息子としてストラスブールに生まれた。しかしカトリックに改宗してウィーンで政界に入ると、プリンツ・オイゲンやシュタルヘムベルクなどに認められ、徐々に頭角を現していく。若き日の遊学時代に面識を得たライプニッツはこの消息を聞き、「彼は若く、非常に優秀なので、きっと遠くまで行けると信じています」と述べている。カール六世にはとくに重用され、三〇年代には事実上国政を主導する存在となった。

バルテンシュタインとマリア・テレジアとの関係は、はじめ良好ではなかった。しかしシュタルヘムベルクなどからの助言もあり、やがて彼女も彼を「偉大な政治家」と見なすようになる。自らを恃《たの》むところの強い不遜《ふそん》な自信家で、あまり人に愛される人物ではなかった。しかしマリア・テレジアは、欠点がないわけではないとしながらも、統治の初期にはもっぱら彼を頼り、政務のみならず私的な事柄も含めて常にその助言を仰ぎ、利益を得たと語っている。そして「彼がいなければすべてが終わっていたことでしょう」とまで述べて、オーストリア継承戦争期の功労に深謝した。[7]

ヨハン・クリストフ・バルテンシュタイン（マイテンス画、1740–1750年）

ポルトガル出身の貴族エマニュエル・シルヴァ＝タルーカは、皇女時代からマリア・テレジアの知己であった。即位後間もなく、彼女は彼を「私的な大臣」に任じ、「足りないところを絶えず伝え、性格上の欠点に目を光らせ、それを率直に伝える」仕事を託した。これはかつて中国に存在した、君主に歯に衣着せず直言することを職務とする諫議大夫《かんぎたいふ》の役回りに近い。タルーカはこの役目を、「意地の悪い」ものとして好まなかった。しかしマリア・テレジアは、「すぐに従わなかったとしても、貴方の言葉はのちになって意味をもつようになるのです」と告げ、時に高じる鬱屈《うっくつ》や倦怠《けんたい》感・虚無感（「もはや自分が何をしているのか、何を話しているのかも分かりません」）を赤裸々に打ち明けて、タルーカを精神面での支えとした。彼女は彼に対し、ホーフブルク宮殿の近くに屋敷を与えたほか（現在のアルベルティーナ美術館）、感謝を込めてこう書いた。

タルーカ伯は常に私の私的な相談役で、イタリア諸地域や南ネーデルラントに関する問題でも、未熟な私に良い助言を多く与えてくれました。また私に、物事や人物に対する真の理解をもたらしてくれました。しかし国や領邦の問題には決して干渉せず、ただ私に行くべき道を示し、どこで間違ったかを教えてくれました。［…］私はタルーカに大きな恩義を感じています。そしてこの恩義を常に彼の子供たちに返そうと努めており、私の後継者にも同じようにするよう命じます。(8)

ヨハン・ヨーゼフ・ケーフェンヒュラー＝メッチュは、前章で述べた一八世紀ハプスブルク貴族の典型的なキャリアを歩み、マリア・テレジアを晩年まで支える存在となった。幼年期には家庭教師について学び、青年期にはウィーン大学で学んだのちにグランド・ツアーに出て、ライデンやストラスブールなどに遊学した。三〇年代中葉から外交官として働いたが、マリア・テレジア期には宮廷を主な活動の舞台とするようになる。四二年に宮廷司法長官、四五年に侍従長、六五年に第二最高宮内長官と順調に出世を重ね、七〇年には最高位の宮廷官職である第一最高宮内長官の座に就く。また四四年には金羊毛騎士団に迎えられ、六四年には侯爵の位を与えられた。

ケーフェンヒュラーは大臣の待遇もうけており、国政にも参与した。しかしこの方面で目立った働きをすることはなかったため、彼を凡庸、さらには無能とまでみなす向きもある。しかしこの人物の真の功績は、国政の担い手たちが有能ではあるがいずれ劣らぬ難物揃いであるなか、「才気煥《かん》発《ぱつ》ではないが、堅実で教養がある」（プロイセン大使オットー・クリストフ・ポデヴィルス）という特徴を生かし、常にマリア・テレジアに近侍してその良き相談相手となったことにあるだろう[9]。

なお、ケーフェンヒュラーが三三年にわたって書き綴《つづ》った日記は、その詳細さに加え、本人の手で関係史料が豊富に添付されたため、（一部が失われたものの）マリア・テレジア期のハプスブルク君主国を知るうえで必須の史料となっている。本書も言うまでもなく、その恩恵を大いに被っている。

ヨハン・ヨーゼフ・ケーフェンヒュラー＝メッチュ

国外情勢

さて先に述べたように、内憂は一か月程度で収まった。しかし、外患は深刻になるばかりであった。とくに問題となったのは、バイエルンおよびザクセンがハプスブルク家領の継承権を主張したことである。とりわけ、バイエルン選帝侯カール・アルブレ

バイエルン選帝侯カール・アルブレヒト
（デスマレー画、1745年以降）

ヒトの動きは活発だった。彼はかねてから国事詔書を認めず、カール六世が男子の後継者を持たぬまま没した場合には継承権を主張する意思があることを公にしており、一七三〇年代後半からしきりと策動を重ねていた。

ただバイエルンに自らの主張を貫徹する力はなく、フランスの支援が頼りだった。そして、これは空頼《そらだの》みではなかった。当時、有事の際にはフランスが国事詔書を無視して動き、ヨーロッパに大乱が起きるとみる向きは多かったのである。ハプスブルク政府もまた同様だった。マリア・テレジアの即位から三日後、イギリス大使ロビンソンはこう述べている。「オスマン帝国はすでにハンガリーを窺っている。ハンガリー自体もまた蜂起寸前である。ザクセンはボヘミアを、バイエルンはウィーンを窺っている。すべての中心にいるのはフランスである。私は、オーストリアの大臣たちが単なる絶望ではなく、どうにも対処のしようがないほどの絶望の淵に立たされているのをみた」[10]。

しかし、これらの観測は外れた。フランスはバイエルンを支持していたが、ハプスブルク家領の継承問題に武力介入するつもりはなく、その意向をバイエルンにも伝えていたのである[11]。ところが、ここで部外者のはずのプロイセンがチェコ諸邦の一角を占める物産豊かなシレジアに突如侵攻したことで、事態は激変することとなった。

2　オーストリア継承戦争

「世界で最も素晴らしいゲーム」

カール六世が没する五か月ほどまえに、プロイセンでは国王フリードリヒ・ヴィルヘルム一世が死去していた（一七四〇年五月三一日）。後を継いだフリードリヒ二世は、ハプスブルク君主国の継承問題自体には無関心だった。しかし彼も、カール六世が男子をもたないまま没すれば、フランスの策動によって必ずや大乱が勃発する、と考えていた一人であった。そのため、多年にわたる戦争がもたらした疲弊と若く未経験な女性の即位によるハプスブルク君主国の混乱、女帝アンナの死に伴うロシアの政情不安、そして彼が有していた「戦備の整った軍隊、豊富な軍資金、名誉を博したいという衝動」といった要因に動かされて、シレジアの強奪――フリードリヒいわく「世界で最も素晴らしいゲーム」――に踏み切る決意を固めたのであった[12]。

プロイセン王フリードリヒ２世（グラフ画、1781年）

開戦に先立ち、フリードリヒは不当な戦争との批判を避けるため、自らの所業を正当化するプロパガンダを熱心に展開した。またハプスブルク政府に対しては、マリア・テレジアのハプスブルク家領継承とフランツ・シュテファンの皇帝即位の

マリア・テレジアと幼子ヨーゼフ（マイテンス画、1744年）

両方を支持すること、また勃発するであろう戦争のために軍資金の提供を申し出た。そしてその見返りとして、シレジアの割譲を求めたのである。ただ彼はこの交渉が成立するとは考えておらず、はじめから力で事を決する覚悟であった。このため、この申し出をハプスブルク政府が受け取ったのは、プロイセンがシレジアに侵攻した二日後のことだった[13]。

こうして戦端は開かれた。予想外の事態に混乱して対応が後手にまわったことに加え、軍の主力が先年の戦争以来オスマン帝国に備えてハンガリーに駐留していたため、手薄であったシレジアは容易に侵入を許した。激動のうちに年が明け、四一年三月一三日にマリア・テレジアが待望の長男ヨーゼフを出産すると、人々は喜びに沸いた。「この知らせが伝わるや否や、群衆は王宮に歓喜の声を上げて詰めかけ、通りにはほとんど狂ったような歓呼が響き渡った」（ヴェネツィア大使ゼノ）[14]。

しかし、四月一〇日のモルヴィッツの会戦の結果、状況は決定的に悪化した。この戦いでハプスブルク軍は撤退を強いられたものの、死傷者の数はプロイセン軍と同数以下であった。またフリードリヒは敗れたとみて、戦場から離脱している。しかし、これがハプスブルク側の敗北と喧伝されたことで、敵対的勢力がこぞって参戦に踏み切ったのである。四一年夏、これらの諸勢力はフランスの主導下に同盟を結び、プロイセンはシレジアを、バイエルンはボヘミア・上オーストリア・ティロール・西部所領および神聖ローマ皇帝位を、ザクセンはモラヴィアとシレジアの一部、フランスは南ネーデルラント、スペインはイタリアにあるハプスブルク領を得ることを約した。[15] こうしてハプスブルク君主国は、国家解体の危機に瀕《ひん》することとなった。

「血と命を!」

この未曽有の危機に、ハプスブルク政府内では相当な譲歩を行ってでも早期講和を模索すべきという意見が強まった。マリア・テレジアの夫フランツ・シュテファンもその一人である。しかし、シュタルヘムベルクやバルテンシュタインといった主戦派に支えられ、マリア・テレジアは「シレジアを一寸たりとも譲るつもりはありません」と明言した。そして、「この尊大で傲慢な家は破滅の時を迎えている」とフリードリヒが言い放つ危機的な状況のなか、ハンガリーの支援をとりつけるという成功を収める。[16] これは、この戦争の帰趨に大きく影響する出来事であった。

前章で述べたように、カール六世の時代にハンガリーとの関係はかなり改善された。しかし相互不信はなお根強く、寝た子を起こすことになりかねないという恐れから、マリア・テレジアは王国議会を開いてハンガリーと正面から向き合うことに当初消極的であった。しかし、ハンガリーから助力を得るには議会の開催が肝要とするシュタルヘムベルクやフランツ・シュテファンの助言により、流れは変わった。[17] こうして議会は開かれたのである。しかし折衝が難航したため、マリア・テ

ハンガリー国王戴冠式におけるマリア・テレジア

レジアは王として戴冠して正統性を確保するとともに、自ら交渉に臨んで苦境の打開につなげようと、（当時ハンガリーの首都であった）ブラティスラヴァに赴いた。

一七四一年六月二五日の戴冠式は、マリア・テレジアが自らの権威と正統性を男性と同等のものとして内外に顕示するうえで、重要な意味をもつ場となった(18)。式の詳細を確定していくなかで強調されたのは、彼女が「国王の妻としてではなく、国王として戴冠すること」の明確化である。このため戴冠式は慣例どおりに、つまり歴代の男性君主たちと同様に行うよう、繰り返し指示された。マリア・テレジアはこう言っている。「何も新しいことはありません。前回に倣《なら》うこと」。

ただこの際、聖マルティン教会の広場で実施される象徴行為の実行が可能かどうかが問題となった。式のあと、国王として外敵からハンガリーを守ることを誓約する意味を込め、新王は聖イシュトヴァーン王冠を戴いた姿で騎乗し、ハンガリー全土から集められた土で築かれた「戴冠の丘」に駆け上がって、抜き放った王剣を天にかざしたあと、東西南北に振り下ろすパフォーマンスを演じなければならなかった。これが女性の身では実行困難と考えられ、椅子駕籠に乗って登る案が検討されたのである。しかしマリア・テレジアは乗馬の訓練を重ね、この儀式を歴代の男性君主と同様に実行して、自らの正統性を顕示する晴れ舞台としたのであった。

　しかし、男性であることが暗黙の前提とされている王の座に女性が就くことの問題性は、関係者を終始悩ませた。それは、国境でマリア・テレジアの一行を迎えたエステルゴム大司教エステルハージ・イムレの、「私たちは陛下に対し、性別については私たちの貴婦人として、権力については私たちの父祖の慣習あるいは国事詔書に従い、私たちの王にして君主として敬意を表します」という（ラテン語での）込み入った挨拶に象徴的に現れている。この挨拶では「王」と「主」が男性形とされたが、戴冠の瞬間の万歳の際には、「王」は男性形、「君主」は女性形にして叫ばれた。

　さて式ののち、折衝に数か月を費やした末、マリア・テレジアはハンガリー諸身分との合意形成に成功した。そして九月一一日、ハプスブルク君主国が直面している危機はハンガリーにとっても危機であるとして女王支持を呼びかけたハンガリー最高国務長官バッチャーニ・ラヨシュの演説に続き、マリア・テレジアは「この最悪の危機において、私、私の子供たち、王冠そして王国を、躊躇《ちゅうちょ》なく支援するようお願いします。ハンガリーとその人々の以前の幸福な状態とその名の栄光を回復するため、私の責務を果たしましょう」と演説し、「血と命を！」の叫びを引き出して、

「血と命を！」（ザムバッハ画、1741年頃）

決定的な成功を勝ち取る。満場一致の賛同を得たわけではなく、約束された支援がそのとおりに実行されることもなかった。しかしマリア・テレジアは、こうしてハンガリーの支持を確たるものとしたのであった。(19)

侵攻の本格化

しかし、状況はなお深刻だった。一七四一年九月、ハンガリーがマリア・テレジアに支援を誓ったその日、バイエルン・フランス連合軍はオーストリアに侵攻し、たちまちウィーンを窺うところまで進軍した。バイエルン選帝侯カール・アルブレヒトは自信を深めてオーストリア大公を自称し、ハンガリーの領有まで考えるようになる。彼にとってマリア・テレジアは、いまや「トスカーナ大公妃」であった。(20)

さらにイタリアでは、ナポリとサルデーニャがハプスブルク君主国に対し宣戦布告し、トスカーナおよびロンバルディーアに進攻した。これにスペイン軍がトスカーナに上陸して加わり、ここでもハプスブルク君主国は劣勢を強いられることになる。さらにフランスが南ネーデルラントにも進攻したため、ハプスブルク君主国はオーストリア・バイエルン方面、チェコ方面、ベルギー方面、イタリア方面の四か所に分散拡大した戦線を、すべて自力で支えなければならなくなった。

ただプロイセンは、フランスのドイツへの進出と、ロシアの脅威の増大に警戒心を強めていた。またイギリスがハプスブルク側に立って参戦した場合、イギリスと同君関係にあるドイツ北部のハノーファー選帝侯領から攻撃され、窮地に陥る可能性も感じていた。そのイギリスは、あまりの劣勢ぶりにハプスブルク君主国を直接支援しようとは考えなかったが、対仏政策のうえでも、また数年前から続いていた対スペイン戦争を有利に運ぶうえでも、その勢力回復を望んでいた。

こうしてイギリスの斡旋《あっせん》により、ハプスブルク君主国はクライン＝シュネレンドルフでプロイセンと密約を結び、シレジアを放棄することで講和した（一〇月九日）。しかし、「ほかに方法がないのなら仕方ありません。ただ断腸の思いです」とマリア・テレジアを嘆かせたこの密約は、たちまち効力を失った。この締結から一か月後、プロイセンがハプスブルク君主国の分割について、新たな協定をバイエルンおよびザクセンと結んだためである。これによれば、下シレジアはプロイセンに、モラヴィアおよび上シレジアはザクセンに、上下オーストリア、ボヘミア、ティロールはバイエルンに帰属するとされた(21)。この密約が露見すると、プロイセンは一二月中旬に再び参戦した。

さてバイエルン・フランス連合軍は、ウィーンまで六〇キロのところまで進攻した。しかし攻城戦の準備不足、ハンガリーからの救援に対する危惧、そしてウィーン攻囲中にプロイセンなどが漁夫の利を得ることになるのではないかという警戒感などから、進軍を停止する。そしてしばらく逡巡したのち、一〇月末からボヘミアに侵入した。前章でみたように、この地の人々は多年にわたり税や賦役の負担に苦しんでいたため、この進攻を歓迎した。またバイエルンも、農奴制の廃止や三年間の免税を約束するなどして、人々の歓心を買った。こうしてバイエルン・フランス連合軍はプラハをやすやすと占領し、カール・アルブレヒトはボヘミア王に即位した（一二月一六日）。ただ、チェコの聖ヴァーツラフ王冠はウィーンに移送されていたため、戴冠式を行うことはできなかった。

こうして一七四一年が暮れようとする時期、ハンガリーの支援を勝ち得たとはいえ、ハプスブルク君主国はなお窮地にあった。列強に領土を奪われようとしているマリア・テレジアを、群がり寄る男たちに着衣を奪われる女性という構図で表現した戯画がこの時期に数多く出現したことは、その端的な証である。しかし、マリア・テレジアはなお意気軒高であった。ボヘミア最高国務長官フィリップ・キンスキーに兵站《へいたん》の充実を厳命した次の手紙には、その意思が如実に滲《にじ》み出ている。

> 私の決意は固まっています。ボヘミアを救うためにすべてを危険に晒《さら》し、失ってもいい覚悟でいます。貴方もそのつもりで力の限りを尽くしてください。私が何かを割譲するのは、すべての軍隊、すべてのハンガリー人が壊滅したあとです。決定的な瞬間がついに来ました。この国を守るため、この国を大事にし過ぎないでください。兵士が満足し、何一つ欠けるものがないよう配慮してください。［…］貴方は私が残酷だというでしょう。それはそのとおりです。しかし、この国を守るために取らざるを得ないすべての残酷な措置について、百倍にして償わなければならないことは分かっています。私は必ずそうするでしょう。しかし私はいま、同情には心を閉ざしています。[22]

戯画「着衣を奪われるハンガリーの女王」

第一次シレジア戦争の終結

戦局が好転しはじめたのは、四一年末のことであった。転機となったのは、バイエルン・フランス連合軍が北進した間隙《かんげき》を突き、ウィーン近郊に集結した軍がドナウ川に沿うかたちで西上し、占領地域の奪還に乗り出したことである。率いたのは元帥ルートヴィヒ・アンドレアス・ケーフェンヒュラー。先述したヨハン・ヨーゼフ・ケーフェンヒュラー゠メッチュの叔父にあたり、スペイン継承戦争以来、プリンツ・オイゲンの麾下《きか》にあって数々の戦果を上げてきた古参の将帥であった。

ケーフェンヒュラーの作戦をマリア・テレジアは喜んで裁可し、全面的に支援した（本章の冒頭に記した彼女の言葉は、この準備に忙殺されるなかで発されたものである）。そしてケーフェンヒュラーは、主君の期待に見事に応えた。彼はオーストリアを年内に奪還すると、続けてバイエルンに進攻し、バイエルン選帝侯カール・アルブレヒトがフランクフルトで皇帝カール七世として戴冠したその日に首都ミュンヒェンに入り、ついにはバイエルンを制圧したのである。一連の勝報にマリア・テレジアは歓喜し、長男ヨーゼフを抱いた自分の肖像画と共に、熱烈な感謝状を送った。

親愛なる忠実なケーフェンヒュラー！　貴方が目にしているのは、全世界から見捨てられた女王が、世継ぎの男子と共にある姿です。この子がどうなると思いますか？　貴方の主君である私が、忠実な重臣である貴方に、国を救うために必要なすべての力を差し出しているのを見てください。英雄にして忠実なる家臣よ、神と世界に対し責任を果たすべく行動してください。正義を盾とし、正しいと信じることを行ってださい。偽りから目を閉ざし、オイゲンの不滅の功績を思い起こして、神のもとに憩う貴方の師に従ってください。そして、貴方とその一族が我が一族から今後未来永劫にわたって恩寵《おんちょう》と愛顧と感謝をうけること、また世界からは名声を授かることを信じてください。君主としての権威にかけて、私はそれを誓います。

ごきげんよう、勇敢に戦ってください！　マリア・テレジア(23)

このようなマリア・テレジアそしてハプスブルク君主国の奮闘に、ヨーロッパ内の世論にも変化が現れはじめた。この時期の作と推測される戯画「ヨーロッパ諸列強が大ドイツの間で催した大舞踏会」はその一例で、中央でフリードリヒ二世とデュエットを踊るマリア・テレジアの造形に、もはや侮辱的なニュアンスは見られない。また、フランスの啓蒙思想家ヴォルテールはフリードリヒ二世との交流で知られる人物であるが、四二年四月にマリア・テレジアに捧げる頌歌《しょうか》を書き、彼女を偉大で英雄的と讃《たた》えた。さらに彼は『一七四一年の戦争の歴史』および『ルイ一五世の時代の歴史』において、マリア・テレジアがハンガリーの諸身分から支持を勝ち取った場面を脚色も交えて劇的に描き、彼女をめぐる「神話」の形成にも一役買った。

マリア・テレジアの肖像画を将兵に示すケーフェンヒュラー

この姫君は、自分の破滅が避けられないと思われれば思われるほど、ますます勇気を増すかのようだった。彼女はウィーンを離れ、父や祖先が手ひどく扱ったハンガリーの人々の腕に身を投じた。彼女は、この国の諸身分をブラティスラヴァに集めてその只中に現れ、まだ揺りかごにいた長男を腕に抱き、ラテン語、つまり自分の気持ちを完全に表現できる言葉で彼らに語りかけ、大略次のような言葉を発した。「友に見捨てられ、敵に迫害され、近親者に襲われた私には、貴方がたの忠誠と勇気、そして私の不屈の精神以外に頼るものはありません。貴方がたを信じ、貴方がたの忠誠に期待する王の娘と息子を委ねます」。この短い演説に心を動かされた貴顕たちは、一斉に剣を抜いて叫んだ。「我らが王、マリア・テレジアのために死のう」。彼らは常に女王に王の称号を与えるが、実際、これほどその称号にふさわしい姫君はいない。彼らは涙を流して彼女を守ることを誓ったが、彼女の瞳だけは乾いていた。しかし、彼女が侍女たちと共に退いたとき、魂の偉大さによってそれまで抑えていた涙が、どっと溢《あふ》れ出たのだった。(24)

ただ、苦境はなお去らなかった。ボヘミアは敵の占領下

戯画「ヨーロッパ諸列強が大ドイツの間で催した大舞踏会」

にあり、プロイセン軍はモラヴィアにも侵入して、時にウィーンを窺う気配さえ見せた。義弟のカール・ロートリンゲン率いるハプスブルク軍は、五月にこの軍とコトゥジッツで戦って敗北する。チェコ諸邦をすべて失いかねない状況に陥ったことで、マリア・テレジアも、このままでは勝算が立たないことを認めざるを得なくなった。

またイギリスはこの時期、戦局の変化を見て、ハプスブルク側に立って参戦する意思を固めた。しかし、その主敵はあくまでフランスであった。このためイギリスはハプスブルク君主国を対仏戦に集中させるため、ハプスブルク君主国に再度プロイセンとの講和を要求した。援助の停止を匂わせながらの強硬な姿勢に押し切られ、マリア・テレジアはこれをやむなく承諾する。こうしてイギリスの仲介により、シレジアの大半を放棄することで、七月二八日にベルリンでプロイセンとの講和が成立した(第一次シレジア戦争の終結)。また八月にはサルデーニャが一転してハプスブルク側につき、九月にはザクセンとのあいだでも講和が成立した。

攻勢

ここから戦局は一変する。プロイセンとの講和の成立後、ハプスブルク君主国はボヘミアの奪還を主目的とし、この間にバイエルンを失ったものの、年内に全土をほぼ回復した。翌四三年一月、これを祝賀する行事として、マリア・テレジアは貴婦人たちのみによる騎馬パレードを開催した。身重の体で周囲が眉を顰《ひそ》めるほどに乗馬の練習に励んだのち、彼女はこのパレードに先頭に立って参加し、自らを「戦士」として表象するパフォーマンスを演じた(25)。

マリア・テレジアは五月にプラハへ赴き、ボヘミア女王として戴冠した。女王の即位はボヘミア

貴婦人の騎馬パレード（マイテンスの工房作、1764年以降）

の歴史上初めてのことであったが、ここでも彼女は歴代の（男性）君主の時と同様に事を進めるよう指示し、実際に式はそのとおりに挙行された。またマリア・テレジアは、バイエルン占領期の利敵行為とみなしうる諸々の出来事に対し憤慨していたが、寛大に対処して恩を売る道を選んだ。こうしてこの戴冠式は、ハプスブルク王権とボヘミアの和解を顕示する場としても機能し

ボヘミア王冠を戴いたマリア・テレジア

た。しかし裏切られたという思いは残ったようで、マリア・テレジアはその頭上に戴いた聖ヴァーツラフ王冠を、「道化師の帽子のよう」と腐している。[26] なお先の手紙で強調された、この戦争で生じた被害や負担は必ず償うという言葉が実行に移されることはついになかった。

ハプスブルク軍は二月にイタリア戦線でスペインを破り、この方面における優位を確立した。そして六月には、シレジアの代償として狙いを定めたバイエルンの再占領を果たす。さらにライン沿岸地域ではイギリスおよびオランダと共闘し、デッティンゲンの会戦でフランス軍を破った（六月二七日）。この後、ハプスブルク軍はフランツ・シュテファンの祖国であるロートリンゲン公国を獲得すべく、フランスへの進攻を図ることとなる。ただ四四年一月二六日、一連の戦勝の立役者となった名将ケーフェンヒュラーが病に倒れ急逝したことは、マリア・テレジアをいたく嘆かせた。

政務と娯楽

これほど多事多難な状況に身をおき、しかも常時妊娠状態にありながら（八年に及んだオーストリア継承戦争の期間中に出産を七度経験）、マリア・テレジアの旺盛な活力は尽きなかった。複数の記録、そして本人が後年「自分の経験から」子供たちに与えた訓戒からは、彼女がこの時期に数々の娯楽に熱中していたことが窺い知れる。一七五四年、タルーカは次のように書いた。

一〇年か一一年前、マリア・テレジアが二四か二五歳のとき、彼女は多くの敵を抱え、資金も援助も経験もほとんど有していなかった。［…］彼女は自らの資質に頼るほかなく、統治を一から学び、四人分の仕事をこなした。しかし彼女はなお、私たちをその存在によって楽しませてもくれた。彼女は多すぎるくらいに乗馬をし、ダンスをし、楽しく遊び、昼食や夕食を共にした。小旅行をたくさん楽しみ、ほとんど毎年のように子供を産んだ。当時の彼女は、いまと同じかそれ以上に自閉的になる理由があったが、それでもすべてをこなす時間を確保していた(27)。

ケーフェンヒュラーの日記も、こうしたマリア・テレジアの行状を伝えている。たとえば謝肉祭(カーニバル)の最終日にあたっていた四三年二月二七日、彼女は例によって妊娠中であったが、義弟カール・ロートリンゲンやケーフェンヒュラー夫妻などを従え、ウィーン郊外のメラースドルフに出掛けた。一行はここで昼食をとったあと、夜の八時までダンスに興じた。そしてホーフブルクに戻って食事をとったあと、今度は農民の姿に仮装して、夜中に市内の舞踏場に繰り出したのである。マリア・テレジアは専用の衣装に着替えて仮面舞踏会に参加し、コントルダンスをひとしきり楽しんだあと、さらに別の舞踏場に移動して、朝の八時まで踊り明かしたのだった(28)。

仮面舞踏会用のマスクを手にしたマリア・テレジア（マイテンス画、1745年頃）

シェーンブルン宮殿（一）

一七四三年、マリア・テレジアは、ウィーンの西南西に位置するヒーツィングの地にあるシェーンブルンの城館を、「単なる修理にとどまらず、拡大し、快適な形で宮廷がおけるよう改装する」

シェーンブルン宮殿（1749年）

よう命じた。国事多難ななか、莫大な費用を要するこのような工事を実行に移した理由は分からない。ただこの時期、戦局は好転しており、マリア・テレジアはヨーロッパ中から偉大な君主と仰ぎ見られる存在となって、自信を深めていた。こうした背景のもと、彼女はウィーン市内の（あまり見栄えのしない）ホーフブルク宮殿とは別に、思うままに振る舞えて自らの威信を顕示できる自前の場を欲したのだろう。

最初に手掛けられたのは、君主夫妻の謁見用の間と居室を設けるための東翼の改装であった。ただ、君主夫妻に多くの子供が生まれたことで、四七年には早くも増築が必要となる。このため、従来の居住区域とその上階のあいだに中間階が設けられ、ここに子供たちとその世話係の部屋が用意された。

中央棟の一階には、正門と庭園を結んで馬車で通り抜けられるホールが、そしてその上階には、大規模な祝宴のため、大小二つのギャラリー（広間）が設けられた。一方西翼には、宮殿への入り口がしつらえられた。今日の見学ルートと同じく、公式に参内する際には、この正面左手の入口から通称「青の階段」を上り、中央棟の長大なギャラリーを通り抜けて、東翼にある謁見の間へと至る流れとなっていた。この設計には、あえて遠回りをさせることで、拝謁という行為に重みをもたせる狙いが込められている。また北側の棟には、マリア・テレジアの要望で劇場が建てられた。

マリア・テレジアはシェーンブルンを愛し、工事が終わらないうちから不便を物ともせず、廷臣たちを引き連れて足繁く訪れた。長く滞在することもあり、礼拝堂が四五年に完成するまえには、礼拝のためだけに手間を厭わずホーフブルク宮殿とのあいだを行き来している。そして花火などのさまざまな催しを行う一方、重要な会議を開くなど、政務の場としても活用した。(29)

第二次シレジア戦争

戦争の描写に戻ろう。ハプスブルク優位の戦況をみたプロイセン王フリードリヒ二世は、このままではハプスブルク君主国が早晩シレジア奪還に着手すると考えた。このため、ロシア皇太子ピョートルとアンハルト＝ツェルプスト公の娘ゾフィー（のちのエカチェリーナ二世）との婚姻を仲介し、ロシアを局外中立の立場にとどめる工作をしたのち、一七四四年八月初頭にベルリン講和条約を破棄し、突如ボヘミアに進攻した（第二次シレジア戦争の勃発）。これに対しハプスブルク君主国は、フランスに進攻していた軍を急ぎ返し、プロイセン軍にあたらせた。

この戦役では、軍司令官オットー・フェルディナント・トラウンの巧みな持久戦術に加え、ボヘミア住民の協力がハプスブルク側を利した。四一年にバイエルン・フランス連合軍に占領された際、農奴制の廃止や三年間の免税といった約束が守られず、糧食の徴発や兵たちの乱暴狼藉《ろうぜき》に苦しめられたため、ボヘミアの人心は今回ハプスブルク側になびいていたのである。このためプロイセン軍は苦戦を強いられ、ボヘミアからの撤退を余儀なくされる。フリードリヒが戦後自ら総括したように、「ボヘミアを混乱の坩堝《るつぼ》に落とし込み、オーストリアを制覇するはずであった大軍は、スペイン王フェリーペ二世がイギリス打倒のために派遣した〈無敵艦隊〉と同じ運命に直面した」のであった。[30]

このような折、本拠のバイエルンを失い「浮浪者皇帝」と自嘲する有様となっていた皇帝カール七世（バイエルン選帝侯カール・アルブレヒト）が死去した（四五年一月二〇日）。その後を継いだ息子のマクシミリアン・ヨーゼフは、バイエルンの返還と引き換えに国事詔書を承認し、来るべき皇帝選挙においてマリア・テレジアの夫フランツ・シュテファンに投票することを約束して、戦争から退く道を選んだ。またこれより少し前、ハプスブルク君主国はプロイセンの領土分割とフリードリヒの強制退位を目標とし、イギリス、オランダ、ザクセンと同盟を結んだ。さらにこの時期にはロシアもハプスブルク側に与して参戦する気配をみせ、プロイセンは一転して窮地に追い込まれた。

ユダヤ人迫害

プロイセン軍を撃退して間もなく、ボヘミアは大きな災厄に見舞われた。マリア・テレジアがプラハのユダヤ人に対し、追放令を発したのである（一七四四年一二月一八日）。プロイセン占領期の利敵行為が理由とされたが、これが事実無根と判明したのちも、措置は撤回されなかった。当時アムステルダムに次いでヨーロッパで二番目となる規模の共同体を有し、総数一万以上を数えていたユダヤ人（プラハの人口のおよそ四分の一に相当）は、今後一人も残ってはならないとされた。

ボヘミア最高国務長官フィリップ・キンスキーをはじめとするボヘミアの諸身分、そして君主直属の行政官庁である総督府は、経済的損失、法的正当性、実現不可能性そして人道上の問題を列挙し、民の窮状を伝えて反対した。しかし、マリア・テレジアを翻意させることはできなかった。追放は三月になって実行され、この様子を目撃したプラハ大学教授のヨハン・イグナツ・マイアーは、「この人々が子供や老人を伴い、身を切るような寒さのなか、わずかに残された病人まで引き連れていく光景は耐えがたい」と記している。ボヘミアの諸身分や総督府はやむを得ず指示に従ったが、自らの裁量の及ぶ範囲で追放民の保護を図り、措置の緩和を図った。

翻意を求める声は絶えなかった。国内ではキンスキーやフランツ・シュテファンなどが、国外では教皇、イギリス、オランダ、デンマーク、ヴェネツィア、そしてオスマン帝国が繰り返し再考を求めた。たとえばイギリス政府は、追放は国益に適わないだけでなく、「女王がこの過酷で無慈悲な決断に固執することは、正義と慈愛［これはマリア・テレジアのモットーだった］の両面から、これまでの穏健で公正だった統治に消えない汚点を残すもので、全人類からの敬意を損ないかねない」と警告を発している。しかしマリア・テレジアは頑として聞き入れず、モラヴィアそしてボヘミアの全土に対してもユダヤ人追放令を発した。

一連のユダヤ人追放令は、四八年になってようやく撤回された。経済的損失の大きさに加え、追放令の撤回がなければ新たな租税協定への同意（後述）を拒むとボヘミアとモラヴィアの諸身分が強硬な姿勢を示したことなどが、複合的に作用した結果である（「諸邦がきわめて切実に最大限の力をもって希望しているという、ただそれだけのために、私はユダヤ人に対する措置の撤回に同意します」）。ただこの際、ユダヤ人は今後毎年およそ二〇万グルデンの税を払うことと定められた。最終的にこの事件は、ハプスブルク君主国の歴史上最大規模のユダヤ人迫害となった。

この事件は、マリア・テレジアの激しい反ユダヤ感情（由来は不明）が引き起こしたものであった。ユダヤ人を嫌悪し迫害したハプスブルク君主はほかにもいるが、彼女ほどそれが激しかった人物はほかにいない。「私はこの民族ほど国家に害をなすペストを知りません。彼らは詐欺、高利貸し、金銭取引で人々を乞食にし、正直者が忌み嫌うあらゆる種類の悪い取引をしています。ですから、彼らをここから遠ざけ、可能なかぎりその数を減らすべきです」。マリア・テレジアは終生この偏見を改めなかった。そしてユダヤ人のウィーン居住を厳しく管理・制限し、髭《ひげ》を生やしていないユダヤ人の独身男性に黄色の腕輪を着用させ、既婚男性には髭を生やすことを義務付けるなどの手段で差別化を図り、彼らが社会に溶け込むことのないようさまざまな手段を講じつづけたのだった。(31)

皇帝フランツ一世

バイエルンとの講和により、カール七世の死によって空位となった神聖ローマ皇帝の座にフランツ・シュテファンが就くことに、さしたる障害はなくなった。一七四五年九月、フランツ・シュテファンは皇帝に選出され（フランツ一世）、翌月にはフランクフルトで戴冠式が挙行された。

この時フランツ・シュテファンは、皇后として戴冠されることを妻に求めた。しかし彼女は言を左右にして拒否し、式を「お忍びで」観覧するにとどめた。その真の理由については当時から今日までさまざまな推測があるが、この戴冠によって自らの尊厳と自立性が損なわれることを危惧したからという見方が、最も妥当であるように思われる。フランツ・シュテファンはこれを杞憂だとして強く翻意を求めたが、彼女は式は単なるコメディーに過ぎないとして応じなかった。そしてフランクフルトでは、「自立した君主にしてボヘミアおよびハンガリーの女王」として振る舞った。(32)

このような内幕とは別に、戴冠式は盛大に挙行された。フランクフルト出身の文豪ヨハン・ヴォルフガング・ゲーテが古老から聞いた話として『詩と真実』に記したところによれば、この式で光彩を放ったのは、フランツ・シュテファンよりマリア・テレジアであった。

並外れて美しいマリア・テレジアは、その祝典を市庁舎に隣接するフラウエンシュタイン家のバルコニーの窓から眺めた。いよいよ夫が奇妙な装いをして大聖堂から現れ、彼女の前にカール大帝の亡霊のような姿を見せた時、彼が面白げに帝国宝珠や笏《しゃく》や奇妙な手袋を両手でかざしたので、彼女は笑いを止められなくなった。これを見て見物の人々は皆非常に喜び、また感銘を受けた。それはこれによって、キリスト教世界で最も高貴な夫妻の美しい自然な夫婦関係を目の当たりにする栄誉を得たからである。皇后が夫にハンカチをふって挨拶をおくり、自ら大きな声で万歳を叫んだとき、群衆の熱狂と歓呼は最高潮に達し、喜びの叫びは果てることなく続いた。(33)

皇帝フランツ１世

なおこの機会に、一四三八年以来継承を続け、家産のように見なされるに至っていた帝位を保持しつづける意味が、ハプスブルク政府内で改めて問い直された。マリア・テレジアは自らの即位の際、国事詔書が事実上無視されて支持を得られなかったことから、帝国に対する不信感を心中深く抱いていた。しかし帝国副宰相ルードルフ・コロレドは、神聖ローマ帝国とハプスブルク君主国は相互依存的な関係にあり、帝位は依然として栄誉と利益をもたらすと論じ、これが帝国問題に関するハプスブルク政府の基本方針となる。帝国諸侯との協働を重視しつつも皇帝の権威がもたらす利点は最大限活用する従来の路線は、こうして当面維持されることとなった。(34)

「二人の主君」

フランツ・シュテファンが皇帝フランツ一世となり、帝位がハプスブルク＝ロートリンゲン家に復したのちも、マリア・テレジアは引き続き国政を司り、その存在感は夫を圧倒した。帝冠を頭上に掲げられた姿で描かれたマリア・テレジアの銅版画（フィリップ・アンドレアス・キリアン作）は、こうした状況を巧みに表象している。フランツが担った（担わされた）のは、妻が女性であるために果たせないこと——帝位の獲得はその最たるもの——を果たし、ハプスブルク家の権力と権威が従来と同様になるよう補完する役回りであった。(35)

マリア・テレジアは夫の存在感の弱さを知らないではなく、それに心を痛めてもいた。しかし戴冠式の一件が示すように、夫の体面や感情を傷つける危険を冒してでも、自らの自立性と尊厳の保持には固執した。たとえば外国の使節は着任そして離任の挨拶に赴く際、まず皇帝たるフランツ、次いで皇后たるマリア・テレジアに拝謁したが、翌日にはハプスブルク君主国の統治者としてのマリア・テレジアに改めて拝謁することとされた。フランツはこれにより「威厳が失われた」と感じたが、ケーフェンヒュラーいわく、これはマリア・テレジアの「女王としての唯一無二の崇高さを引き出し、確固たるものにする」ための措置であった。外国の外交官もこうした事情を良くわきまえており、たとえば四〇年代末に来訪したオスマン帝国の使節は、両者に手交する文書と進物を別々に用意し、拝謁に臨んだ。[36]

　フランツの手になる文書は死後に文書館から持ち出され（マリア・テレジアの指示とも推測される）、行方不明となったため、彼の政治上の功績については定かでないところがある。[37] しかしほかの諸史料から判断するかぎり、その影響力は限定的であった。補佐役としての重要性も、妻の即位当初を頂点として低減の一途を辿《たど》り、カール六世期からの低評価を覆すには至らなかった。ただ一方、フランツも統治に対する意欲を完全に失ったわけではなかったので、周囲は時として一種の「権力闘争」に直面することとなった。この間の事情を、ケーフェンヒュラーはこう語っている。

> 我々には皇帝と皇后という二人の主君がいる。前者は軍事を、また（ある程度）財政も指揮し、少なくともこの二つの部門において、彼の知識と同意なくしては重要なことは容易にできない。しかしそれにもかかわらず、彼はそのような重責を担うには、

頭上に帝冠を掲げられたマリア・テレジア

あまりにも軽さのある性格である。(38)

イギリスの政治家ウィリアムズも、フランツ一世を「ロートリンゲン公としてなら良いが、ドイツの皇帝にはふさわしからぬ気質の持ち主」とみた。この「軽さ」は同時代人の多くが指摘しているもので、彼の存在感が低下した背景には、こうした性格上の問題もあったものと思われる。

他方でフランツ一世は企業家として成功し、大いに財を成した（フリードリヒ二世は彼を当代随一の企業家だと「称賛」している）。さらに啓蒙思想の伝播《でんぱ》に貢献し、国政においても、財務を中心に有用な助言をなした。マリア・テレジアは統治初期における補佐に感謝し（「もし貴方の偉大なるお父上の支えがなければ、私は決して乗り切れなかったでしょう」）、ハンガリーを統治するうえでの基本姿勢を、「この民族をただ一人よく知っておられた」夫から学んだと述べている。近年では神聖ローマ皇帝、そしてトスカーナ大公としての事績にも注目が集まっている。ただ彼は、それらの地位がもつ権能を、ハプスブルク君主国の利害を顧慮せずに行使することはできなかった。(39)

終戦

一七四五年の春、窮地に追い込まれたプロイセン王フリードリヒ二世は、イギリスそしてロシアの仲介に期待をかけた。しかしどちらも不首尾に終わり、「栄光と名声の生涯を失うよりは、名誉のうちに滅びることを選ぶ」ことを決意する。そして国の滅亡を危ぶむ声には、マリア・テレジアを引き合いに出して、次のように反論した。「ハンガリーの女王、この女性が、ウィーンの前に敵が現れ、最も栄えた地方が敵に侵略されたとき、自分の運命に絶望しなかったことを考えたまえ」(40)。

このフリードリヒの強硬姿勢は、結果的に功を奏した。六月にホーエンフリートベルク、九月にソールで勝利したことに加え、イギリスがプロイセンとの戦争に消極的で、八月には単独講和に応じたことが大きかった。そしてイギリスはハプスブルク君主国に対し、再びプロイセンとの講和を求めたのである。マリア・テレジアはフランスと講和してでもプロイセンとの戦いを続けることを望んだが、これまでと同じく、イギリスの意向を退けることはできなかった。一二月二五日、ハプスブルク君主国とプロイセンはドレスデンで講和条約を結び、第二次シレジア戦争は終結した。

この後、戦争はなお二年余りも続いた。しかしその性格は大きく変化し、近世において数多く戦われた英仏植民地戦争の一環に過ぎなくなった。そしてポーランド継承戦争以来、戦時が事実上一〇年以上も続く状況に民は疲弊して非協力的になり、マリア・テレジアがこれに苛立って、君臣間には波風が立ちはじめた。

たとえばヴェネツィア大使エリッツォは、マリア・テレジアは自分の大権に固執し、一人で統治すると固く決意して周囲の意見に耳を貸さず、服従を強いようとしているとみた。「お世辞抜きで偉大と言えるこの君主は、すべてをこうして進め、自分で命じないことはない。夫への愛情は本物だが、夫には何も決めさせず、内政についても夫の意見に反して決断することも少なくない」。またプロイセン大使ポデヴィルスは、かつて臣民は彼女を神格化して熱烈に支持したが、「彼女が臣民の苦難より自身の権力欲を優先させてこの戦争を嫌悪感を抱くことなく続けていることに、人々は気づきはじめています。世界が彼女に対して寄せた称賛の声と自己愛とは、彼女の天分と素質とを引き出す一方で、彼女を尊大にしました」と述べた[41]。

一方でこの時期になると、どの国も疲弊し、平和を求める声が強まっていた。そしてハプスブルク君主国でも四七年の末になり、「新たな作戦を開始するより、最悪の和平のほうが望ましい」(42)と決定される。こうして四八年一〇月、アーヘンで講和が成立し、ついにオーストリア継承戦争は終結した。マリア・テレジアはこの和平にきわめて不満であったが、受け入れざるを得なかった。

シレジアの失陥は、言うまでもなくハプスブルク君主国にとって重大な打撃となった。ここでバルテンシュタインがこの喪失の意味について、国の経済を支える測り知れないほどの企業家と投機家と一二〇万の人口とを失っただけでなく、「中欧におけるハプスブルク君主国の植民地的勢力基盤」に甚大な打撃を蒙《こうむ》り、チェコ諸邦において今後スラブ系の人々が多数派となる結果を甘受することとなったと述べているのは、後年の民族問題を考えると興味深い(43)。

しかし、国家解体は必至と思われた戦争初期の状況を思うと、シレジアの喪失のみで終戦を迎えることができたのは僥倖《ぎょうこう》といえる。危機克服の要因は、「共通の危機」意識の共有に基づく国力の大々的な活用、イギリスやオランダといった同盟国の存在、敵対勢力間の不和、そしてマリア・テレジアの卓越した統治力の相互作用にあったといえるだろう。

第3章 「革命」

1 国制をめぐって

ヒュームがみたハプスブルク君主国

一七四八年四月、哲学者デイヴィッド・ヒュームはイギリスの使節団の一員として、ハプスブルク君主国を訪れた。ここではまず、彼の興味深い見聞録を瞥見《べっけん》するところからはじめよう(1)。

一行はドナウを下る快適な船旅を満喫してウィーンに入り(「この地域は非常に心地が良いです」)、一四日に皇帝夫妻に謁見した。「彼らはとても見栄えのする夫婦で、皇帝には善良な、皇后には高貴な雰囲気が漂っています。彼女の声や態度、話し方は最も好感が持てるもので、私たちの国を何度も褒めてくれました。彼女は美人ではありませんが、堂々たる君主であり、聡明で高潔な女性です。彼女が内外からかくも絶大に支持されているのは、なんら不思議なことではありません」。

退出の際には、ささやかなハプニングがあった。

［…］私たちは皇后陛下と少しばかりお話したあと、後ろ向きのまま、非常に長い部屋を通り抜ける間中、膝をかがめてお辞儀した状態で退出する羽目になりました。そのため、私たちはもつれ合って倒れたり、ひっくり返って転びそうになるという窮地に立たされたのです。彼女は私たちの苦境を見て、すぐにこう呼びかけられました。『皆さん、礼儀にかまわずご退出くださいな。貴方がたはそのような動きに慣れておられないし、床は滑りやすいのですから』。私たちはこのお心遣いを大変ありがたく思いました。というのも私の仲間たちは、私が倒れて彼らを押しつぶすのではないかと、やけに気を揉んでいたからです［ヒュームは肥満体だった］。

一行は社交界にも顔を出した。彼は宮廷の男性たちを「醜くて無作法」だとけなす一方、女性たちの多くは素敵だと述べ、ある伯爵夫人との次のようなエピソードを紹介している。「彼女は私たちとの会話に加わりました。そしてしばらくすると、宮廷の淑女たちに知り合いはいるか、そして彼女たちとお近づきになりたくはないかと尋ねてきました。そうしてもらえればこの上なくありがたいと私たちが答えると、彼女は『では、私から始めませんか』と言ってきたのです」。ヒュームによれば、一同は「これらの心地よい自由の例」に数回出くわしたという。

ヒュームの目から見ても、ウィーンはやはり「首都にしてはとても小さく、あまりにも人口が多い」都市であった。「ここに二〇万もの住民がいるとは、とても信じられません」。彼はこれに続けて、この都市の住民は「貴族、従僕、兵士、聖職者のみから成っている」ため、マリア・テレジアが実行しようとしている風紀粛正の試みは、この上なく困難なものとなるだろうと述べている。

　最初の増改築が終わったばかりのシェーンブルン宮殿については、使節団のあいだで意見が割れた。ヒュームの感想は、「見事ではあるが、さして偉大ではなく、内装の豪華さにも乏しい」というものである。マリア・テレジアは、無用なダイヤモンドを持っているよりもここに住みたいと望み、この改装費を賄うため、所有しているすべての宝石類を売り払ったと話したという。

　四月下旬、一行はトリノへ向かう道すがら、オーストリア南部の山岳地帯に入った。はじめ彼らは快適に旅して峻厳な景観を堪能し、土地の肥沃さと物産の豊富さを讃《たた》えた。しかし小都市クニッテルフェルトでは、衝撃的な体験が待っていた。「この国がその野趣において魅力的であるのと同じくらい、住人たちは未開で、奇形で、怪物のような外見をしています。醜く腫れ上がった喉を持つ人が非常に多く［古来この地域には、甲状腺腫を患う人が多かった］、知的障害者や耳の不自由な人がどの村にもあふれています。総じて人々の様子は、私がこれまでに見たなかで最も衝撃的なものでした。［…］彼らの服装はヨーロッパ人とは思えませんし、その姿も人間とは思えません」。

　しかし、彼らはある日驚くべき出来事に遭遇する。マリア・テレジアが教化のために派遣したイエズス会の宣教師たちが説教中に聖歌を歌うと、人々は実に美しく合唱したのである。「信じてください。これらの未開人の声より調和のとれた、より良い調律

クニッテルフェルト

の、より快適なものはありません」。

続いて訪れたケルンテンでも、状況はシュタイアーマルクと同じく悲惨であった。しかし、それはティロールに入ると一変する。「人々の様子は、ティロールに入って素晴らしく好転しました。この地の人々は、シュタイアーマルクの人々が醜いのと同じくらい、際立って美しいのです。あらゆる表情に、人間性、気高さ、健康、豊かさの雰囲気が浮かんでいます。しかし、この地の自然はシュタイアーマルクより荒々しいのです。山はより高く、谷はより狭くて不毛です。彼らはどちらもオーストリア家に従うドイツ系の臣民ですから、自然学者や政治家は、これほど大きくて際立った相違の原因を突き止めることに苦労することでしょう」。こうしてヒュームは、(オーストリアに限定されてはいるが) ハプスブルク君主国に属する諸邦が有する多様性を肌で実感したのであった。

公的生活

壮年期を迎えたマリア・テレジアは、心身ともに充実し、引き続き精力的に政務をこなした。もっとも、毎年のように続く妊娠と出産は、さすがに体に堪えるようになった。四八年に第一〇子マリア・カロリーナを生んだあと、彼女はこうぼやいている。「私はもっと産むことを恐れています。もし、主がすでに産まれた子たちを生かしておいてくださるなら、一〇人で止めたいものです。私は、それがいかに私を弱らせ、老化させ、あらゆる考えに対する感受性を失わせるかを感じているからです」。しかし、彼女はこの後なお六度の出産を経験することになる。

肥満と加齢を気に病むようにもなり、一〇年ぶりに自分を見た者は誰だか分からないだろうなどと自嘲気味に語ることもあった。ある機会にはこんなことも書いている。「病気でもないのに痩せました。とても嬉しいです」。[2]

マリア・テレジアの一日については複数の証言があるが、いずれもその自己規律の厳しさを強調している。ここではプロイセン大使ポデヴィルスの報告を紹介しよう。

彼女は非常に規則正しく生活しています。冬はたいてい七時、夏は四時か五時に起床し、提出された報告を読み、書類に署名し、会議に出席して、午前中をすべて政務に費やします。昼食は一時にとりますが、一時間半もせずに終わります。食事はたいてい一人でとります。夏、さらに時には冬にも、食後にはよく一人で散歩をし、大半の時間を報告を読んで過ごします。七時頃からは、おおよそ八時半までファラオ［カードゲームの一種］に興じます。それからごく簡単に食事を済ませますが、たいてい肉のブイヨンを一皿とるだけです。夕食後は時々散歩をし、通常一〇時まえに就寝します。[3]

当然のことながら、行事や謁見に出席する機会は多かった。マリア・テレジアはそうした場が空しく退屈で、時に不快ですらあることを知悉《ちしつ》していたが、本音を巧みに押し隠し、人を魅了する力を存分に発揮した。プロイセンの使節フュルストはこう述べている。

マリア・テレジア（マイテンス画、1750/55年）

女帝はヨーロッパで最も美しい王族の女性の一人である。夜昼となく働き、たびたび妊娠したにもかかわらず、非常によく体を保っている。表情は威厳をもちつつも親しみやすい。意志や自制心が働くこともあるが、その明るさが失われることはほとんどない。彼女に近づくと、感嘆の声を上げずにはいられない[4]。

マリア・テレジアは、自分の言動がもつ意味の大きさとそれを戦略的に活用することの重要性を常に意識し、子供たちにも厳しく指導した。「私たちはきわめて注意深く観察されています」「外見には内面より気を使いなさい。一〇〇人が貴方を外見で判断するのに対し、貴方を本当の長所で判断するのは、わずか二人だからです」。プロイセン大使ポデヴィルスもこの点を鋭く指摘した。「彼女は自分自身を観察し、良い所しか見せていません。愛想がよく、敬虔《けいけん》で、鷹揚《おうよう》で、慈悲深く、人望があり、勇気に富み、気高いところを見せて、すぐに臣民の心を摑んだのです」。格式ばったことは好まず、時にその簡略化も試みたが、儀礼や祝祭が秩序を維持し威信を顕示するうえで不可欠であることはよく承知していた[5]。

宮中食事会（マイテンスの工房作、1760/65年）

その要諦を、後年彼女は末娘マリ・アントワネットにこう伝えている。

第一級の家柄のドイツ人には快く謁見を許し、ほかの者には誰にでも、とくに私の臣下の優れた家柄の者には、貴方の優しい心を見せてやりなさい。下々の者、つまり参内《さんだい》資格をもたない者たちには、優しい気遣いと深い慈愛の心を見せて守ってやりなさい。［…］こうした振る舞いこそ、私たちのような身分の者のもつ唯一の力であり幸せなのです。(6)

この忠言が示すように、マリア・テレジアは身分・上下関係に厳格であった。「庶民に用心し、彼らの父親、君主であるよう努めなさい。彼らを兄弟として扱ったりしては決してならず、彼らと親しくしたり冗談を言ったりすることも許しません」。このような意識は、地上の社会秩序を不平等に基づくものと考えるキリスト教の伝統的社会観に基づいている。「人は皆、上に立つ権威に従うべきです。神に由来しない権威はなく、いまある権威はすべて神によって打ち立てられたものだからです」という新約聖書の言葉は、誰もが既存の体制と秩序に服従し、分相応に生きて己が役割を全うすることを当然視する姿勢を導く。カトリックの正統教義を完成させた最大の教父アウグスティヌスによれば、「秩序とは等しいものと不等なものに、それぞれの場所を与える配置のこと」であった。(7) このような社会観は、これから始まる啓蒙改革期において、各自があたかも時計の部品のように所定の位置で機能することを求める政府の姿勢と調和し、それを下支えすることになる。

私的生活

「舞台裏」の日常生活については、五〇年代中葉から一三年にわたって侍女を務めたシャルロッテ・ヒエロニムスの証言が、娘の作家カロリーネ・ピヒラーの回想録などを介して残っている。これはケーフェンヒュラーなどが残した記録と一致する部分が多く、信頼に足るものといえる。(8)

ヒエロニムスの目から見ても、マリア・テレジアはきわめて活動的で、規則正しい生活を送っていた。彼女は毎日五時頃に起床し、侍女を呼んで身支度をさせた。このうちメイクとヘアデザインは「最も退屈で報われない仕事」であったが、速さと技術とセンスを兼ね備えていたヒエロニムスは、この役目を常に任されて難渋したという。マリア・テレジアはあまり美にこだわらなかったが、それでも美しく装うことを決しておろそかにせず、万全でない時は人前に出ることを嫌がった。

またヒエロニムスは利発さを買われ、送られてきたさまざまな文書を読み聞かせる役回りをも仰せつかった。これは彼女にとって身支度よりはるかに面倒の少ない仕事だったが、ドイツ語、イタリア語、フランス語、ラテン語など、多種多様な言語で書かれた文書を次々に読み上げていくことは、やはり楽ではなかった。しかもこれは夕食後、主君が入眠するまで延々と続けられたという。

マリア・テレジアは頑健で、健康に無頓着だった。ただ暑気には弱く、ある年の聖体の祝日に行列に参加し、肥満した体で強い日差しのなかを長時間歩いた時には、全身が火照って疲労困憊《こんぱい》した。彼女は戻ってくるとすぐに服をすべて脱がせ、窓や扉を開け放った小部屋の真ん中にスカートに上着をひっかけただけの姿でどっかと座り込み、レモネードを飲んで氷で冷やしたイチゴを食べつつ、ヒエロニムスに髪の毛を梳《と》かしてもらったという。一方で寒気には強かった。暖房はほとんど使わず、雪の日でも机の横の窓を開けていたので、近侍する者たちは寒さに震えあがった。

マリア・テレジアは情動に対して抑制的で、弱さを嫌い、強くあることを望んだ。「自分の強さを自覚し、その強さと勇気によって危機を脱し、重い苦しみに自己犠牲的に耐えたことが何度もあったので、周囲にも同じことを求め、すぐ泣くことや繊細すぎる性格を好まなかったのだ」。こうした要求の代償として彼女は侍女たちを厚遇し、自尊感情と自己規律の精神が育つよう促し、誘惑や堕落の危険から身を守ることに手を貸した。そしてマリ・アントワネットに伝えたとおり、仕える者たちに「優しい気遣いと深い慈愛の心」を惜しみなく見せた。読んでいた書類にコーヒーをこぼした際、染みを作ってしまい恥ずかしいと添え書きしたエピソードは、その好例といえるだろう。

その立場上、侍女たちは行動を厳しく制限された。彼女たちは、外出の希望や行先について報告することを義務付けられた。勤務のない日には知人や男性と部屋で会うことが許されていたが、マリア・テレジアには知らせておく必要があり、またその人物は評判がよくなければならなかった。君主の身辺警護や機密保持の重要性を考えると、このような束縛はやむを得ないものであったろう。

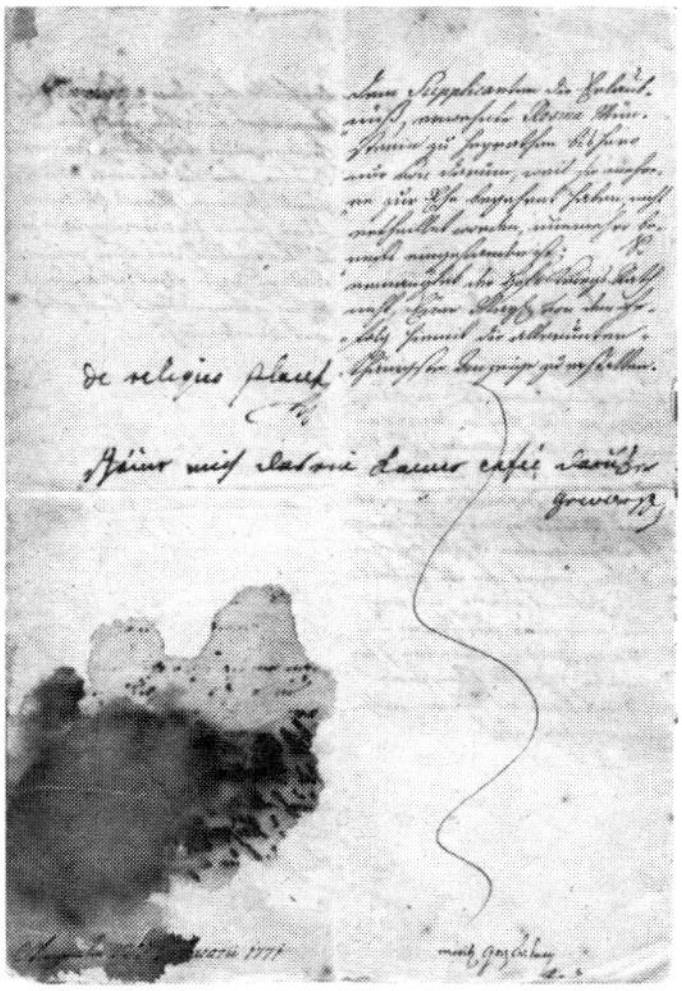

コーヒーをこぼしたことを詫びるマリア・テレジアの添え書きのついた書類

ただ、細やかな心遣いは、「ある種の家庭的、母性的な監視」と表裏一体であった。マリア・テレジアに近侍する者たちは、その監督のもとで厳しく自らを律し、滅私奉公に徹しなければならなかった。このパターナリズム（上の立場にある者が、下の立場にある者のためとして、その者の意思によることなく後見的に振る舞うこと）は、彼女の統治を最初から最後まで特徴づけるものとなる。

『政治遺訓』

これまで見てきたように、マリア・テレジアは即位まえから国政のありように不満を抱き、即位後もその思いを強めていた。五〇年頃に彼女の監督下で側近によって書かれたと推察される覚書（通称『政治遺訓』）――本人いわく「後世の人々のため、母のような思いで作成した訓戒書」――は、そうした思いの表白であるとともに所信表明のような性格を併せもち、きわめて興味深い。[9]

これによれば、「神は私の意思と関係なく、私をこの地位に選び給うた」。しかし即位当初、彼女は「現金も、信用も、軍隊も、経験も、学問も、助言者も持たなかった」。歴代の君主が示してきた寛大過ぎる姿勢のために君主の権威は損なわれ、大臣たちと諸身分が結託して繰り広げた専横と利益誘導により、政府官公庁はそれらの利害ばかりを考えるようになった。彼らは関係ある地域の利害の代弁者となり、国益を軽んじて相互に争い負担を押し付け合う一方、中央からの租税要請に対しては一致団結して抵抗した。こうした問題が是正されなければ、早晩国は崩壊するであろう。諸身分を不当

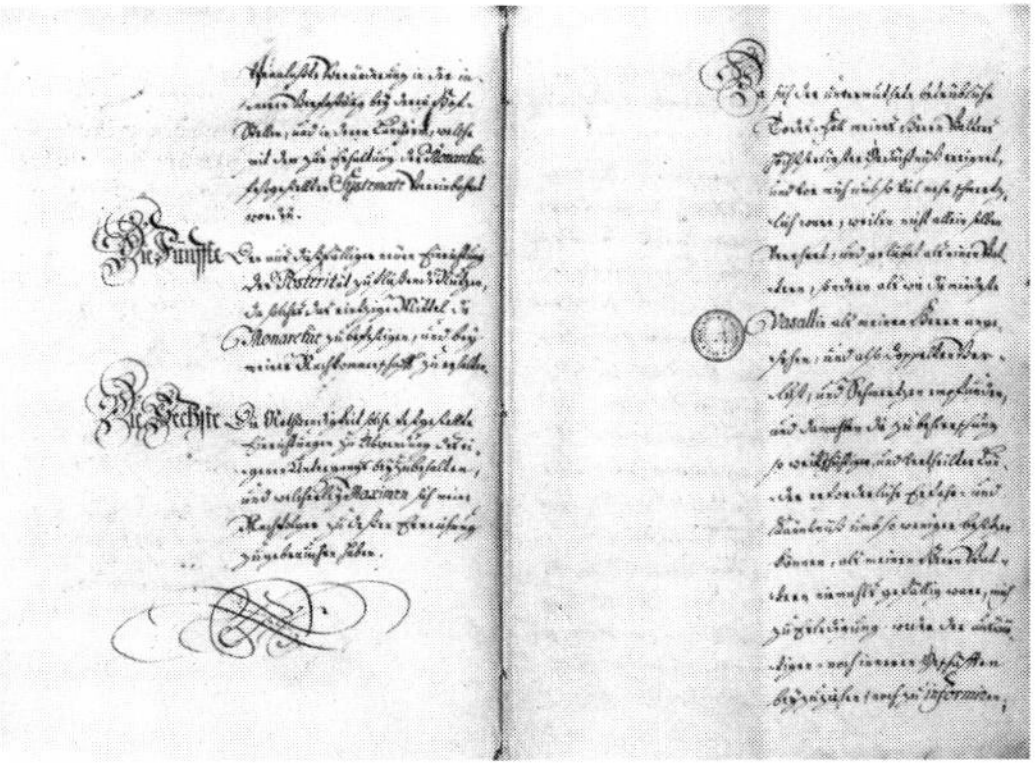

『政治遺訓』

に攻撃するつもりはなく、もし彼らが自分より政治を良く司れるなら、彼らに従うことにやぶさかではない。しかし、そのようなことはあり得ない。諸地域の衰微の主因が、諸身分が濫用する絶大な特権・自由にあったことは明々白々である。このように有害な国制は根本的に変革されるべきであり、秩序と安定をもたらす新しい体制が確立されなければならない。

これがマリア・テレジアの嘘偽らざる真情であることは疑いない。しかし、その主張を鵜呑《うの》みにはできない。これまで述べてきたように、今日までの研究は、ハプスブルク君主国が王権と諸身分の相補的・互恵的な関係を基軸とする複合君主政国家であったこと、そしてその結果「考えられているよりも多くの理念的、人的そして物的資源を有していた」(近世史家ヨハネス・ブルクハルト)ことを示している。[10] マリア・テレジアは実際のところ、この覚書で手厳しく非難した先人たちや重臣、そして諸身分の功労に、本人が意識していたよりも多くを負っていたのであった。

中央集権と地方分権

しかし、マリア・テレジアは先述のとおりに考えて終戦まえから改革の可能性を探り、部分的に実行に移してもいた。ここに登場したのが、フリードリヒ・ヴィルヘルム・ハウクヴィッツである。ハウクヴィッツは一七〇二年、シレジアのルター派中流貴族の家に生まれた。ドイツ語圏で学業を修め遊学を経験したのち、カトリックに改宗して官界に入る。その手腕は確かで、オーストリア継承戦争の勃発まえには、シレジアにおける租税行政の中心となっていた。

シレジアの大半がプロイセンの手に落ちたあと、ハウクヴィッツは残部諸地域の行政を任された。そこで彼はプロイセンがシレジアで実施した諸改革を参考にして成果を上げる一方、その経験など

フリードリヒ・ヴィルヘルム・ハウクヴィッツ（ミリッツ画、1763年）

に基づいて、強力な中央集権化による行財政改革を主眼とする建白書を提出した。そしてそれを目に留めた皇帝フランツ一世やタルーカなどの推挙により、マリア・テレジアの知遇を得て、一躍国政の大舞台に躍り出ることになる。彼女にとってハウクヴィッツは、高潔にして実直で大胆に行動する、「まさしく神意によって私のもとに遣わされた」人物であった[11]。

ハウクヴィッツは、富国強兵のためには中央政府が軍政を一括して司るべきと説き、諸身分に多くを依存する従来のシステムを批判した。そして財源確保のため、諸身分を軍事負担から解放する代わりに、租税額の倍増を求める改革案を提示した。しかしこの案は、重臣フリードリヒ・ハラッハの猛反対に直面することとなる。ハラッハはハウクヴィッツとは逆に、諸身分により強い権限を与えて地域振興を図ることで、富国強兵化を推進するべきと唱えたのである。この両者が激しく論戦した四八年一月二九日の御前会議は、ハプスブルク君主国において以後絶えず生じることとなる中央集権的統治理念と地方分権的統治理念の対立が、初めて顕在化した場となった[12]。

当時ハラッハは、首相格の重臣であった。名門貴族の出身で、充実した家庭教育とヨーロッパ諸国への遊学で力をつけ、外政に携わったのち、プリンツ・オイゲンに才を買われて南ネーデルラントの行政を担い、タルーカとも懇意になった。四四年に中央に召還されてからは「ウィーンで最も優秀な頭脳の持ち主」（フリードリヒ二世）と目され、マリア・テレジアからも大いに期待されて、翌年のプロイセンとの和平交渉では全権大使を任された。ボヘミアと下オーストリアで諸身分の長となり、大領主として所領経営に辣腕を振るった一方、カール六世の訃報に接すると大乱の勃発を予感して国の前途を憂い、マリア・テレジアがハンガリーで支持を勝ち得たと聞いて快哉《かいさい》を叫び、プロイセンとの講和の代償としてシレジアを失ったことに深く心痛する、王朝敬愛心の篤い人物であった(13)。

ただハラッハは地域行政に関し、南ネーデルラントなどでの経験から、諸身分の有用性を確信していた。そして中央政府が諸地域の実情に疎いまま「絶対的専制」を行っているとみて、地域分権を志向するようになっていた(14)。一方ハウクヴィッツはシレジアなどでの経験から、「もしある領邦を危機に陥れたいなら、その地の諸身分に自由裁量権を与えさえすればよい」と断言するほど諸身分に批判的で、中央政府による強力な地方統制が必要と確信していた。このため目標を同じくしながら、両者は正反対の方策を説いて譲らなかったのである。ハプスブルク君主国が有する内的多様性は、この才ある二人の知見をもってしても把握し切れないほど大きかったのだった。

フリードリヒ・ハラッハ

マリア・テレジアがハウクヴィッツを熱烈に支持したことは言うまでもない。彼の主張は、彼女の思いそのものであった。そのため彼女には、ハラッハの対案が「誤った原理」に拠《よ》って立つ、彼ほどの傑物から出されたものとは思えない「まったくもって見掛け倒しの提案」としか思えなかった。こうして彼女は執拗《しつよう》に食い下がるハラッハを退け、ほかの出席者が示す玉虫色の姿勢に苛立ちながら、ハウクヴィッツの案を採択したのである。この会議の議事録の末尾に、マリア・テレジアは失意を込めてこう記した。「認可。この件はまさしくこのとおりの経過を辿《たど》った。五〇年後、この人たちが私自身によって任命された大臣たちであったとは、誰も信じないことでしょう」(15)。

2 変革の諸相

啓蒙改革の始まり

租税改革の導入を突破口として、マリア・テレジアは国政全般のさらなる改革に着手した。この力強い動きは政治と社会に新風を吹き込み、その成果の一部は今日まで影響を残している。

この改革を支えたのは「啓蒙」である。理知と感性に基づいて個人および国家・社会の進歩改良を志すこの思潮は、先述したように、ハプスブルク君主国にも一八世紀の前半から伝播《でんぱ》していた。この流れはマリア・テレジア期にさらに加速し、「啓蒙改革」が実施されるなかで、法治、人権意識、自由の尊重、宗教的寛容など、近代化の基礎をなす諸理念がこの国に浸透していった。

ただ啓蒙は、既存の秩序や価値観を問い直そうとする志向を内在させていた。これを察知し、それ故に啓蒙を嫌悪したのが、マリア・テレジアである。彼女は啓蒙を全否定したわけではないが、真に人を律して善へと導くのは正しいカトリック信仰のみであると確信していた。そして知性の偏重を批判し、自由や寛容の(過度)の尊重には堕落や無秩序を招く危険があると考えたのである。

彼女はこう述べている。

自己愛をくすぐるのに、無制限の自由ほど安易で適したものはありません。これは、すべてを理解し確信や計算に基づいて行動しようとする啓蒙の世紀において、宗教の代わりに使われるようになった言葉です。世人は、過去についても現在についてもほとんど学ばないまま、無知と偏見によって過去全体を非難しています。この問題は非常に誘惑的で、私たちの傲慢さや情熱におもねるものが多いので、いっそう危険なのです。(16)

もっともほかのハプスブルク君主国の為政者たちも、啓蒙を手放しで称賛し受容するつもりはなかった。彼らは「賢明で穏健な政府と結びついた啓蒙は、臣民の安寧と心服を確保する最も確実な手段」(宰相カウニッツ)と考えたのである。一八世紀ドイツの文筆家アドルフ・クニッゲの「悟性の最良の啓蒙とは、我々がおかれた立場に満足し、その環境のもとで、有用、有益かつ目的に適ったことを我々に教える啓蒙である。それ以外はすべて愚行であり、破滅につながる」という言葉は、そのまま彼らの信条とみなしうる。(17)こうしてここから始まる一連の改革は、啓蒙を利用して、社会のあらゆる領域を国家の監督下におこうとする官憲国家化の試みとなった。

行政改革

一七四九年五月、「有害な国制をここ［中央］においても地域においても完全に修正し、組織だった秩序を安定したものとする新たな体制を確立するため」、マリア・テレジアは行政機構の改変を断行した。政治家・官僚の大半は事前に何も知らされておらず、寝耳に水の事態に困惑したケーフェンヒュラーは、これを「革命」と評した。(18)

家門・宮廷・国家文書館におかれたマリア・テレジアの立像

　この改革の主目的は、諸身分の影響から諸官庁を切り離し、君主の絶対的な影響下におくことであった。そのため中央政府が諸地域を直接掌握できるよう、中央直属の政庁が各地に改組されて設けられた。これらを中央の政府諸機関ともども統括したのが、プロイセンの行政機構を参考に、国政の最高機関として新設された監理府（ディレクトリウム）である。さらに行政と司法の分離が図られ、最高司法庁が設置された。また国の中核とするべく、チェコ・オーストリア諸邦の一体化が推進された。

　しかし、ハンガリーは改革の対象外とされた。それは、「この種のことについては国制に沿って開かれた王国議会以外で諮るのは得策でなく、また、このことにきわめて敏感なハンガリー人の場合には特別な配慮が必要」と考えられたためである。マリア・テレジアはここで五一年に王国議会を開き、増税に的を絞って諸身分と一二八日間にわたり六一回の協議を行った末、国制を改変しないと約束したうえで、租税額を二五〇万フォリントから三二〇万フォリントに上げることで合意した。[19]

　行財政改革の基本理念は「公益（公共の福祉）」であり、国家の成員はみな「神意にかなう平等」に基づいて分相応に責務を果たし、富国強兵に貢献することが求められた。これにより、領主が有していた免税特権は撤廃されることとなった。また、租税負担のより適切な配分のために土地台帳の作成が開始され、六〇年までに原則として全地域で、これに基づく租税制度が導入された。

「神意にかなう平等」の理念は、法のもとの平等をめざす動きにもつながった。この当時はローマ法が普通法として適用されていたが、各地に多数の特別法が存在していたことなどから、法の不統一という問題が生じていた。このためマリア・テレジアは五三年、全土を対象とする民法典を制定するための委員会を設けた。この活動は、今日に至るまで幾多の改定を経ながらなお効力を保っているオーストリア一般民法典の成立（一八一一年）により、完結することとなる。またこれと並行して、同様の観点から刑法典の作成も進められた（第6章参照）。

公文書の管理についても、この時期に重要な改革がなされた。マリア・テレジアは、オーストリア継承戦争の際に自分の継承権の証明に必要な文書などが各所に散在していて適切に利用できなかった経験から、「このように由々しき事態が二度と起こらないよう」、「我が家門、すべての地域そして国家に関係するあらゆる文書類を、君主が常在する都に設けられた文書館に保全すること」を命じたのである。こうして四九年に設立された「家門・宮廷・国家文書館」は、ハプスブルク君主国の崩壊後も存続し、今日オーストリア国立文書館の一部署として活動を続けている[20]。

軍制改革

ハプスブルク君主国で常備軍が創設されたのは、一六四九年のことである。その主体は傭兵《ようへい》であったが、次第に君主に服属し、軍中央によって一元的に管理される存在となっていった。

オーストリア継承戦争ののち、元帥レーオポルト・ヨーゼフ・ダウンの主導下に、この傾向はさらに強まった。オスマン帝国との境に防衛線として形成された軍政国境地帯の扱いは、その典型的な例といえる。従来この地の住民は国境防衛の義務を負う自由農民として独自の社会を形成していたが、一七五四年に軍政国境法が制定されると軍組織に組み込まれ、外部にも派遣されるようになった。[21]

一七四九年以降、教練は軍中央が作成した共通の教練書に従って実施されるようになった。五二年には士官学校が、五四年には工兵学校が設けられ、忠良な軍人層の育成が図られた。兵舎の設置・整備も五〇年代から推進されて宿営負担の軽減が図られ、国営の廃兵院も次々と主要都市に設置された。また、元帥ヴェンツェル・リヒテンシュタインが中心となり、砲兵隊の刷新も進行した。[22]こうした動きを北方から注視していたプロイセン王フリードリヒ二世は、のちに著した『七年戦争史』において、ハプスブルク君主国における一連の軍制改革を次のように評した。

「学問としての戦争」(1726年刊の兵術書より)

先の戦争で、女帝は軍隊の規律を向上させる必要性を認識した。女帝は、軍隊に男らしさをもたらせる行動的な人材を将軍にした。そして、もはやその地位にふさわしくない老将校を引退させ、用兵術に熱意と愛情を傾ける若手士官と交代させた。軍隊は毎年各地の軍営に集められ、大演習に精通し修練を積んだ軍事委員によって訓練された。女帝自身もプラハやオルミュッツの軍営に何度も赴き、自分の存在と褒賞で兵を督励した。女帝はどの君侯より、国事に挺身《ていしん》する者たちが重視する、称賛によって顕彰することの効果を知っていた。彼女は、将軍たちが推薦した将校に褒賞を与え、あらゆる場所で競争心、才能、そして彼女を喜ばせたいという気持ちを喚起する術《すべ》を心得ていた。同時にリヒテンシュタイン侯の指導のもと、砲兵学校が設立された。彼は軍団を六個大隊まで増やし、砲術に今日よく見られるような非道な乱暴さを導入した。女帝に尽くそうとする熱意から、彼は私財を投じて一〇万ターラー以上の資金を追加した。最後に、女帝は軍隊に関連する事柄を網羅するため、ウィーン近郊に士官学校を設立し、貴族の子弟に戦争に関するあらゆる学問を教授した。彼女は、幾何学、要塞術、地理、歴史などの優秀な教師を招き、有能な人材を育成し、オーストリアの将校養成機関がここに作られた。彼女の尽力によって、オーストリアの軍隊は、オーストリア家の皇帝のもとではもち得なかったような完成度をもつに至った。このように、一人の女性が、偉大な男性にふさわしい決意を実行に移したのである。(23)

軍人に対する社会的評価を高める工夫もなされた。たとえば五一年には、宮廷において軍服を着用することが認められた。また五八年には「マリア・テレジア軍事勲章」が制定されたが、これは身分・出身・宗派を問うことなく、軍功のみを授与の基準とした。さらに、軍では能力と功績に応じて立身出世が可能であり、褒賞も大きくなると喧伝《けんでん》された。実際、マリア・テレジア期に貴族となった人々に占める軍人の割合は約三六パーセントで、官僚とほぼ同程度であった。

しかしこうした努力にもかかわらず、軍事を厭《いと》う傾向は身分の上下を問わず幅広くみられた。総じてハプスブルク君主国では、プロイセンにおけるような貴族の将校化という現象は生じなかった。

また平民は徴募を逃れるため、贈賄や逃亡など、さまざまな手段を講じた。自ら指を切断するなどの自傷行為も頻発し、五〇年代にはこれを禁ずる法令が現れる。ハンス・クートリッヒが言うように、「徴募を通して国家は直接に、そしてきわめて荒々しく、農民と接触した」のであった。[24]

教会改革

ここで私の先達に関し、少々述べることにしましょう。その偉大な敬神の念によって、彼らは王権の財産と歳入の大部分を、信仰の維持と聖職者の状況改善のために寄進しました。しかし、神はいまやドイツ世襲領にあって、カトリックが最も栄え、聖職者の地位が良好で確実なものとなるよう祝福してくださっているので、もはやその必要はなくなりました。そして私は、聖職者にこれ以上の富を与えたり譲ったりすることは、賞賛ではなく、むしろ非難に値することだと考えます。というのは、一つには彼らはそれを必要としていないし、また一つには、人々が重い負担の元にある一方で、彼らは不幸にも、所有する財を為すべきことに対して有効に使えないでいるからです。適切に運営されている修道院はまったくなく、多くの怠惰な者の存在が許されています。こうしたことのすべてが大々的な救済策を必要としており、それを私は十分な思慮ののちに実行しようとしています。[25]

ハプスブルク君主国において、教会（聖職者）は第一身分として身分制社会の上位に君臨し、多くの土地や財産を所有して、聖俗両面で大きな力を持っていた。現在でも旧ハプスブルク圏に多く見られる豪華なバロック様式の修道院は、こうした背景から生まれたものである。

しかし、このようなありようが本来の信仰から逸脱しているという批判は、次第に高まっていた。『政治遺訓』で示された右記の教会批判は、これを集約したものといえる。理性に基づいた節度ある信仰の実現のため、君主が聖俗両面を統《す》べる「牧者」となって臣民を善導すべきと説くイタリアのカトリック啓蒙主義者ムラトーリの思想などに示唆を得て[26]、マリア・テレジアは志を同じくする「改革派カトリック」の聖職者たちと協働し、ハプスブルク版の国家教会主義を推進した。

ショッテン教会（ウィーン）からの宗教行列（ベロット画、1759/60年）

こうして、教会諸団体の施設の財務管理や修道院の運営は、国家の監督するところとなった。聖職者もローマ教皇庁との関係を弱められ、国家への従属を余儀なくされた。祝祭日や修道院の数は減らされ、教会への寄進や聖職の道に進むことにも厳しい制限が加えられた。華美や過剰は見直しの対象となり、蠟燭《ろうそく》の数や教会音楽の長さまでもが減らされた。また、一年のほぼ三分の一に達していた祝祭日の削減も進められたが、これはどこまで実効性があったか疑わしい。たとえばシュタイアーマルクでは一八世紀末になっても、休日には限られた範囲でしか働かないという習慣が残存した。農民たちは午前中は教会に行き、午後は天候が良ければ必要な農作業を再開したのであった[27]。

文教政策

「忠良で有能な人々を選び出し、若い人たちを熱心に訓練して、彼ら自身が若いうちから仕事に対する正しい考えをもち、熱意と努力によって、所定の体系的な順序で、君主と公衆に忠実で有益かつ十分な奉仕をすることができる」体制を整えることも、マリア・テレジアが『政治遺訓』で言及し目標としたことの一つである。[28] 教育改革はこの理念のもと、まず高等教育を対象に実施された。

この改革は、徹底して実学本位であった（マリア・テレジア「学芸を奨励しなさい。ただし有用なものをです」）。この方針は以後も堅持されることとなる。たとえばヨーゼフ二世は、「大学の学問は本来、学者ではなく公務員を養成するためのものであるから、若者にはのちにほとんど必要としないもの、あるいは国益に沿わないものを教えてはならない」と発言した。またオーストリア皇帝フランツ一世（マリア・テレジアの孫、神聖ローマ皇帝としてはフランツ二世）は、一八二一年にこう演説した。「私が求めているのは学者でなく、実直な公民である。［…］私に仕える者は、私が命じたとおりに教えなければならない。それができない者、あるいは私のところに新しい考えを持ってくる者は去るがよい。さもなければ私がその者を追い出す」。[29]

一七四九年には、君主の名を冠した教育機関「テレジアーヌム」が発足した。ここに全国各地から集った学生たちには、能力主義的理念のもと、官房学者ユスティの立案に基づいて経世済民のために学び、「王朝敬愛心」を抱いて国益に資する人材となることが求められた。この機関は「イノベーション」論で知られる経済学者ヨーゼフ・シュンペーターやヨーロッパ統合運動の推進者リヒャルト・クーデンホーフ＝カレルギーなどを輩出し、何度かの改組などを経て、今日でも存続している。

新たな機関を創るだけでなく、既存の組織の改編も図られた。その第一の対象となったのは大学である。学徒の団体を基盤としてヨーロッパに一二世紀ごろに誕生した大学は、中世後期の中欧では多くがエリートの養成を目的として君主の関与のもと設立され、自由と自治を認められた法人組織として発展した。しかし五〇年代以降、ハプスブルク君主国内の諸大学は停滞していると批判されて刷新を求められ、国家の管理下におかれた。そして医師、聖職者、弁護士、公務員といった（広義の）公僕の育成を主目的とするようになったのである。教授は国によって任命されて給付を受ける存在となり、教育の自由も制限されて、学術的な研究は二の次とされた。

大学広場と大講堂（ベロット画、1759/60年）

ただそれでも、マリア・テレジア期に順を追って国内全域で実施されるに至った高等教育改革は、新たな知の伝播、そして開明的なエリートの育成に貢献した。その一方で、徹底して上に従順な臣民の育成という目標を達成したとは言いがたい。後年、とりわけヨーゼフ二世が八〇年代に強行した専制政治に対する最も手強い反対者は、ここで育った人々のなかから現れ出ることとなる[30]。

ゲラルド・ファン・スウィーテン

一七四四年の暮れ、マリア・テレジアは妹のマリア・アンナを亡くし、深い悲しみに沈んだ。しかし彼女はこの時、治療にあたったオランダのライデン出身の医師ゲラルド・ファン・スウィーテンの能力と献身に感銘を受け、自ら筆をとり、侍医に迎えたいと伝えた。「貴方の貢献に心から感謝し、貴方の行いに完全に満足していると伝えるのが私の責務です。［…］君主はこのような人々に囲まれていることが必要であり、もし見つけることができたなら、これ以上に幸福なことはありません」。

ファン・スウィーテンは、近世ヨーロッパ医学の大家ヘルマン・ブールハーヴェの高弟であった。カトリックであったことなどからオランダでは無聊《ぶりょう》をかこつところもあったが、四三年にハプスブルク君主国から招聘《しょうへい》を受けた時には、「奴隷的な存在であることを隠すだけの尊大な肩書きを背負うより、平凡な一共和国市民のままでいるほうが、はるかに好ましく思えます。［…］自由への愛を母乳のようにして育った男は、それを失うことを思うと、恐怖に身震いしてしまうのです」という理由から謝絶している。しかし四五年夏、ファン・スウィーテンは三顧の礼を尽くすマリア・テレジアの姿勢に心動かされ、今度は招聘に応じた(31)。

マリア・テレジアの期待は裏切られなかった。ファン・スウィーテンは旺盛な知的好奇心と進取の気性を併せもつ一方、敬虔《けいけん》なカトリックでありつづけ、虚栄に心を移さず日々職務に精励した。ウィーン大学の医学部は、四九年に彼を学部長に迎えたのち、設備の充実と解剖学や臨床教育の発展などによって、世界有数の水準を誇る組織へと成長した。また彼は、一般の病院における診療や保健衛生の水準の向上、そして産科、外科、薬学、化学、植物学などの刷新にも貢献した。知己であったスウェーデンの高名な植物学者カール・リンネに宛てて、「自らの努力が実を結びつつある」と記した手紙からは、彼が自分の仕事に少なからぬ自負を抱いていたことが伝わってくる(32)。

マリア・テレジアがファン・スウィーテンの働きに心から満足したことは言うまでもない。「彼の真摯《しんし》な献身と仕事ぶり、そしてかくも惜しみなく、かくも冷静に示された彼の真実と誠実さについて、私以上に証言でき、またその義務を負う者はいないでしょう」。彼が次男を一四歳の若さで亡くした時には、直筆の手紙を送って慰めている。「このたびのご不幸に深く心を痛め、まるで我が子の死のように感じています。私も私の家族も貴方に多くの恩義があるので、無関心でいることはできません。私は真剣にそう思っています。貴方が神の御心に身を委ねておられることは知っています。でも、叫ばない苦悩が最も強く苦しいものであることも知っています……」[33]。彼女は後年、ファン・スウィーテン自身が苦しみながらも泰然自若として死を迎えるさまを見届けることになる。

皇帝フランツ１世とゲラルド・ファン・スウィーテン（左端）（メスマーほか画、1773年）

多忙ななかでもファン・スウィーテンは研究活動を続け、この関連で自然科学に関心の深い皇帝フランツ一世とも親しくなった。五四年には水銀を用いた梅毒の治療法を公表し、大いに反響を呼んでいる[34]。この療法は日本にも伝わり、多くの蘭方医が学ぶところとなって、ペニシリンによる治療法が発見されるまで一定の役割を果たした。また、師であるブールハーヴェの『箴言』にファン・スウィーテンが注釈を付して刊行した医学書は、坪井信道によって翻訳された（『万病治準』）。また彼の著書とされる『軍営地によく見られる病気の短い記述と治療法』（五八年）は、『西医知要』あるいは『軍中備用方』などの表題のもと、複数の邦訳が刊行されている。こうしてファン・スウィーテンは、（本人の知らぬところで）蘭方医学の発展にも寄与したのであった。

検閲

宮廷図書館の館長に任ぜられたことで、ファン・スウィーテンの活動の場は文芸の方面にも広がった。彼は西欧諸国から最新の科学文献を購入させ、蔵書の目録を改善し、図書館内に初めて閲覧室を設置した。なお彼の長男のゴットフリートは、のちにやはり宮廷図書館長となり、一八世紀末の文教行政を担って父の仕事を継ぎ、ハイドン、モーツァルト、ベートーヴェンの重要な後援者ともなって、いわゆるウィーン古典派音楽の発展に大きく貢献することとなる。

またファン・スウィーテンは、一七五一年に設置された図書検閲委員会にも加わり、従来イエズス会が取り仕切っていた検閲を主導する存在ともなった。これに関してよく知られているのは、モンテスキューの『法の精神』をめぐる一件である。この著作はフランス同様、はじめハプスブルク君主国においても禁書とされていた。しかしファン・スウィーテンの尽力の結果、この措置は五二年に解かれた。このためもあってか、マリア・テレジア統治下のウィーン宮廷の威信を考えると自作の影響力が大きく損なわれるとして発禁に抗議していたモンテスキューは、「ウィーンでは彼によって、有益な変化がすでに教育面で生じている」と賛辞を送っている[35]。この後『法の精神』はより広く読まれ、ハプスブルク君主国における啓蒙改革運動の基本図書となるに至った。

このように、ファン・スウィーテンらが関わるようになってからの検閲には、知的交流を促進し、人々の蒙を啓くことに資した一面もあった。リベラルな志向を持った政治家や官僚が、検閲のように強権的な手段を若干中和して用いて社会の改良を図ろうと試みることは、この後ハプスブルク君主国でしばしば見られるものとなる。しかし、やはり検閲は検閲であった。ファン・スウィーテンも、「妥当な理由だけで解決しない場合、私の好みには反するが、権威を行使せざるを得ないことがある」ことを認めている。[36]もっとも実際のところ、禁書の入手はさほど難しくなかった。

五一年から八〇年までのあいだ、ハプスブルク君主国では年に約一五七点の書籍が発禁となった。著作数の違いなどから単純な比較はできないが、最もその対象となったのはヴォルテール（九二点）で、フリードリヒ二世（一七点）、ルソー（一六点）、ヒューム（一一点）、ゲーテ（六点）などを大きく引き離している。これに対しヴォルテールはファン・スウィーテンを「私の思想の暴君、私の身体の殺害者」と呼び、病人を皆殺しにはできても良書を根絶やしにはできないと痛罵した。

検閲委員会

ちなみに、ゲーテの書簡体小説『若きヴェルテルの悩み』も、発禁とされた書籍の一つである。その理由は、「これらの書簡では、友人の妻に対する若者の過度の情熱の表現がきわめて生々しく、激しく描かれているため、若い読者に非常に過激な印象を与えかねない。また、主人公が最後に行った拳銃自殺の理由が、あまりにも好意的に、あまりにも眩《まぶ》しく、誘惑的に示されている箇所がきわめて多く、こうした読み物は若い人にとって危険でないはずがない」という、ある意味では賛辞ともとれるものであった。[37]

魔術・魔女

ファン・スウィーテンはまた、国内で散発的に発生していた魔術、魔女あるいはヴァンパイア（吸血鬼）をめぐる事件の解明においても、中心的な役割を果たした。

魔術や魔女に関する事件がヨーロッパにおいて相次いだのは、戦争、不況、（小氷河期の到来による）天候不順といった災厄が頻発した一六・一七世紀のことである。これらは一八世紀に入ると啓蒙の影響などによって下火となるが、それでも一部には残っていた。

たとえば五一年、前部オーストリアでアンナ・シュニッテンヴィントという六三歳の女性が魔女の嫌疑をかけられ、火刑に処せられるという事件が起きた。[38]その発端は、彼女が病気の牛を暖めるとともに癒そうとして家畜小屋を燻蒸《くんじょう》したあと、村で火事が発生し、多くの犠牲が出たことであった。

やがて逮捕されたアンナは、この大火を魔術によるものとする声が上がったことから、火災を呼び起こした魔女だと疑われた。彼女は拘禁され、「鋭く尋問」（つまりは拷問）された結果、人畜に害を及ぼしたり、富を得たり、好きなところに自由に行ける魔法の粉末を、見知らぬ兵士の姿をした悪魔から手に入れたと告白した。こうしてアンナは魔女と認定され、処刑されたのだった。

マリア・テレジアはファン・スウィーテンらの協力を仰ぎつつ、時に直接介入もして、この種の問題の撲滅に取り組んだ。「無知や愚かさがあるところにだけ魔女がいるというのは確かです。よってそれを改善すれば、もう見つかることはないでしょう」。南ティロールでは学識ある聖職者ジローラモ・タルタロッティが、魔術で訴えられる人々が孤立した村の過酷な環境で暮らす貧しい女性たちであることを発見し、「教養ある文明人による無知で哀れな貧民」への迫害を批判した。[39]こうして五〇年代以降、ハプスブルク君主国ではこの種の事件が激減する。六六年に発された「魔術、魔女、占いその他の犯罪」に関する政令は、この問題における政府側のいわば勝利宣言となった。

私は即位した当初から、いわゆる魔術師や魔女の裁判には、根拠のない偏見から多くの無秩序なものが混じっていることに気づいていた。そこで世襲領諸地域においては、判決が下されるまえに、そのような裁判は我が国における最高水準の審理に回されるよう定めた。〔…〕そしてこれまでに真の魔術師や魔女が発見されたことはなく、このような事件は常に悪意のあるペテンや無知や狂気、あるいはほかの悪習に基づくものであることを示した。そしてこうした問題は、ペテン師やその他の犯罪者を厳罰に処し、狂人を投獄することで終焉《しゅうえん》を迎えた。[40]

それでもこの問題は民間信仰などと融合し、各地でなお残った。たとえばトランシルヴァニアの農村には多くの「魔女」が存在し、男の気を引こうとする女性に「愛に効く」魔法の水を用意するなどしていた。こうしたこともあり、回数こそ激減したが、魔女裁判は一九世紀前半まで存続した。[41]

次にヴァンパイアについて見てみよう。ここでいうヴァンパイアとは、ブラム・ストーカーの小説などで知られる「ドラキュラ」とは異なる。ファン・スウィーテンいわく、「観察すべき異常な出来事は、次の二点に集約される。第一に、死んだ魔術師やヴァンパイアの体は腐らず、完全な形で残っていること。第二に、ヴァンパイアは姿を現したり、騒いだり、精神的に圧迫して、生者を苦しめること」。[42] オスマン帝国との境界地域やチェコ諸邦の一部では、こうしたヴァンパイアが人畜を襲ったとする事件が断続的に発生しており、世間の耳目を集めていた。

一連の調査報告に基づき、ファン・スウィーテンは一連の騒動を、無知、愚鈍、詐欺師の策動、あるいは正教会の信仰に起因するものと判断した。彼はまず、死者が生者の前に現れたと証言する者がおらず、苦悩や不安を感じたと述べるだけであることに注目した。そして、こうした騒ぎは幽霊などの怪談話に刺激され、神経を高ぶらせた結果生じたものではないかと推論した。また彼は職業上の経験から、酸素が発見される二〇年もまえに、寒気の作用や外気の遮断といった条件が整えば、遺体の腐敗は緩慢に進むことを知っていた。そして、生きているかのように肌艶の良い状態で棺に横たわった死者が突如蒼白になって悲鳴を上げるという現象については、発酵ガスによるものと断定した。この発酵ガスは、ある状況下では体内に蓄積されて身体をバラ色に見せるが、皮膚に穴が開くと、すぐに音を立てて体外に流出する。このようにしてファン・スウィーテンは、奇妙な現象の一つ一つに科学的な説明をつけ、ヴァンパイアは存在しないと結論付けたのである。これをうけてマリア・テレジアは五五年に遺体の掘り出しを禁じる政令を発し、悪習の撲滅に努めた(43)。

風紀粛正

前章で見たように、マリア・テレジアは即位当初、その旺盛な活力を娯楽にも向けていた。しかし四〇年代の半ばからはカードゲームに興じる程度になり、人前で歌やダンスを披露することを、威信を損なうとして避けるようになった。プロイセン大使ポデヴィルスは一七四七年にこう報告している。「娯楽は好きですが、あまり執着しません。昔はいまよりずっとダンスや仮面舞踏会が好きだったとのことです」(44)。そしてそれと入れ替わるように、風紀の粛正に熱を入れるようになった。

この方針転換により、私的な仮面舞踏会の開催は禁止された。また公の舞踏会も入場が制限され、軍人に監視されるようになった。カフェの経営者は、監視がしやすいよう、外から窓越しに部屋のなかが見える場所にビリヤード台を置くよう命じられた。ハンスヴルストとよばれる道化役を主人公とする伝統的な民衆劇は、下品で卑猥《ひわい》とみなされ、上演を禁じられた。さらに、不品行の抑止を任務とする（通称）「貞操委員会」が設けられ、違反者は身分の別なく罰されることとされた。

こうして「誘惑者」として名高いジャコモ・カサノヴァいわく、ウィーンは「すべてが美しく、金も町にあふれ、きわめて華やか」であるが、「ヴィーナスに身を捧げる者にとっては、大変に窮屈なところ」となった。また、地方でも公序良俗に反する行為への対応が厳格化され、その担当官には「学問のある者ではなく、有能で目ざとい者」が選ばれた[45]。

近臣たちとカードゲームを楽しむマリア・テレジア

こうして摘発されて罪が重いと判断された人々は、トランシルヴァニアの中心都市ティミショアラへ送られた。これには、中心地域から「厄介者」を排除すると同時に、彼らを人口希少な南東部における労働力として活用しようという狙いが込められていた。しかし実際には、物資の不足する過酷な環境で重労働を強いられたことで、健康を害し落命する者が相次ぐ結果となる。結局この措置は、これを不当で有害とみなしたヨーゼフ二世らの尽力により、六八年に中止された[46]。

マリア・テレジアは娯楽を否定したわけではなく、その必要性をよく理解していた。彼女が求めたのは、「品位を保ちつつ楽しむ」ことである。「誰でもその気になりさえすれば、美徳を守り、愉快な気分でいると同時に社交を楽しむことができるものです」。しかしヒュームが実体験から予想したように、この風紀粛正の試みは失敗に終わった。ポデヴィルスは、ある若者が密偵をわざと女性との密会の場に踏み込ませ、口止め料を受け取らせたあとで散々に殴打したという話を紹介し、「貞操委員会は、毎日のように物笑いの種になるような光景を生み出しております」と嘲笑した。(47)

それでもマリア・テレジアは、この問題に終生固執した。たとえば三男レーオポルトに渡した訓戒には、「宮殿から裸体のもの、とくに裸体画を徐々に排除するように努めなさい。そして、そのような作品を今後作らせないようにするのです」という一節がある。しかし、こうした監視に限界があることをやがて悟り、晩年には諦念を込めてこう書くようになった。「正直であるためには、自分の安静、品性、幸福のためには、だまされたほうがよいということを自覚しなければなりません」「私たちは、偉大なものには目をつぶらず、人間性に付随する小さな不自由を楽しみ、また人に楽しんでもらわなければなりません。この世に完璧なものはないのです」。(48)

ただ、この関連で注目に値する成果が一つ生まれた。一七五五年、未婚の母による子殺し（嬰児《えいじ》殺）を防ぐための法令が制定されたのである。この問題は、おおよそ一七七〇年前後から人道的観点などにより、社会的関心を集めるようになった。なかでもよく知られているのが、フランクフルトで旅館の女中をしていたズザンナ・マルガレータ・ブラントが同意なき性行為によって妊娠した子を殺害した罪に問われ、公開斬首刑に処された事件である（七二年）。この事件はゲーテに衝撃を与え、『ファウスト』における「グレートヒェン悲劇」のモティーフとなった。しかしマリア・テレジアはこの事件が世情を騒がせるよりも二〇年ほど前に、このような問題の発生を未然に防いで母子共に救済するための法整備に、他に先駆けて着手したのだった。[49]

シェーンブルン宮殿（二）

五〇年代前半から、マリア・テレジアは自分のイメージを実現する能力において最上と評価した建築家ニコラウス・パカッシを起用して、シェーンブルン宮殿の再改装に着手した。まず西翼の増改築が進められ、中央の大小二つのギャラリーが姿を変えた。大ギャラリーには、ハプスブルク家の表象理念を投影した三種の天井画が制作された。中央のフレスコ画では、擬人化された支配者の美徳（叡智《えいち》、剛健、正義）が浮遊するなか、皇帝夫妻が雲に乗って中央に鎮座し、その周りに支配下の諸地域がそれぞれの特産物などで寓意《ぐうい》化されて描

シェーンブルン宮殿の大ギャラリー

シェーンブルン宮殿とその庭園（ベロット画、1759年）

かれるというかたちで、マリア・テレジアの統治下における複合君主政国家ハプスブルク君主国の繁栄が表象されている。一方、西側のフレスコ画には平和の寓意が、東側のフレスコ画では軍事の寓意が、左右対称をなすように描かれた。

この時期の内装の特徴は、金箔を施したロカイユ装飾に象徴される、優美で軽快なロココ様式の導入である。また、陶磁器や漆器などを愛好する「中国趣味（シノワズリ）」――日本の文化もその一部として受容された――の登場は、宮殿にエキゾチックな興趣《きょうしゅ》を添えた。もっぱら娯楽の場として用いられた小ギャラリー右の「中国の小部屋」と左の「日本の小部屋」は、その象徴である。

マリア・テレジアは宮殿のみならず、庭園の造営にも情熱を注いだ。夫の皇帝フランツ一世もまた故郷のロートリンゲンから人材を呼び寄せ、庭園の整備・拡充に力を入れた。基調となったのは、宮殿と庭園を一体化して一種の小宇宙を形成し、そのなかで君主の威光とその支配を表象しようとするバロック時代のフランス式庭園の造園術の理念である。こうして、念入りに計算され趣向を凝らして配置された樹木・花壇・噴水・芝地・彫像・通路などが織りなす、広大な庭園が誕生した。さらに動物園、温室（オランジュリー）、「オランダ式庭園」（植物園）も次々に設けられ、シェーンブルン宮殿は自然科学の総合施設という性格ももつようになった。(50)

中間決算

一七五五年、プロイセンの使節フュルストは、一連の改革の試みを次のように評価した。

彼女［マリア・テレジア］は政権発足当初ほどには愛されなくなった。誰もが新しい制度と、それを立案したシレジア人［ハウクヴィッツ］に怒号を浴びせている。しかし、国政の頂点に立つ君主や大臣に対し、民が文句を言わない国がどこにあるだろう。

女帝が政権の座に就いた時、すべては混乱の極みにあった。そして八年にわたる戦争で、財政は壊滅的な状態にあった。ほかのどんな君主が、平和な七年のあいだに、現在のような状況を作り上げることができただろう。マリア・テレジアが世界で最も偉大な君主の一人であったことは、最も後の時代にも認められることだろう。オーストリア家は彼女のような人物を持ったことがない。(51)

この時期の改革は確かに人心を一新し、刷新の機会をもたらした。ただ、それが上から専断的に実施されたために、混乱と反発は何年も続いた。もとよりマリア・テレジアもこうした展開は予想済みで、既得権益に固執する旧弊な者たちが抵抗や混乱を扇動していると非難した。しかし批判の声は、やがて改革の支持者や実行者、そして彼女が信をおく重臣たちからも上がるようになった。

たとえば、当時監理府の副長官を務めていたバルテンシュタインは、「拙速、苛烈、そして協働性の欠如」が改革本来の目的を台無しにしたと論じた。フランスのように王権が最も無制約な国でさえ、反発を買うような改革は慎重に提起されるのに、そうした配慮が欠如している。監理府は業務過剰で些事《さじ》に忙殺され、本来の役割を果たしていない。国家機構の増大は人件費の急上昇を招き、混乱をより大きくしている。税負担は苛烈にして不公正なのに、税収は目標額に到達するか疑わしい。刷新に終わりがなく、現場を知らない上層部から実情を無視した命令が次々と下されるため、諸邦には不満が渦巻いている。これらを改善するには、熟考、専門知の重視、書類仕事の削減、熟議、提案の仕方の工夫が必要である。またタルーカも、改革が強引で新規性を追い求め過ぎており、痛みや負担の重さへの配慮を欠いていて、臣民のあいだに相互不信を呼び起こしていると警告した。[52]

こうしたなか、マリア・テレジアは死後の公開を指示したうえで、五〇年代半ばに再度『政治遺訓』を著した。[53] 彼女はその動機について、自分の後継者たちが「熟慮の末に私が内政に導入したシステム」を「有害かつ不当」と認識することのないよう、諸事情を明確にする責任があると考えたためと説明している。「[これは]正当化のためではありません。そんなものは必要ないのです。なぜなら、すべては国を護持するための純粋な意図から生まれ出たということを、神はよくご存じですから」。

しかし、これはやはり弁明の書と言うほかない。また問題が起きていることは、マリア・テレジアも認めざるを得なかった。「まだすべてが完全に完璧ではないことを、私はここで自ら告白しなければなりません」。しかし、これだけの大業を急いで進めているのだから不思議はない。多くの問題にはすでに手が打たれており、その他についても、状況は徐々に改善されていくであろう。

しかし、バルテンシュタインは悲観的だった。彼が五六年初頭にプロイセンとの再戦を予感しながら著した意見書には、不安が満ち溢《あふ》れている。状況はより悪化しており、公衆は混乱し怯えている。改善の希望は減少し、未来への不安は増大している。これは戦争が勃発した場合、大きな問題を引き起こすだろう。[54] どちらの見方が正しいかが問われる時は、もう間近に迫っていた。

第4章　再戦

1　七年戦争

外交革命

一七四九年三月五日に開かれた御前会議の席上、重臣フリードリヒ・ハラッハは、オーストリア継承戦争の結果を踏まえて外政の方針を新たに策定する必要があると提言した。マリア・テレジアはこれを容れ、大臣たちに対し、この件に関する意見書を二週間以内に提出するよう命じた。

ここで注目すべき上申を行ったのが、アーヘン講和会議で大使を務めるなどして頭角を現しつつあった、新進の政治家ヴェンツェル・アントン・カウニッツである。彼は、英蘭と同盟してフランス・オスマン帝国・プロイセンを仮想敵国とする従来の外政方針を、原則として支持した。しかし、神聖ローマ帝国および中欧における覇権を維持するためには、「もっとも邪悪にして危険な敵」で

ヴェンツェル・アントン・カウニッツ

あるプロイセンの打倒とシレジアの奪回が最優先課題であり、そのためには英蘭との同盟だけでは不十分として、宿敵フランスとの関係改善を図ることを提言したのであった[1]。

反仏感情を強く抱く皇帝フランツ一世は、カウニッツの案に反対した。しかしほかの出席者たちは、実現可能性を疑問視したものの、試みる価値はあると考えた。とりわけ、フランスとプロイセンの離間を図ることの重要性には異論がなかった。こうしてカウニッツの提言は受け入れられたのである。翌五〇年、カウニッツは関係改善の特命を帯び、フランスに大使として派遣された。

しかし、フランスは融和の気配をまるで見せなかった。このためカウニッツは、シレジアを諦めてプロイセンと和解し、フランスを主敵とする従来の立場に戻ることを考えるようになる。しかしマリア・テレジアは、人を介して内々に打診されたこの案を一蹴した。

カウニッツ伯に伝えてください。彼は誰よりも私の望むところを知っています。また私は、とくにフランスを好んでいるわけではありません。しかし彼が報告の末尾で匂わせたような、プロイセン王と結んでシレジアをいつの日か奪還する望みを捨てることほど、私に犠牲を強いるものはないのです。私はこれを決して功名心や拡大欲から言っているのではありません。我が一門の繁栄がこれにかかっていること、そして帝国や北方に存在する諸悪の根源がこの損失にあることを、私は常にそしてますます確信しているからなのです。私は自分が生きているあいだにシレジアを奪還できると楽観してはいませんし、誰よりも平和が続くことを望んでいます。しかしこの路線をとることで、シレジア奪還をめざす我が後継者たちの邪魔をしたくはないのです。[2]

こうして交渉は継続した。しかしカウニッツが五三年にウィーンに召還されるまでの成果は、「フランスがハプスブルク君主国を憎まないようにすることに成功する」というレベルに留まった。ところが、五〇年代半ばから北米で英仏の対立が激化したことで、交渉は進展の兆しを見せはじめる。カウニッツの後任となったゲオルク・アダム・シュタルヘムベルクは、同族の大叔父グンダカールの薫陶をうけた俊才で、ポンパドゥール夫人（フランス王ルイ一五世の愛人）を介した秘密交渉などによって優れた外交手腕を発揮し、フランスと提携する可能性を徐々に拡大した。[3]

ゲオルク・アダム・シュタルヘムベルク（トーマス原画、ロスランによる複製、1850年頃）

やがて状況は激変した。五六年一月にイギリスとプロイセンがウェストミンスター協定を結び、関係を強化したのである。両国はハプスブルク君主国と

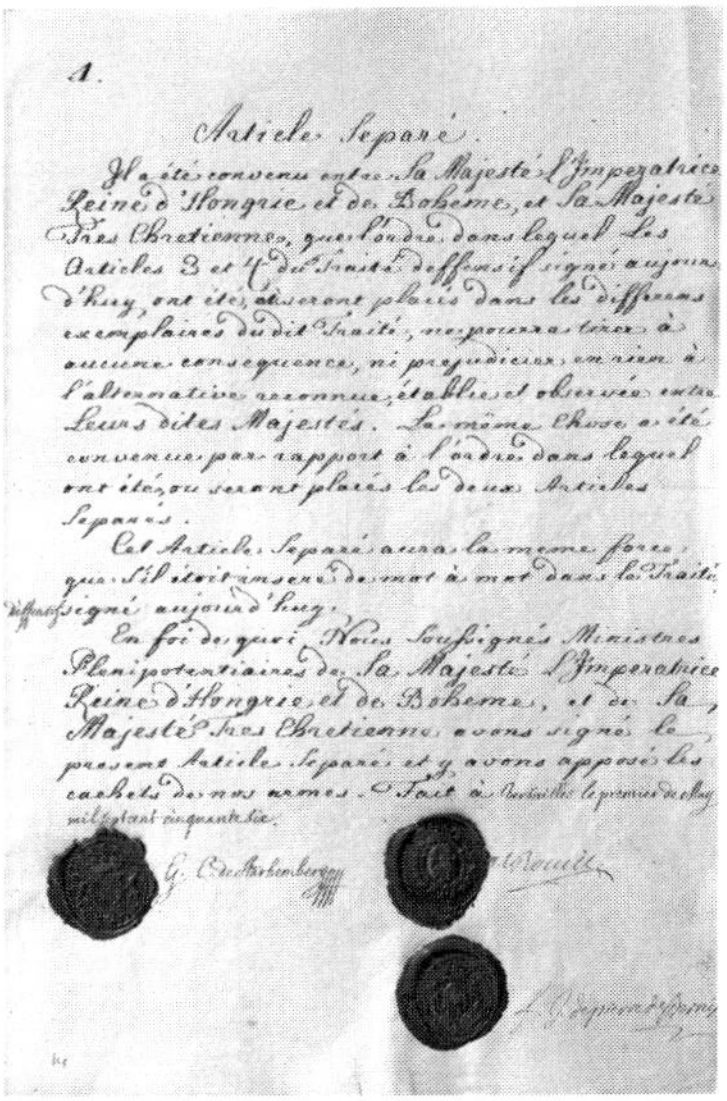
1.

Article Separé

Il a été convenu entre Sa Majesté l'Impératrice Reine d'Hongrie et de Boheme, et Sa Majesté Très Chrétienne, que l'ordre dans lequel les Articles 3 et 4 du Traité deffensif signé aujourd'huy, ont été, et seront placés dans les differens exemplaires du dit Traité, ne pourra tirer à aucune consequence, ni prejudicier en rien à l'alternative reconnue, établie et observée entre Leurs dites Majestés. La même Chose a été convenue par rapport à l'ordre dans lequel ont été, ou seront placés les deux Articles Separés.

Cet Article Separé aura la même force que s'il étoit inseré de mot à mot dans le Traité deffensif signé aujourd'huy.

En foi de quoi, Nous Soussignés Ministres Plenipotentiaires de Sa Majesté l'Impératrice Reine d'Hongrie et de Boheme, et de Sa Majesté Très Chrétienne avons signé le present Article Separé et y avons apposé les cachets de nos armes. Fait à Versailles le premier de May mil sept cent cinquante six.

G. C. de Starhemberg　Rouillé

ハプスブルク君主国とフランスの同盟締結文書

フランスの敵対関係を不変とする前提に立ち、一時的な利害調整のつもりで接近しただけだった。しかし、これはまさしく「オーストリアにとって幸いとなる決定的な出来事」（カウニッツ）となる。ウェストミンスター協定に激怒したフランスは、プロイセンとの同盟を延長しないことを決定し、ハプスブルク君主国との提携交渉に本腰を入れて臨むようになったのである。こうして五六年五月一日、後世「外交革命」とよばれることとなるハプスブルク君主国とフランスの提携が（まずは防御同盟として）成立し、およそ二五〇年にわたってヨーロッパの国際関係を規定してきた両国の敵対関係は解消された。

　しかしカウニッツとシュタルヘムベルクにとって、これはまだ初手に過ぎなかった。彼らは時を移さず、これを攻撃同盟に更新する交渉を始めたのである。その裏には、プロイセン王フリードリヒ二世がこの事態をうけ、その果断を好む行動的な性格により、早晩何らかの挙に出るだろうとの予測があった。シュタルヘムベルクは不敵にこう述べている「遅かれ早かれ、我々の遠大な計画は成就する。その時には、おそらくプロイセン王自身が我らの最も良き協力者となることだろう」(4)。

ヴェンツェル・アントン・カウニッツ

外交革命の立役者となったカウニッツは、一七一一年にモラヴィアの名門貴族の家に生まれた。彼もまた、充実した家庭教育とヨーロッパ諸国への遊学によって力をつけた、一八世紀ハプスブルク啓蒙貴族の一人である。三四年にウィーンに戻って政界に入ったが、実家の経済状況が思わしくなかったため、はじめは重要な役職に就けなかった。しかし三六年に重臣グンダカール・シュタルヘムベルクの孫娘と結婚し、その薫陶を受けたことが、飛躍の重要な足掛かりとなる。ちなみに、「ヨーロッパの御者」とよばれた一九世紀前半の宰相クレメンス・メッテルニヒは、カウニッツの孫娘と結婚し、このことを出世の重要な足掛かりとしている。出世の経緯、国政における役回りや政見、さらには性格や趣味嗜好《しこう》や漁色家だったところまで、この両者には共通点が多い。

さてオーストリア継承戦争中、カウニッツは外政に携わったのちに南ネーデルラントで行政を担い、徐々に存在感を増していった。ファン・スウィーテンの紹介も、この時期の彼の功績の一つである。四九年二月には御前会議に初召集され、居並ぶ重臣たちに強い印象を与えた。ケーフェンヒュラーによると、はじめハラッハはカウニッツの「かなり風変わり」な身なりや態度を意地悪くからかうなどしたが、彼の弁才と卓見に接すると驚嘆して表情を変え、以後は態度を改めたという(5)。

このハラッハの急死(四九年六月四日)は、カウニッツのキャリアに大きな影響を及ぼした。動揺するマリア・テレジアに対し、ケーフェンヒュラーは、カウニッツの才は故人に比肩すると話して慰めた。しかし彼女は、駐仏大使としては最適任であるが内政の手腕はまだ未知数とみて同調せず、租税改革の折の衝突後もなお頼みにしていたハラッハの死を「取り返しがつかない」と嘆いた。

しかし、マリア・テレジアがケーフェンヒュラーと見解を同じくするまでに、さほど時間はかからなかった。五〇年五月に彼女はこう書いている。「熱とひどい頭痛に悩まされながら、カウニッツの仕事を読んで丸一日を過ごしました。でも一日の終わりには、このような人、それも私の政府にふさわしい唯一の人を得たと満足し、回復することができました。彼を評価すればするほど、彼をどう留め置くかが心配になります。彼がいなくなったら、どれほど心細いことでしょう」(6)。

対仏交渉が難航していた時も、マリア・テレジアはカウニッツへの高い評価を変えなかった。そして、外政を主管としつつも国政全般に強い影響力をもつ国務長官への就任を求めるようになる。この人事は、これまで外政に深く関わってきたバルテンシュタインの事実上の更迭《こうてつ》――「カウニッツ伯爵の指揮下に入るのは嫌だろうし、いずれにせよこの二人の天才は簡単には仲良くなれないだろうから」(ケーフェンヒュラー)――という痛みを伴ったが、五三年に実現する(7)。カウニッツはこの要職に以後九四年に没するまで留まり、事実上の宰相として辣腕《らつわん》を振るった。

カウニッツは、『百科全書』やヴォルテールを愛読し、チェロをたしなみ、科学技師たちと専門的な会話を交わし、充実した美術コレクションを持つなど、文理を問わず学芸文化に幅広く通じた教養人であった。イギリス大使ロバート・キースは、カウニッツの知人にアダム・スミスの『国富論』を贈ったところ、一週間後にはカウニッツがすでに読んでいただけでなく、純生産における労働力の価値について活発に議論しようとしていたことを知って驚いている。彼のサロンには内外から多くの人々が集い、モーツァルトも後年しばしば出入りした。こうしてカウニッツは、ハプスブルク君主国における啓蒙をめぐる諸活動の促進に大きく貢献した。

一方でカウニッツは官能小説を収集し、美術コレクションのなかの裸体画を楽しむ一面を持ってもいた。また、その生活態度は享楽的だった。始終浮名を流していたため、良からぬ女性と交際しないよう、マリア・テレジアに苦言を呈されたことがある。基本的には礼儀正しかったが、いささか気分屋で我が強く、時に皇帝夫妻に対してさえ尊大に振る舞うことがあった。こうしたことからフリードリヒ二世はこの敵国の名宰相を「趣味は低俗、仕事は深遠」と評し、マリア・テレジアやケーフェンヒュラーは、「傑出した天才的資質と愚かしい無軌道」が同一人格中に共存していることに困惑した。また体はあまり強くなく、心気症の気もあって、死にまつわることを嫌悪した。(8)

しかし、こうした行状が政治家カウニッツの活動と評価に影響することはなかった。「彼は自分の弱点を非常に多くの良い資質で補っており、陛下はご自身の政務が非常にうまく行われていることに気づき、尊敬と信頼を何一つ失っていません」（スウェーデン大使ニルス・バーク）。(9) マリア・テレジアは、思想信条においては相容れないところの多いこの宰相を「最も偉大な政治家」と常に讃《たた》え、全幅の信頼をおいた。そしてカウニッツも、最後までその期待に応えつづけたのだった。

戦争の勃発

フランスとの同盟成立に力を得て、ハプスブルク君主国は一七四六年以来同盟関係にあるロシアと連絡をとりつつ、プロイセンに対する戦争準備を進めた。フリードリヒ二世はこの動きを察知し、ハプスブルク政府に対してその意図を質した。しかし明確な回答が得られなかったため、機先を制し、速戦即決で窮地を打開しようと決意する。五六年八月二九日、フリードリヒはかねてから領土的野心を抱いており、今次の戦争で重要な橋頭堡《きょうとうほ》になるとみなしたザクセンに、宣戦布告なく侵攻した。こうして第三次シレジア戦争、そして七年戦争が始まった。

フリードリヒはザクセンの首都ドレスデンを占領すると、続いてボヘミアに侵入した。そして来援したハプスブルク軍をロボジッツで破ったが、敵軍以上の犠牲を出し、ハプスブルク軍が昔日より強力になったことを体感する。この戦いにプロイセン軍の兵士として（脱走の機会を窺いつつ）参加したウルリヒ・ブレーカーは、戦場の様子を次のように活写した。

ロボジッツからはいまや硝煙が立ちのぼり、天地が溶けてなくなりそうな雷音・轟音が響きわたった。何百という太鼓は鳴り止まず、さまざまな軍楽がかき鳴らされては神経を切り刻み、気持ちを鼓舞した。大勢の司令官たちの叫び声、副官たちの怒号、そして負傷をおって死んでゆく、何千というこの日の不幸な犠牲者たちの悲鳴、これらすべてがあらゆる感覚を麻痺《まひ》させたのである。こんなところで誰がその情景を描く気になれるというのか！(10)

こうしてシュタルヘムベルクの予言は成就した。ザクセンへの侵攻はプロイセンの横暴をあらためて印象づけ、関係諸勢力の糾合《きゅうごう》を図るハプスブルク政府にとって、この上ない追い風となったのである。神聖ローマ帝国がプロイセンに「帝国戦争」を宣し、スウェーデンも味方に引き入れたことで、北のスウェーデン、東のロシア、南のハプスブルク君主国、西のフランスおよび神聖ローマ帝国による、プロイセン包囲網が完成した。マリア・テレジアは「この平和の破壊は、この上なく都合のいい時期に発生しました」と率直に語り、こう続けた。「私が慎重な行動により、我が一門の宿敵「フランス」との関係を改善したばかりか、プロイセンとの戦争に参加させ、本質的な国益が根本的に対立している国々まで結びつけたとは、後世には信じられないことでしょう」(11)。

この戦争はたちまちヨーロッパ中の耳目を集めた。ゲーテいわく、「傍観者であるばかりでなく、また審判者であることを求められた世間は、たちまち二つの党派に分かれた」のである。当時七歳のゲーテは「プロイセンびいき、正確にいえば、フリッツ［フリードリヒ］びいき」になり、その家族はハプスブルク派とプロイセン派に割れて、「世間全体の一つの縮図」となった。

フランクフルトの陪審員として、フランツ一世の頭上に戴冠式の天蓋をかざし、皇后［マリア・テレジア］から肖像のついた重い金の鎖を拝領した祖父は、数人の婿、娘たちとともにオーストリアの側に立った。カール七世によって宮中顧問官に任命され、またこの不幸な国王の運命に同情していた父は、残りの少数とともにプロイセンの側に傾いた。数年来日曜日ごとに催されていた親戚の者たちの集いはたちまち不愉快なものになった。親族間にありがちな不和がいま初めて明白なかたちをとって現れた。誰もが言い争い、不仲になり、黙りこみ、いきりたった。［…］ほかの関心事はすべてこの戦争の前では影がうすくなった。[12]

プロイセンの攻勢

一七五七年四月、フリードリヒ率いるプロイセン軍は再度ボヘミアに侵入し、プラハに迫った。しかしダウン率いるハプスブルク軍にコリンで大敗し（六月一八日）、ザクセンへ撤収する。常勝無敗と恐れられていたフリードリヒ相手の戦勝に国

元帥レーオポルト・ダウン

ロイテンの会戦

内は沸き立ち、マリア・テレジアは一年後にもこの日を「君主国の誕生日」と呼ぶほどに歓喜した。

夏になると、西からは一〇万のフランス軍、東からは九万のロシア軍、北からは二万のスウェーデン軍が、それぞれプロイセン側の抵抗を打ち破りつつ進撃した。これに対しフリードリヒは西方から対処することとし、自軍のおよそ二倍の兵力を有していたフランス軍とこれに合流した帝国軍を、一一月五日にロスバッハで打ち破った。そして今度は東に急行し、四万三千対七万二千という兵力差を覆し、シレジアに進入したハプスブルク軍をロイテンで撃破した（一二月五日）。この間、ハプスブルク側では将軍ハディク・アンドラーシがハンガリーの軽騎兵部隊（フサール）を率いて長駆ベルリンを突き、短期間占領したが、戦況にはさしたる影響を及ぼさなかった。

ロスバッハとロイテンの敗戦は、コリンの勝利から戦略的な価値を奪った。ここで浮上したのが、最高指揮官カール・ロートリンゲンの能力をめぐる問題である。オーストリア継承戦争での度重なる敗北により、その将器は以前から疑問視されていた。それでもマリア・テレジアは夫と共にこの義弟に大役を任せたのだが、ロイテンでの敗戦ののちは、国内のみならずロシアとフランスからも暗に更迭を求められるようになる。こうして、最高司令官の座にはダウンが就くこととなった。

なお八〇年にカールが没した時、マリア・テレジアは連隊に彼の名を冠することを望んだ。しかし、長男の皇帝ヨーゼフ二世は次のような理由で拒絶した。「連隊に名を残すという栄誉は、プリンツ・オイゲン以外に与えられたことはありません。もし七度の会戦で国を勝利に導いたこの英雄と比較されたら、世間は故人にどんな嘲笑を浴びせるとお思いですか。彼は同じ七度の会戦で、国を敗北に導いたのです。［…］彼が軍司令官であった時の苦境（何という苦境だったことか！）がもたらした低評価は、国民と軍のあいだで決して消えることはないでしょう」[13]。

さて、プロイセンのめざましい連勝は、イギリスをより深くこの戦争へと引き込んだ。イギリスはプロイセンのザクセン侵攻に先立ち、北米と地中海でフランスとすでに衝突していた。また第三次シレジア戦争が始まると、プロイセン側に立ったハノーファー選帝侯国に積極的な支援を行っていた。五八年四月にイギリスはプロイセンと新たな協定を結び、この方針の継続を決定する。こうして増強されたイギリス゠ハノーファー軍は、元帥フェルディナント・ブラウンシュヴァイク゠ヴォルフェンヴュッテルに率いられて再三フランス軍を食い止め、大いにプロイセンを助けた。

五八年になると、フリードリヒは攻勢に出て、シレジアさらにはモラヴィアに進入した。しかし、ここで手薄となった東プロイセンを、ロシア軍に占領されてしまう。さらにエルンスト・ギデオン・ラウドン率いるハプスブルク軍の遊撃部隊に補給を妨害されたことで、モラヴィアから撤収せざるを得なくなる。フリードリヒは八月にハプスブルク軍との合流を図ろうとしたロシア軍をツォルンドルフで側面攻撃し、多くの被害を出しつつも大勝した。しかしこの後、ホーホキルヒでハプスブルク軍の急襲を受けて敗北する（一〇月一四日）。こうして戦況は一進一退を繰り返した。

「ブランデンブルク家の奇跡」

一七五九年五月、フランスはハプスブルク君主国への援助義務を軽減され、対英戦により注力した。しかし地中海、大西洋、ドイツ北部、北米の各戦線で敗北を重ね、国内には厭戦《えんせん》気分が漂いはじめた。

一方ヨーロッパの東部では、ハプスブルク軍とロシア軍が兵力差を利して優位に立とうとしていた。ダウン率いるハプスブルク軍の主力約一〇万はシレジアに集結し、約六万のロシア軍が合流をめざしてプロイセン軍を打ち破りつつ、オーダー川まで進出した。フリードリヒが自ら五万の兵を率いてロシア軍の迎撃に出ると、ダウンは二万の兵をラウドンに預け、急ぎ救援に向かわせた。

こうして合計八万となり、クーネルスドルフに陣を構えたロシア・ハプスブルク連合軍に対し、フリードリヒは劣勢を承知のうえで攻撃を仕掛けた（八月一二日）。序盤はプロイセンが優勢であったが、中盤の攻勢が失敗に終わったのちにロシア・ハプスブルク軍の反撃を受け、最後には大敗を喫する。絶望したフリードリヒは、臨場感あふれる筆致で自殺をほのめかす手紙を書いた。

最後には私はあやうく捕縛されそうになり、戦場から離脱するほかなかった。私は上着を銃弾に貫かれ、馬も二頭失った。私がまだ生きているとは不幸なことだ。我々の損失は甚大である。手紙を書いているいま、四万八千の兵のうち、手元にいる兵は三千に満たない。皆が逃走していく。私はもはや我が軍の司令官ではない。［…］私に打開の手立てはもはやない。正直に言って、すべては失われたと思う。私は祖国の滅亡に耐えられない。永遠にさらばだ！[14]。

しかしロシア・ハプスブルク軍は、フリードリヒが最も恐れていた即時追撃を敢行せず、ベルリンにも進攻しなかった。ロシア軍は東プロイセン、ハプスブルク軍はシレジアの確保を優先して転進したため、フリードリヒは敗残の兵を収容し、体勢を立て直すことができたのである。フリードリヒは失意の底から回復し、この幸運を「ブランデンブルク家の奇跡」と称して慶賀した。

破壊されたドレスデンの聖十字架教会（ベロット画、1765年）

この後、ハプスブルク軍は九月にドレスデンを占領した。マクセンの会戦（一一月二〇日）では二倍以上の兵力差もあってプロイセン軍に大勝し、一万人以上の捕虜を得る。しかしこうした勝利も、プロイセンを屈服させるには至らなかった。それでもマリア・テレジアは、和平を求める声を「あと四年戦争を続けるより悪い、最悪の不幸」として退け、「プロイセンが力をもつかぎり、安定した平和体制はありえません」と、継戦に向けた意欲をさらに燃やした[15]。

続く六〇年には、六月にハプスブルク軍がランデスフートで勝利すると、八月にプロイセンがリーグニッツで勝利し、一〇月にハプスブルク軍がロシア軍と共にベルリンを再度短期間占領すると、一一月のトルガウの会戦がプロイセンの辛勝に終わるといった具合に、一進一退の攻防が続いた。しかし双方とも、戦争の帰趨《きすう》を左右するような重要な勝利を収めることはなかった。

第二次国政改革

戦争の長期化は、戦前から顕在化していた「ハウクヴィッツ・システム」への不満をより増大させ、新たな改革を開始させることとなった。その中心となったのはカウニッツである。先の改革が少数のあいだで内密かつ専断的に進められたのに対し、この一七六〇年代の改革は、主だった政治家・官僚のあいだで広範に議論され、意見交換が活発に行われるなかで実現していった[16]。

まず実現したのは、国務会議の創設である。これは君主に直属し、国政上の重要案件のみを扱う合議制の最高諮問機関で、そのメンバーはカウニッツを筆頭に、国政に通暁し優れた政治手腕を持つ少数の重臣のみによって構成された。フリードリヒ二世は六八年に著した『政治遺訓』において、敵国のこの機関を最良のものと三度にわたり称賛した[17]。

また、司法と行政の分離は維持されたが、先の改革とは逆に、行政と財政の分離が図られた。国家の歳入および歳出に関する権限は監理府から宮廷財務庁に移管され、財務の監査は新設された宮廷会計庁が担当した。また、商務を担当する部局も監理府から切り離され、独立した機関となった。そして行政においては、引き続きハンガリー、南ネーデルラント、イタリア諸地域が特別扱いされる一方、チェコ・オーストリア諸邦をまとめて管轄とする国務庁が創設された。

こうして諸々の権限を失った結果、ハウクヴィッツ改革の象徴的存在であった監理府は解体された。ハウクヴィッツはマリア・テレジアに引き続き深く信任され、国務会議のメンバーにも選ばれたが、その存在感は大きく減退した。六五年、イギリス大使ストーモントは次のように述べている。「この［ハウクヴィッツによる］改革の基本原理がどれほど正しかったにせよ、実行においては大きな不手際があり、それには苛烈で抑圧的な状況が多く伴っていた。それがハウクヴィッツの施政を、この国の歴史においてきわめて忘れがたく忌まわしい時期とした」[18]。

この第二次国政改革により、これまでの中央集権化路線は抑制された。その主導者となったカウニッツは、中央政府と諸邦の関係は相補的でなければならないと主張した。社会構造に真の変化をもたらすには諸地域との円滑なコミュニケーションとその実情に合わせた施策が必要であり、中央の意向、あるいは中核的な諸地域への同化や模倣を強いることは不適当とされたのである。この時期にバルテンシュタインが大公ヨーゼフの教育用に作成した地誌テキストの巻頭言に記した次の言葉は、この改革の担い手たちの総意とみなしうる。「［ハプスブルク君主国は］風俗習慣、言語、法がまったく異なった、多くの分散した国々から成っている。ある国で適切で有益なことは、別の国では不適切で有害となる。同じ法や権利を導入しようとすることは、明らかに不可能である」[19]。

ただそれでも、国政において王権が確固たるかたちで主導権を握る状況が変わることはなかった。六三年にボヘミアの諸身分が旧制への回帰と権限の拡大を図ろうとした際、カウニッツは、自分はボヘミア人でモラヴィアの所領保持者でもあるが、君主や公益に対する自分の義務はそうした立場より上にあるとして、「貴族および諸身分をかつてのような高みへと押し上げ、国政をその手に委ねること」に反対した。この第二次国政改革がめざしたものは、かつて第一次国政改革の帰趨を決した御前会議においてハウクヴィッツが示した道とハラッハが示した道の中間をいく、「穏健な君主政」――バルテンシュタインはこれを「最上の政体」とした――にあったといえるだろう。

消耗戦

一七六〇年代初頭から実施された国政改革は、まずは順調な滑り出しを見せた。しかし、戦争の見通しには暗雲が漂いはじめていた。その理由の一つは、(開戦当初から懸念材料となっていた)ロシアの女帝エリザヴェータの健康不安である。彼女自身は「たとえ私のダイヤモンドとドレスの半分を売らなければならないとしても、私は戦争を続け、同盟国に忠実でいるつもりです」と語り、意気はなお軒昂《けんこう》であった。またマリア・テレジアも、自分たちの協働によって「女性の世紀」をもたらそうとエリザヴェータに呼びかけるなど、引き続きロシアの協力に大きな期待をかけていた。しかしエリザヴェータの健康不安は、戦争が長引くにつれ、予断を許さないものへとなっていった。[20]

六〇年の末にカウニッツは、エリザヴェータが余命いくばくもない身であること、そして後継者のピョートルがフリードリヒの崇拝者であること、そしてロシア政府内で講和論が強まっていることから、ロシアにはもう期待できないと悲観的な見通しを述べた。デンマークの動向との関係で、スウェーデンにも多くを期待できない。オスマン帝国にいまのところ懸念すべき動きはないが、いつまでこの状況が続くかは分からない。しかし最も憂慮すべきなのは、自国の財政の疲弊である。来年の戦費調達については見通しが立っているが、いずれそうはいかなくなり、敵に屈服しなければならない時期が来るだろう。[21]こうした見通しは政府内でおおよそ共有され、秘密裡に和平工作も始まったが、関係諸国の思惑の相違により、交渉は進展しなかった。

六一年になると、ハプスブルク＝ロシア連合軍の兵数はプロイセン軍の二～三倍に達した。またイギリスが一〇月に支援金の打ち切りを決定したため、フリードリヒは追い詰められた。彼は自らの苦境を自嘲気味にこう説明している。「これだけ敵がいるのだから、どうしても攻勢に出なければならない。私は、左にロシア、右側にダウン、そして後ろにスウェーデンという三角形のなかでここに立っている。［…］いまのところ私は、攻められるところは全部攻めて小さな有利を獲得し、それをできるだけ増やしていくことで、自分の力を保っているだけなのだ」[22]。しかし、ダウンが慎重な用兵に終始したこともあり、戦局にさしたる変化は起きなかった。

一方で、ハプスブルク君主国の継戦能力も限界に達しつつあった。とくに財政の逼迫《ひっぱく》は甚《はなは》だしく、六一年の末にマリア・テレジアはフランツ一世と長男ヨーゼフの猛反対を押し切り、戦時中に軍縮を行うという苦渋の決断を下す。そしてカウニッツは、「少なくとも我慢できる平和」を得るべく、和平を真剣に考えるようになった。「何よりも警戒すべきなのは、ロシアの女帝の健康状態が脆弱《ぜいじゃく》であることだ。もし戦争中に死亡した場合には、きわめて重大な変化が生じる可能性がある」[23]。

ロシアの政変

カウニッツが懸念していた「きわめて重大な変化」は、一七六二年の年明けに訪れた。ロシアの女帝エリザヴェータが、一月五日に死去したのである（ちょうどこの日、「奇跡の時は過ぎ去り、残るのは死のような現実だけだ」と書いていたフリードリヒは、この報に接して、「獣が死んだ、害毒が死んだ」と歓喜した）[24]。新帝ピョートル三世はただちにプロイセンと講和し、占領地を無条件で返還した。さらに五月にはプロイセンとスウェーデンの講和を斡旋《あっせん》して成立させ、六月にはプロイセンと同盟を締結して、「我が主君たる国王」と尊崇するフリードリヒの戦列に自軍を加えた。ハプスブルク君主国をはるかに凌《しの》ぐ苦境にあったプロイセンにとって、これはまさしく天祐《てんゆう》であった。

しかしその一か月後、ピョートルは妻エカチェリーナが起こしたクーデタによって廃位された。これより前、エカチェリーナは自分ならハプスブルク君主国との同盟関係を守ると内々に伝えていたので、マリア・テレジアは「生まれてこの方、ロシアの女帝がめでたく即位されたというニュースほど、私たちを心から喜ばせるものはありませんでした」と喜んだ。[25]

ところがエカチェリーナは即位すると戦争から手を引き、ハプスブルク君主国は期待したような支援を得られなかった。この後プロイセンは攻勢に出て、七月から一〇月にかけて戦勝を重ね、シレジアおよびザクセンを制圧する。しかしプロイセンにも限界が近づいており、期待をかけていたオスマン帝国の参戦の望みも絶たれたことで、フリードリヒは潮時が来たことを悟った。「シレジアでの軍事行動はこれで終わりだ。最初に期待したほどではなかったが、ロシアでの政変のあとは、期待したよりも良かった」。[26]ハプスブルク君主国とプロイセンは一一月二四日に休戦協定を結び、イギリスとフランスもまた同月に休戦状態に入って、七年戦争は事実上の終戦を迎えた。

2　転換期

モーツァルト一家の来訪

戦争が終わりに近づいていた一七六二年の秋、ハプスブルク家の人々は、神童ヴォルフガングを擁するモーツァルト一家をシェーンブルン宮殿に迎えた。

モーツァルト一家はリンツなどに立ち寄りながら一〇月六日にウィーンに入り、貴顕が催す音楽会に次々と顔を出して、たちまち評判となった。シェーンブルン宮殿に伺候《しこう》したのは、同月一三日のことである。この時の模様を、父のレーオポルトは知人に宛てた手紙に次のように記した。

> 私たちは女帝陛下をはじめとして、この上ないご好意を持って迎えられましたし、私たちがそれをお話ししたら、作り話と思われることでしょう。次のことで十分でしょう。ヴォルフェルは女帝陛下のお膝に飛び乗り、お首に抱きついて、思い切り気の済むまでキスをしたのです。要するに、私たちは三時から六時までお傍《そば》におり、皇帝陛下ご自身、別のお部屋から出ていらっしゃって、私をそこへ連れていかれ、皇女さまがヴァイオリンをお弾きになるのをきかせてくださいました。(27)

なおこの報告には、宮殿の磨き抜かれた廊下で滑って転んだヴォルフガングが、助け起こしてくれた皇女マリ・アントワネット（のちのフランス王妃）に求婚したという、有名なエピソードに関する記述が見当たらない。このエピソードの初出は、フランツ・ニーメチェクが一七九八年に著したモーツァルトの伝記である。実際にこのような出来事があったなら、父のレーオポルトが喜び勇んで書き残したことであろう。したがって、このエピソードの信憑性は薄いと言わざるを得ない。

下賜された大礼服を着用した６歳のモーツァルト（ロレンツォーニ画、1763年）

ただ、モーツァルト一家がハプスブルク家から歓待されたことは疑いない。マリア・テレジアはヴォルフガングに末子マクシミリアン・フランツのものと同じ大礼服を下賜《かし》し、モーツァルト一家は二一日にも（ヴォルフガングの体調不良をおして）また参内《さんだい》した。

しかし、この両家の蜜月は長くは続かなかった。モーツァルト一家は六七年にウィーンを再訪し、再びハプスブルク家の人々に歓待されたが、具体的な利益は得られなかった。そしてこの後、マリア・テレジアは彼らへの態度を一変させることになる。七一年、ヴォルフガングはマリア・テレジアより依頼をうけ、息子のミラノ大公フェルディナントの婚儀を祝すオペラ『アルバのアスカーニョ』を作曲して成功を収めた。そしてこれを足掛かりとしてミラノで雇用される機会を得たが、この件について問うたフェルディナントに対し、マリア・テレジアは次のような冷たい筆致で答えた。

貴方は若いザルツブルク人を自分のために雇うのを求めていますね。私にはなぜだか解らないし、貴方が作曲家とか無用の人間を必要としているとは信じられません。けれど、もしこれが貴方を喜ばせることになるのなら、私は邪魔したくはないのです。貴方に無用な人間を養わないように、そして決して貴方のもとで働くようなこうした人たちに肩書などを与えてはなりません。乞食のように世の中を渡り歩いているような人たちは、奉公人たちに悪影響を及ぼすことになります。(28)

この冷淡さが生じた理由は分からない。ただ、人がみな秩序を守り、分相応に生きることを良しとしていたマリア・テレジアが、ザルツブルクの宮廷に仕えながら諸国を歴訪し、より良い就職口を探し求めるモーツァルト一家を不快に感じるようになったとしても不思議はない。この後、七三年にモーツァルト父子は再度ウィーンを訪れ、マリア・テレジアに謁見したが、レーオポルトはこの時、流れが変わったことを悟ったらしい。この時の模様を、彼はザルツブルクの妻にこう伝えた。「女帝陛下は私たちにとても好意をおもちでした。でもそれですべてでした。帰ってからお前に直接話すことにしましょう。なんでもみんな書くわけにはいかないから(29)」。

終戦

休戦協定の成立後、ハプスブルク君主国とプロイセンはザクセンを交え、一七六二年一二月からライプツィヒの東にある城館フベルトゥスブルクで和平交渉を開始した。戦前の状態に戻るということで事前に合意が成立していたため、交渉はさして紛糾せず、六三年二月一五日に講和条約への調印が行われた（発効日は三月一日）。これによってハプスブルク君主国は、プロイセンのシレジア領有を正式に認めることとなる。一方プロイセンは、予定されていたローマ王（次代の神聖ローマ皇帝に与えられる地位）の選挙において、マリア・テレジアの長男ヨーゼフを支持することを約した。

こうして七年戦争は終結した。開戦まえに外交戦で窮地に追い込まれ、死中に活を求める決戦主義に頼るほかなかったプロイセンに対し、この戦争においてハプスブルク君主国は顕著な勢力差を生かした圧力によって勝利する道を選び、戦場では基本的に慎重であった。当時、リスクの大きい賭けである会戦はできるだけ避け、戦わずして勝つよう事を運ぶことこそ兵法の常道と考えられていたので、この選択は不思議ではない。しかし、この軍略は結果として戦争の長期化を招き、ロシアの離反を惹起《じゃっき》する余地を生んで、ついには長蛇を逸することにつながった。

一方、存亡の危機に直面したことで実現した国力の大々的な活用、同盟国の存在、敵対勢力間の不和、君主の傑出した力量といった要因は、オーストリア継承戦争の際にハプスブルク君主国を大いに利したが、今度はこれらがプロイセンにとって重要な役割を果たした。また、ヨーロッパ列強の大半が兵士と市民の比率を一対一〇〇とするのが望ましいとしていたのに対し、プロイセンではこの比率が一対三〇（一七六〇年には一対一四）に達し、平時でも歳出の八〇パーセント弱を軍事費が占めるという軍国主義化が進んでいたことも見逃せない。ヴィクトール・リケッティ・ド・ミラボー（フランス革命期の政治家ミラボーの父）がこれを評して、「プロイセンは軍隊を持つ国家ではなく、国家を持つ軍隊だ」と述べたことはよく知られている。さらに、国内資源の動員の苛烈さ、そして占領地における収奪の激しさなどにおいても、プロイセンは他を圧していた[30]。

七年戦争においてハプスブルク君主国は、シレジアを奪還しプロイセンを一七四〇年以前の中堅国の座に追いやるという戦争目的を達成できず、プロイセンが自らに匹敵する強国となったことを認めざるを得なくなった。こうして生じたドイツにおけるハプスブルク君主国とプロイセンの二元的体制は、一八七一年にプロイセンの主導によるドイツ統一が実現するまで続くことになる。一方、イギリスはフランスとの植民地戦争に勝利し、まもなくアメリカ合衆国の誕生によって曇らされることになるとはいえ、一九世紀に強大な覇権を握るうえで重要な足掛かりをつかんだ。

ローマ王ヨーゼフ

プロイセンの支持を得たことで、帝位の確保と継承に不可欠なヨーゼフのローマ王選出を妨げる要素はなくなった。一七四五年にフランツ一世が皇帝に即位した時と同じく、ハプスブルク政府はこの戴冠式を国威発揚の重要な機会と捉え、巨額の国費を投じた。

しかし、マリア・テレジアはウィーンに留まった。これには、フランツ一世の戴冠式の時の一件が尾を引いていることが感じられる。また彼女は、帝位を保持しつづけることの意味をまだ納得しかねていた。「正直なところ、私は息子に帝冠がないほうがましだと思います。帝冠を手に入れるには、その威厳を無か影にするような厳しい条件が課せられるのですから」[31]。あるいはマリア・テレジアは、帝位に自らの権威を脅かす何かを感じ、ある種の怖れを抱いていたのかもしれない。

さて、当時一三歳であったゲーテは、生地フランクフルトで挙行される式典の準備に関わりつつ、好奇心旺盛に一部始終を観察した。その経験は、およそ半世紀に執筆した『詩と真実』の第五章に精彩あふれる叙述を残すことになる。ここではそれに拠《よ》り、この儀式の模様を追うことにしよう[32]。

準備は六二年の暮れから始まった。ゲーテの筆は、こうした儀礼や式典がもつ意味と効果を深く洞察して描き上げていて余すところがない。

目の前に生じることはすべて、それがどのような種類のものであれ、つねになんらかの意味をうちに秘め、なんらかの内的関連を示していたので、また、そのような象徴的な行事は、数多の羊皮紙や書類や書物の下に埋没されたドイツ帝国を、束の間とはいえ、いきいきと再現してみせてくれたので、私はこれらのものにさまざまな喜びを味わった。

これらの公的な儀式をすべて、推敲を重ねた芸術作品と考えてみても、そこに非難される余地はあまり見出せぬであろう。すべてがたくみに用意されている。公的な場面は初めは静かに幕があけられ、しだいにその意味を加えてゆく。人の数がふえ、高位の人物も多くなる。人物そのものと同じくその周囲も華やかさをます。こうしてすべてが日ごとに高まってゆき、ついには用意し心構えをして眺めていた目も混乱させられてしまうのである。

四月三日の戴冠式は天候に恵まれ、式典は予定どおりに挙行された。詰めかけた多くの群衆が見守るなか、皇帝フランツ一世と嫡子ヨーゼフを中心とする壮麗な騎馬行列が大聖堂に向かって歩む姿を目の当たりにした少年ゲーテは、「できることなら、呪文によってこの現象を一瞬でもつなぎとめておきたい」と願うほどに感激した。儀式の終了後には、鐘の音が鳴り響き万歳の声が沸き上がるなか、大聖堂から歩み出た皇帝たちの一団が「なにか聖なるもののようにわれわれに向かって輝いた」光景を目にしたという。そしてこの一団が市庁舎に入ってその大階段を上がってきた時、ゲーテはフランツとヨーゼフを間近で目にする機会をようやく得た。

父と子は双子のように同じ装いをしていた。真珠や宝石がいたるところにちりばめられた皇帝着用の真紅の絹でできた大礼服、帝冠、笏《しゃく》、帝国宝珠は、実に素晴らしいものに見えた。それらはすべて新しく作られたものであったが、古い様式に基づいたもので趣があった。このような装いをした皇帝は、悠然と歩を運ばれていた。その顔立ちは柔和であると同時に気品を備え、皇帝でありまた父であることを物語っていた。それにひきかえ、若きローマ王は仮装でもしているように、カール大帝の宝石のついた大変に大きな衣装をまとって、ひきずるように歩いていたので、ときどき父のほうを見て、苦笑を抑えかねていた。王冠にはたくさん詰め物をする必要があったので、差掛け屋根のように頭からはみ出していた。ダルマチカもストールもできるだけ体に合うよう縫い縮めてはあったが、見た目は少しも良くなっていなかった。笏や宝珠には驚かされた。しかしもっと立派に見えるよう、その装いにふさわしい体格をした人物に着飾らせてみたいものだという気持ちを抑えることはできなかった。

ローマ王ヨーゼフの戴冠式における祝賀会（マイテンスの工房作、1764年以降）

皇帝とローマ王が市庁舎のバルコニーに姿を現し、金貨や銀貨が惜しみなく宙にばらまかれたときには、「もっとも激しい光景が現出した」。しかし、祝宴の会場に首尾よく潜り込んだゲーテは、皇帝と諸侯のあいだの緊張関係を露骨に可視化した光景を眼前にして慄然《りつぜん》とすることになる。室内は豪奢《ごうしゃ》にしつらえられ、祝宴の準備は万端整えられて、皇帝とローマ王、そして三人の聖界選帝侯は上席に着座していた。しかし、世俗の諸侯はみな欠席していたのである。「かくも多くの目に見えない客が、この上なく豪勢に食事を供されていることで、広間の大半は何か亡霊じみた様子を帯びていた。［…］それらの席につく資格のある人々は、みな体面上、つまりこの最大の祝日に彼らの名誉を守るため、その時刻に市中にいたにもかかわらず、姿を現さなかったのだった」（この祝宴を描いた絵画にも、多くの席が空いている様子が確認できる）。またこれらの諸侯は、カール七世の代に途絶えた封建関係の更新手続きも引き続き拒否し、その自立性をさらに強調したのであった[33]。

ハンガリー王国議会

ヨーゼフのローマ王戴冠式が終わったあと、マリア・テレジアは一三年ぶりにハンガリー王国議会を開いた（一七六四年六月）。その目的は、軍事力強化のための租税の増額と軍制の改革、そして農奴制の見直しや土地台帳の作成を骨子とする土地改革を認めさせることにあった。

しかしこの時期、ハンガリーの情勢は不穏になっていた。四〇年代末からの改革においてハンガリーは原則的に対象外とされていたが、中央集権化の影響はさまざまなかたちで及んでおり、諸身分はこれに反発していたのである。一方、ウィーンの中央政府はこうした諸身分の姿勢を（王権を軽んじているという意味で）「共和主義的」と非難し[34]、王権と諸身分の関係は悪化していた。

そしてこの対立をさらに深めたのが、宮廷顧問官アダム・コラールが展開した一連の言論活動である。彼は王権は諸身分より優位にあるとしたうえで、聖職者や貴族が有する免税特権の廃止や農奴解放などの必要性を説く著作を六〇年代前半に発表し、激烈な反発を呼び起こしたのであった。結局マリア・テレジアは、弁明というかたちで半ば強制的にコラールに謝罪させ、その著作の販売禁止と回収を命じることで、事態の収拾を図らざるを得なくなった。

こうして波乱含みで始まった議会は、はたして激しい紛糾の場となった。中央政府が公益のために負担増を受け入れるよう求めたのに対し、諸身分は、租税とは本来、危急の際に一回限りという制約のもと、折衝と合意を経て諸身分側から自発的に提供されるものであったという原点に立ち戻り、恒常化した租税徴収の正当性を問題視した。そして国と民が困窮している現状の改善が先決と論じ、「祖先のように王と祖国を守るため血と命を犠牲にできるようになることほど、ハンガリー人にとって喜ばしいことはないという確信で満足されたい」と訴えて、要請を拒絶したのである。

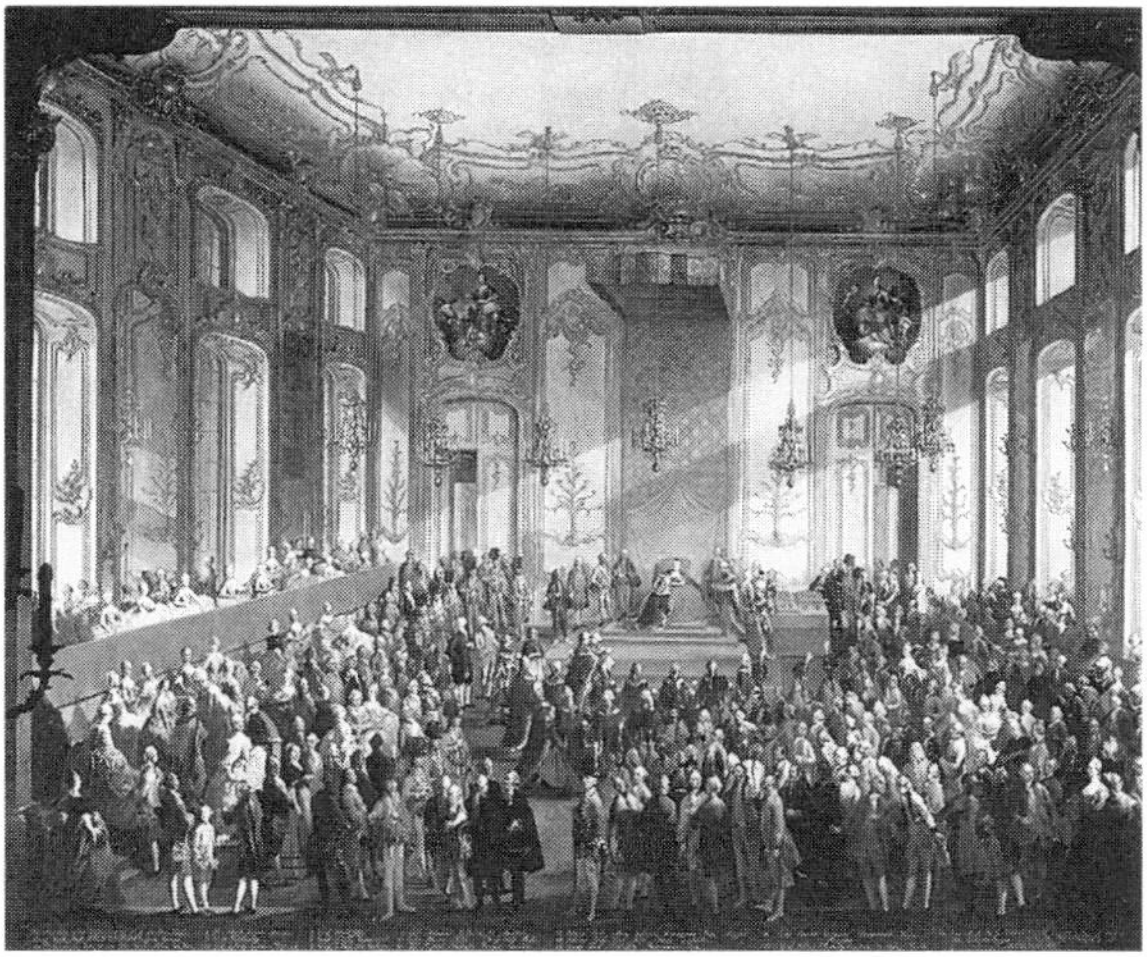
聖シュテファン騎士団勲章の叙勲式（マイテンスの工房作、1764年）

しかし、これには負担を最小限に留めたいという諸身分側の思惑が潜んでもおり、カウニッツなどは「ハンガリー人はダニのように結託している」と苦り切った(35)。結局、討議の場を九〇回も設けておよそ九か月にわたり折衝を重ねた末、ハンガリーの諸身分は租税の増額だけに応じた。

　言うまでもなく、マリア・テレジアはこの結果に不満であった。ただ一方でこの時期には、ハンガリー近衛兵団（六〇年）や聖シュテファン騎士団勲章（六四年）の創設など、ハンガリーをハプスブルク君主国により強く統合し、忠誠心を涵養《かんよう》しようとする試みも現れた。また、より壮大で豪華になるよう、ブラティスラヴァとブダで王宮の増改築が進められた。マリア・テレジアはこれらの工事を内心では馬鹿げた浪

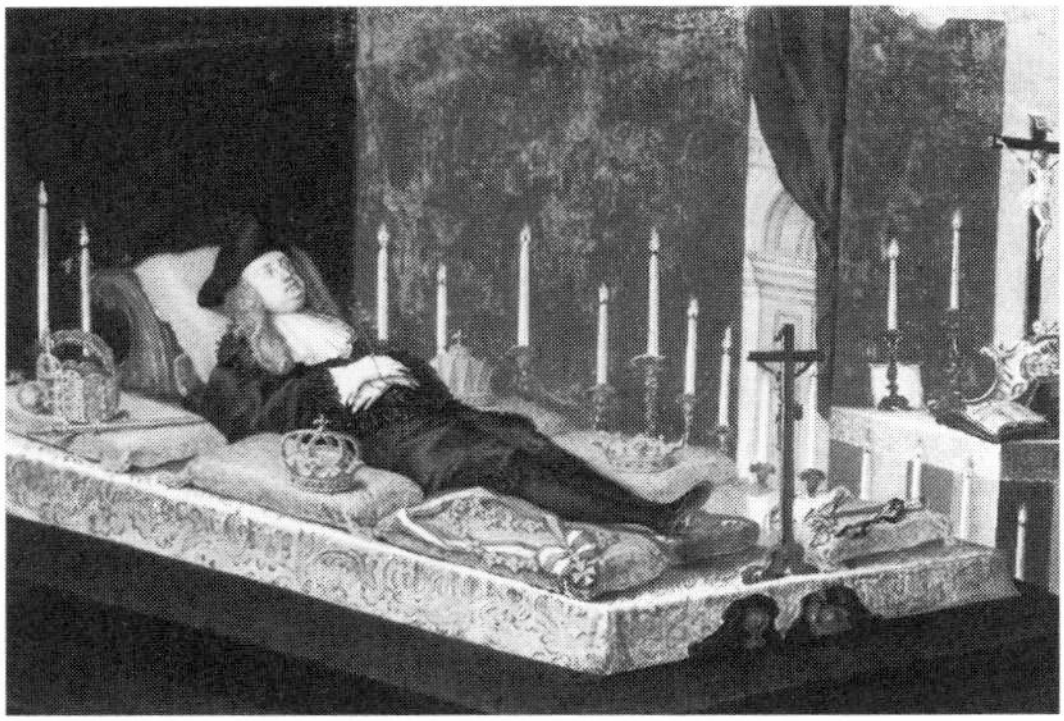

死の床のフランツ１世

費と考えていたが、ハンガリー諸身分の歓心を買うために実行したのである。[36] なおこの時期には、チェコでもプラハ城の増改築が本格化したが（七五年終了）、これも同様の意図、そして不在の君主の威厳を顕示するための試みと見ることができるだろう。

フランツ一世の死

一七六五年七月、三男レーオポルトとスペイン王カルロス三世の娘マリア・ルドヴィカの結婚式のため、ハプスブルク家の人々はティロールの首都インスブルックに赴いた。結婚式は八月五日につつがなく荘厳に挙行された。この夫婦のあいだに生まれた一六人の子供たちは、以後ハプスブルク家の主たる担い手となり、今日に至っている。

しかし、この慶事がもたらした華やぎは、皇帝フランツ一世の急死によって掻《か》き消された。

ケーフェンヒュラーが伝えるところによると、八月一八日の午後遅く、フランツは単身お忍びで劇場に行き、芝居とバレエを最後まで見物した。それから夜九時を少し過ぎたころ、王宮に戻る途中で体調を崩した。同行していた長男ヨーゼフが心配するのを何でもないと振り払ったものの、その足取りはおぼつかず、次の部屋の扉まで辿《たど》り着いたところで倒れ伏してしまう。急遽医者が呼ば

れたが、手近な部屋に担ぎ込まれて寝台に寝かされたとき、もうその息は絶えていた。(37)

夫の急死に、マリア・テレジアは「太陽さえ暗く感じられる」ほどに打ちのめされた。「私は、最も完璧で、最も愛に満ちた夫を失いました。四三年間、私の心は完全に夫だけに捧げられてきました。苦しい人生のなかで夫はすべてにおいて私の慰めでしたが、いまの私には何も残っていません」。この時のことを、カロリーネ・ピヒラーは母から次のように伝え聞いた。

彼女は完全に破壊され、涙も出ず、一晩中続く激しい痙攣《けいれん》に、周囲の人々はこの高貴な女性の健康と命を非常に心配した。朝になって、医師の指示で瀉血《しゃけつ》したあと、彼女の深い大きな痛みは、安堵《あんど》の涙に変わった。しかし、彼女の最初の行動の一つは、母に髪を切るように命じたことであった。高齢になっても変わらない彼女の美しさを夫が楽しめなくなったその時から、彼女も自らの姿を楽しめなくなったのである。色とりどりの装飾品をすべて捨て、ワードローブを侍女たちに分け、寝室にはグレーのシルクを敷き詰め、孤独なベッドをグレーのカーテンで囲み、人生や世界が彼女にとって魅力を失ったことを外見でも示したのである。(38)

この後、マリア・テレジアは終生喪服を着て過ごすことになる。

喪服姿のマリア・テレジア（マロン画、1773年）

共同統治へ

夫の死後、マリア・テレジアは退位して修道院に隠棲することを考えた。これに対し、カウニッツやケーフェンヒュラーは長男ヨーゼフとの共同統治を提案し、君主の座に留まるよう説得した。彼女は逡巡《しゅんじゅん》した末にこれに応じ、「熟慮に基づいた忠言と完全なる自由意思により」、「我らの永遠に共にあるべき諸国に対する本来的な統治権を全体的あるいは部分的に譲渡するものではない」という重大な留保を付したうえで、ヨーゼフを共同統治者とすると宣言した(39)。

夫の死は、近しい者たちとの別離が続く日々の始まりともなった。この後半年と経たぬうちに、マリア・テレジアはハウクヴィッツとダウンを相次いで失った。かつての侍女で厚い信頼と友情の念を抱いていたティロールのゾフィー・エンツェンベルクに宛て、六六年の初めに書いた手紙には、老境に入ったことの自覚と寂寥《せきりょう》の念が赤裸々に吐露されている。

例の不幸は、私のすべての器官に影響を及ぼしています。記憶、容貌、聴覚、識別力、すべてがうまく働かなくなり出しました。前より仕事に没頭し、自分の状態を感じたり考えたりする時間をなくして、自分の感覚を麻痺させることでしか安心できないと思っていただけに、がっかりです。

神は、私が正しく全幅の信頼をおいていた二人の人物、ハウクヴィッツとダウンを私から奪いました。二人とも善良なキリスト者で、熱心で献身的な真の友人であり、私に真実を率直に話し、私が胸襟を開くことができる人物でした。私はこの助けを非常に惜しんでいます(40)。

フランツ一世の遺産は、基本的に長男ヨーゼフが継承した。優れた実業と蓄財の才の賜物である総額二〇〇〇万グルデンにのぼる莫大な個人資産は、国家財政の健全化に役立てられたほか、ハプスブルク家の人々の扶養義務から国家を解放するために創設された家内基金の原資ともなった。

一方、フランツ一世は魔術（とくに錬金術）や賢者の石の探索などにも強い興味をもち、自然科学の研究にも勤しんで、コイン、メダル、鉱物、化石、機械装置などのコレクションも保持していた。これらの継承者となったのは、次女（第二子）のマリア・アンナである。彼女は一九歳のときに回復が絶望視されるほどの重病にかかり、おそらくはその後遺症によって背骨が湾曲し病いがちになったため、宮廷では目立たない存在であった。しかし、幼い頃から学芸文化に傾倒して「学識ある大公女」と呼ばれ、とりわけ鉱物学と貨幣学を好み、興味関心を同じくする父とは深い愛情で結ばれていた（それだけに父の急死には、「地面に叩きつけられる」ほどの衝撃を受けた）。マリア・アンナは父の没後、鉱物学者イグナーツ・ボルンらと共に、亡父のコレクションの保全と拡大に努めた。それらはのちに、ウィーン自然史博物館の基礎を形作ることになる。[41]

皇女マリア・アンナ

第5章　家族の肖像

1　家門政策

父として、母として

私の最後の悲しい日々と魂の救済を、貴方と共に貴方の修道院で静寂のうちに全うすることができたら、どんなに幸せでしょう。私はこのような慰めを得ることができず、以前は喜びであったのに、いまでは大きな心配と悲しみの種となっている多くの子供たちのために、私にはほとんど耐えられないような世界の混乱のなかに留まらなければなりません。

一七六六年二月、マリア・テレジアは知人に宛てた手紙にこう書いた。晩年の手紙の特徴をなす切々たる嘆き節を真に受けるのは危険だが、子供たちと（彼らに委ねることになる）国の行く末が不可分に結びつき、最大の関心事となったことは確かだろう。彼女は三男レーオポルトに宛てた訓戒のなかでこう宣言している。「貴方が主にして父であられる御方を亡くしたいまの不幸な状況では、私は貴方に対し、父とも母ともならなければなりません」(1)。

第1章で触れたように、ハプスブルク家では親は子供を直接養育せず、特別に任ぜられた貴族を責任者として、複数の従者が世話をする慣習となっていた。マリア・テレジアもこれを踏襲したが、子育てを「常に私の最大にして最も価値ある仕事」とみなし、養育者たちに事細かく指示を与えて監督した。プロイセンの使節フュルストはこう伝えている。

疲れたり休息したいとき、彼女は子供たちに会う。ウィーン［ホーフブルク宮殿］にいるときは、毎日例外なく三、四回このようにする。シェーンブルン宮殿とラクセンブルクには家族全員を収容できるスペースがないので、小さな子供たちはウィーンに滞在し、皇后は週に一度だけ彼らに会う。彼女は優しいが厳しい母親だ。養育係や教師は教え子の成果について聞かれ、民間と同じように賞罰を与えられる(2)。

マリア・テレジアの子供たち（マイテンス画、1749年頃）

実際、マリア・テレジアは優しさと厳しさの両方をもって子供たちに接した。堅苦しいことを嫌ったフランツ一世の存在もあり、家庭には時に「市民的」と評されるほど親密な雰囲気が生まれた。しかしその一方、彼女は敬虔《けいけん》と規律を強く求めた。一八世紀後半にはハプスブルク君主国のエリートのあいだでルソーが「神格化」され、(彼が『エミール』などで唱えた)自然さを重んじた情操教育が行われるようになるが、マリア・テレジアはこれに反対だった。「私は、子供に自由を与えすぎて農民にしてしまうという、ルソーに倣《なら》った当節の流行が好きではありません。いまのところ何の利点も見い出せませんが、おそらくその逆でしょう。尊大に育つことのないよう、子供の頃から公の場での立ち居振る舞いに慣れさせなければなりません」。不器用であっても質実剛健な「ドイツ人であること」も、彼女が重視したことの一つである。「自分が生まれながらのドイツ人であることを忘れず、善良さと正義感という我が民族を特徴づける資質をもちつづけてほしいものです」[3]。

このような母に対し、子供たちは畏敬の念をもって接した。「子供たちは母を、あの偉大なマリア・テレジアを、とても尊敬していました。しかし彼女はその子供たちを、ひどく怖がらせたのです」というマリア・カロリーナ(第一三子)の回想は、彼らが多かれ少なかれ共有した思いであったとみてよいだろう。長男ヨーゼフの最初の妻イザベラもまた、「皇后の子供たちへの愛情には、常に不信感と冷たさが混在している」と指摘した[4]。

「女性は常に間違っている」

キリスト教世界では、女性は男性に劣るとする見解が中世初期に定着した。その根拠となったのは、聖書にしばしば現れる次のような主張である。第1章でみたホーベルクの女子教育に関する発言はこれに基づくもので、一八世紀の啓蒙思想家たちも総じてこの見解を継承した。

婦人が教えたり、男の上に立ったりするのを、私は許しません。むしろ、静かにしているべきです。なぜならば、アダムが最初に造られ、それからエバが造られたからです。しかも、アダムはだまされませんでしたが、女はだまされて、罪を犯してしまいました。しかし婦人は、信仰と愛と清さを保ちつづけ、貞淑であるならば、子を産むことによって救われます。(5)

マリア・テレジアも、こうした主張に服した一人である。彼女はこの立場から、娘たちに対して男性への徹底した服従を説いてやまなかった。「私は自分の性別に偏見をもつこともなければ、必要な資質が見つかれば、それを国政から排除したいと思うほど不当でもありません」と語りもしたが、多く見られるのは次のような発言である。「私は女性が仕事に時間をかけすぎることに賛成しません。女性は夫たちを楽しませることがまず第一で、それが唯一にして最大の目的なのです」。(6)

マリア・テレジアいわく、妻は完全に夫に依存し、従順でなければならなかった。妻は夫に気に入られるよう努め、穏和の美徳で常に寄り添い、夫と親友になるよう努力し、完全な信頼関係を築かなければならない。一方で夫の迷惑にならないよう、夫の自由を削がないよう、夫に自分の気持ちを押し付けたり、影響を与えたり矯正したりしないよう気をつけなければならない。常に夫の望みを先取りし、喜ばせ、役に立つよう励まなければならない。夫の気まぐれにも優しく温かい気持ちで耐えなければならず、命令には従わなければならない。大声で非難すること、うるさく文句を言うこと、激しい喧嘩《けんか》をすること、尊大な態度や嫉妬などは厳禁である。「これは私たちの義務で

フランツ１世の似顔絵（マリ・アントワネット画）

す。世界は私たちを免責してはくれません。夫が誰であろうと、女性は常に間違っているのです」[7]。

この種の発言に接していると、マリア・テレジアは自らの言動に矛盾を感じなかったのだろうか、という疑問が湧いてくるだろう。ここで想起されるのは、自分は神意によってハプスブルク君主国の統治者になった、と彼女が確信していたことである。マリア・テレジアは君主としての立場と妻としての立場を分けたうえで前者を優越させることで、自らの振る舞いを正当化していたように思われる。

なお、夫のフランツ一世は没する直前、結婚生活の要諦について次のように書き残した。二つの人格が完全に調和することはあり得ず、一緒に幸せに暮らすうえでは温和と礼節が原則となる。完全な合意をめざすのは時間の無駄で、調和をめざすほうが良い。権威的な行動で自分の意志を押し付けず、自分のなかでバランスをとることが肝要である。妻の希望に譲歩し、重要でない点には固執しないことが、友情と相互信頼と快適な関係をつくる。これが彼が最後に到達した境地であった[8]。

「汝幸いなるオーストリアよ、結婚せよ」？

ハプスブルク家の婚姻政策というと、「戦争は他国にさせておけ、汝幸いなるオーストリアよ、結婚せよ」という言葉が持ち出され、ハプスブルク家は武力ではなく政略結婚によって勢力を広げたなどと語られることが多い。しかし、これは誤っている。彼らがこの言葉をモットーや家訓にしたことはない。ハプスブルク家が勢力拡大の第一の手段としたのは、ご多分に漏れず武力であった。また、この言葉の史料上の初出は一六五四年である。つまりこの言葉は、ハプスブルク家が婚姻政策との関連で勢力を急拡大した一六世紀前半には用いられていなかった。[2]

もっとも、古今東西の諸王朝と同じく、ハプスブルク家が子女の結婚をもっぱら政略的観点から考えたことは事実である。一七六〇年代に入ると、マリア・テレジアが産んだ子女たちが適齢期を迎えるようになったことで、政府はこの問題について本格的に検討するようになった。

選択の余地はあまりなかった。釣り合うとみなされるだけの格をもつ家門は限られ、かつカトリックであることが求められたためである（マリア・テレジアの母エリーザベト・クリスティーネはルター派だったが、カトリックに改宗してこの条件を満たした。しかし、同様の状況で候補者が改宗を拒み、破談となったこともあった）。さらに、外政上好都合であればいいが、継承戦争を惹起《じゃっき》するような危険は冒せない。このような条件からマリア・テレジア期には、フランスおよびイタリアのブルボン朝の諸家、あるいは神聖ローマ帝国内の有力諸侯との縁組が進められることとなった。

婚姻政策を進めるうえで、マリア・テレジアは良心の呵責《かしゃく》に悩みつつ、愛情より公益を優先した。「私の王「これは男性形で書かれている」としての第一の責務は、母としての気遣いや喜びに優先されねばなりません」「私は家族と子供たちをとても愛していますから、そのためには努力も苦難も配慮も労苦も惜しみはしません。でも、もし国益上必要で可能なことだと私の良心が認めた場合には、諸邦にとっての公益を、子供たちより優先するでしょう。私はそれら諸邦の母なのですから」。義理の娘のイザベラはいくぶん同情的にこう述べている。「その高貴な魂により、彼女はみなを心から愛している。しかし、友であり、君主であり、母であることは難しい」[10]。

ただ、結婚をめぐるこのような事情は、中近世においては一般的であった。当事者間の感情（愛情）は二の次で、一度も面識がない状態で結婚となることも珍しくなかったのである。なるほど近世になると、市民階級を中心として、恋愛感情に基づく結婚が徐々に認められるようになっていく。たとえばモーツァルトはこう述べた。「高貴なひとたちはけっして好みや愛情で結婚せずに、ひたすら利害やその他もろもろの付帯目的があって結婚します。［…］しかし、ぼくら貧しい平民たちは、愛し愛される妻を選ばずにいられないばかりか、そうしてさしつかえありません」[11]。

しかし、こうした考えが一般化するのは、かなりのちになってのことであった。そしてそれは、身分の高低によらなかった。たとえば農村社会においても、結婚は基本的に同じ階層のあいだだけで成立した。第1章でみたように、「貧しい小屋住み農にとって、農民はいかめしく青き血の流れる貴族であった」ので、「この二つに厳しく分かたれた階層のあいだで、釣り合わぬ婚姻が成就することは一度としてなかった。富裕な家の子も貧しい家の子も共に隣り合ってゆりかごに眠り、教会や学校に通い、また働いて、日曜にはダンスに興じて喜びを分かち合ったにもかかわらずである」（クートリッヒ）[12]。この間の事情を、社会学者ピエール・ブルデューは次のように説明している。

一九一四年以前には、婚姻は非常に厳格な規則により規制されていた。婚姻が家族的農業経営の将来全体を左右していたために、また婚姻が非常に重大な経済的交渉の機会でもあったために、さらにそれが社会的ヒエラルキーや、このヒエラルキーにおける家族の地位を再確認させることになったために、婚姻は、個人というよりも集団の関心事なのであった。結婚するのは

家族であったし、人は家族と結婚したのである。(13)

2　子女

皇帝ヨーゼフ二世

長男（第四子）ヨーゼフが生まれたのは、一七四一年三月一三日のことだった。オーストリア継承戦争の最中における、ハプスブルク家が長らく待望していた男子の誕生である。それだけに、マリア・テレジアの喜びはひとしおだった。七七年、彼女はこの日を振り返ってこう述べている。「私にとってなんと偉大な日でしょう。それは三六年まえに私のすべての行いを再び活性化させ、善なる神、この神のご意思が、我が一族が支配を維持することをお望みであるという希望を与えてくれました。なぜなら神は、最も重要な局面で、私に息子を与え給うたからです」。(14)

ヨーゼフははじめ甘やかされて育ったが、ハンガリー出身の大貴族で軍人のバッチャーニ・カーロイが養育係となってからは、一転して厳しい軍隊調の教育を施された。マリア・テレジアは未来の統治者たるこの長男のため、包括的な教育プログラムを作成させた。宗教教育は伝統どおりにイエズス会士、軍事教育はバッチャーニが担当し、倫理、道徳、哲学、数学、自然科学が一通り学ばれた。言語学習も重視され、ヨーゼフはドイツ語に加え、ラテン語、フランス語、イタリア語、ハンガリー語、チェコ語を（程度の差はあれ）習得した。さらに、ダンス、演劇、音楽などの芸術系の諸分野もカリキュラムに組み込まれていた。ただ、少年は才気に溢《あふ》れていたが、性急で粘り強さに

皇帝ヨーゼフ２世（即位前）

乏しく、学んだことが半知半解にとどまることが少なくなかった。また、強情かつ権高《けんだか》で、周囲に対し攻撃的・冷笑的な態度をとりがちという性向は、幼少期から顕在化していた。

　青年期に入ると、バルテンシュタインの監督のもと、ハプスブルク君主国の国情に絡めて歴史、地理、法学が教授された。そこではモンテスキューなどに基づき、王権神授説に拠《よ》りながらも旧来の国制を尊重し、強大な権力を濫用することなく公益の増進に努める「穏健な君主政」が推奨されていた。しかしヨーゼフが心中ひそかに育んでいたのは、それとまったく別の国家構想だった。

　一七六〇年以降、ヨーゼフには国政に参与する機会が与えられた。そして彼は、この時期から実施された（第二次）国政改革において、先のハウクヴィッツ改革の基本であった中央集権主義が後退し、複合的国制を是認する方針がとられるようになったことに、強い反発を示した。彼が六三年に『瞑想《めいそう》録』と題した覚書で披瀝《ひれき》した見解は、マリア・テレジアが（おそらく）三男レーオポルト以外の誰にも読ませずに秘匿し、一〇〇年以上後の史家さえもが完全な公開を躊躇《ちゅうちょ》して、「獅子の爪があまりにも残忍な姿を見せている箇所」をいくつか削除したほどに苛烈だった。

　ヨーゼフいわく、「国家のためにあらゆる善をなすことのできる絶対的な権力」は不可欠である。こうし私利私欲に走るだけの尊大な大物は有害なので、（大）貴族たちは衰えさせねばならない。

た考えには専制の匂いがするが、巨大な機構は一〇人の優秀な人物の同意を必要とする行政より、平凡でも一つの頭脳のほうが巧みに司ることができる。自分が提案するこの「束縛された専制」の実現には、諸邦と協定を結び、完全な権力を一〇年間握る必要がある。それを手に入れたら、すぐに貴族を攻撃する。我が宮廷を飾るのは、祝宴、舞踏会、ダイヤモンドが煌《きら》めくドレス、黄金に輝くホールや食器などではなく、充実した国力、整備された法律、正確な司法、整然とした経済、強力な軍隊、利益を上げる工業、そして尊敬される君主である。豊かに生きるための唯一の手段は、勤労と業績である。父親の名前以外何も持たないような無能を、国家が養うようなことがあってはならない。この成果主義に基づけば、必ずや逸材が現れよう。優秀な人間が熱心に働けば、書類仕事は減る。同時に行政の簡素化も進めれば、経費も半減できる。また国家のため、最も役立たずな存在である資本家に大打撃を与える必要がある。そしてこれからは、いかなる場合でも三パーセント以上の金利を払うべきではない。なぜなら国家は、借金を重ねられる状況にはないのだから。[15]

多少は軟化したり考えを変えたりすることもあったが、ヨーゼフは即位まえに形成したこれらの諸理念に、終生忠実であった。啓蒙専制君主として彼と並び称されるフリードリヒ二世やエカチェリーナ二世でさえ、専制という言葉を嫌って自らの統治を「穏健」と特徴付けようとしたことを考えると、[16]専制を堂々と肯定するヨーゼフの姿勢は際立っている。

政見だけでなく、性急、権高、独善といった性向も、一貫して変わることがなかった。ヨーゼフと近しかった(しかし最後には決別した)重臣のカール・ツィンツェンドルフは、ヨーゼフは「慌ただしく、苛々し、いつも急いで」おり、「自分だけが国を愛し、真実を知っていて、官吏はみな悪党か愚か者だと信じている、あるいは信じさせたいと思っているかのようだ」と指摘している。妥協や折衷を嫌悪し（「中途半端は私の主義に合いません」）、独断専行を好んで、辛辣で頭ごなしの物言いにより、多くの人々を傷つけた。[17]しかしその一方でヨーゼフは、その気になれば母親に劣らぬほど、人を魅了する力を持ってもいた。次に紹介するカウニッツ宛の短信を目にしたモーツァルトは、これこそ地位ある者による才ある者の遇し方の模範だと感激し、筆写して父に送った。

親愛なる侯爵よ。余はこの嗅ぎ煙草入れをなんとしてもそなたに送りたい気持ちを抑えることができぬ。これはブリュッセルから届いたばかりで、亡き陛下がカール侯［カール・ロートリンゲン］に賜った品だ。いかに汚れて迷惑なものであろうとも、そなたの卓上に在るためにこそ作られたと余には思えたのだ。そして時には、さまざまな人の面影を思い出してはくれぬか。これらの人たちはみな、それぞれ、とくにそなたには大事な務めを果たしてもらったことに大いに感謝しなくてはならない。余はその恩義を受けたひとりに過ぎぬが、みなの代弁者となることをためらわずに努めよう。みながこの点について、余と同様に考えていることを確信するからだ。ごきげんよう。そなたが余に対して常に変わらず寄せてくれる確たる友情に、この気まぐれを許してくれることを。[18]

（ヨーゼフがカウニッツに贈ったものと思われる）嗅ぎ煙草入れ

このようなヨーゼフの行く末を、周囲は大いに危ぶんだ。弟のレーオポルトは、「非常に才能があって活力に富み、理解力も記憶力も優れている」と讃《たた》える一方、「異議に耐えられず、凶暴な思考を持ち、高圧的で無慈悲な暴君」だと非難した。ヨーゼフと互いに憎からず思い合っていた（そしてそのためにかなり振り回された）エレオノーレ・リヒテンシュタインは、彼を「歩くパラドックス」と評し、多くの美質と善意の持ち主ではあるが、「統治に向いているとは言えない」と漏らしている。これに対し、彼女の姉で宰相カウニッツの長男に嫁《か》したレオポルディーネは、六九年の時点では理解ある鷹揚《おうよう》な態度をみせた。「エキセントリックな部分が多いことは認めます――おそらく私の親愛なる義父と同じくらいにね。でも彼の考えはすべて正しく、良い傾向にあると思うの」。しかし彼女はおよそ二〇年後、ヨーゼフの統治を、「神がこの国に下し給うた罰」とみなすことになる。(19)

トスカーナ大公レーオポルト（皇帝レーオポルト二世）

レーオポルトは、マリア・テレジアの三男（第九子）として、一七四七年五月五日にシェーンブルン宮殿で生まれた。当時関係の強化が図られていたロシアの女帝エリザヴェータが代母となった関係で、この子供はその父ピョートル一世にちなみ、ペーターと名付けられた。(20)しかし、実際にはもっぱら最初のミドルネームである「レーオポルト」が用いられ、本人もまたそのようにした。

レーオポルトの教育には、啓蒙主義を奉じる開明的な知識人が多く携わった。学業に熱心で、知的好奇心が非常に強かったことから、ほかの兄弟姉妹からはからかい交じりに「博士」と呼ばれた。ただ陰鬱《いんうつ》で内向的なところがあり、時折ひどく沈み込んで、周囲をしばしば心配させた。この傾向は最後まで彼につきまとうことになる。六一年、マリア・テレジアはこの息子を次のように評した。

レーオポルトは生まれつき善良で、寛大で思いやりのある心を持っています。抽象的なことでも、知りたい、調べたいという好奇心が旺盛です。運動もかなり達者にこなします。その一方で、悪い羞恥心を持っており、それが彼に無限の害をもたらしています。彼には、狡猾で小賢しい手段で目的を達成しようとするところがあります。それを見逃してはなりません。もっと開放的で、自信に満ちた雰囲気と姿勢、粗野でない発音と語調、積極的なアプローチと話し方を身につけてほしいと思っています。庶民や俗な言葉遣いを非常に好みます。[21]

トスカーナ公レーオポルト（ファブリーニ画、1770–80年）

次兄カールが六一年に早逝していたため、レーオポルトは父の没後、次子領であるトスカーナ大公国の統治者となった。ここで彼は在地有力者層との合意形成を重視しつつ改革を進め、共同体制度の導入によるフィレンツェ中心主義の抑制、地域の実情に即した分権化の推進、穀物取引の自由化、国家教会主義の推進、ヨーロッパで初めて死刑と拷問を廃止した刑法典の制定、女性のための種々の学校の設立、公衆衛生制度の再編、ウフィツィ美術館の一般公開、『百科全書』の出版助成など、多くの業績を残した。既存の社会構造とそれに起因する問題には手をつけなかったため、永代小作契約の奨励による自営農民創出の試みなど、社会的公正を意識した農業・税制改革は頓挫したが、こうした一連の業績により、啓蒙君主レーオポルトの名はヨーロッパにあまねく知れ渡った。[22]

ただレーオポルトも、母と同じく国民の動静の監視には熱心であった。トスカーナを訪れた際、アメリカ建国の父の一人ベンジャミン・フランクリンは、レーオポルトを称賛する一方で「穴という穴を嗅ぎまわっている」と評している。トスカーナでは情報提供者のための投書箱が用意され、そこには誰もが匿名で、根拠のない噂話や非難なども含めて投函することができた。[23]

レーオポルトは、子女の教育指針に「統治する領邦を愛し、その特性を尊重する意識を子供たちに育むためには、いかなる労苦も惜しんではならない」と記し、複合的国制を是とする連邦主義的統治理念を尊んだ。さらに彼は、「最高の専制君主の支配下にあっても、人は安らかに眠ることはできないし、彼が悪い顧問の影響を受けて暴君にならないか、あるいは彼の後継者がそうならないかどうかは分からない」とも考えていた。こうした信条から、レーオポルトはハンガリー、南ネーデルラント、ティロールなど、とくに分権志向の強いハプスブルク諸邦の国制に加え、イギリスやスイスやアメリカの国制までも参照して、君民共治と分権性を基調とするトスカーナ憲法の作成に取り組んだ。ただこの憲法は、兄帝ヨーゼフへの遠慮などにより、発布されることなく終わった。[24]

さらにレーオポルトは、身分制社会の枠組みを緩和し、政治をより多くの人民――ただし一定の社会的ステータスと教養を有する「啓蒙された市民」――に開かれたものとすべきと考え

フィレンツェ（ベロット画、1740年）

た。この信条から、彼は後年フランス革命の勃発を歓迎し、この機会にフランスで立憲王政が成立することを期待した。そして国民を代表する立法機関によって行政権力が制限されるなどの改革が実現し、フランスが国民にとって「真の祖国となり、他国の模範となる」ことを望んだのである。「どの国でも人民と君主のあいだで根本原則あるいは契約が交わされ、これに従って君主の権力は制限されるべきである」「行政権は君主にあっても立法権は人民とその代表者にあり、君主が代わる際に彼らは新たな条件を追加することができる」と唱える、このような開明的な君主を、以後ハプスブルク君主国は持たなかった。なお、この点でレーオポルトに賛同した者たちは、彼の没後に敷かれた保守反動路線に反発し、より民主的な立憲国家を求める行動を起こして、厳しく弾圧されることとなる（「ウィーン・ジャコバン」）[25]。

このようなレーオポルトの政見は、母とも兄とも異なっていた。マリア・テレジアは複合的国制を容認するようになっても、人民主権の理念には終生まったく理解を示さなかった。「私たちが答えるべき相手は、聖なる法に従って民を統治するため、私たちをこの地位におかれた御方以外にはいないのです」。しかし、レーオポルトはこう述べている。「支配者は神から直接権力を授かっているので、不正な場合でも不服従や抵抗は罪になるという、佞臣《ねいしん》や聖職者が自分たちの利益のために主張したことは、もはや真実ではない。彼らはパウロの一節を歪曲したのだ」[26]。

マリア・テレジアは、猜疑《さいぎ》心が強すぎるために人嫌いになり、自分も周囲も不幸にしているとして、レーオポルトをしばしば厳しく叱責した。しかし彼が支配者として実を上げるようになると、徐々に評価を高め、ほかの子女にも模範とするよう勧めるようになる。信頼の度合いもヨーゼフとの対立が深まるにつれて高まり、最晩年にはカウニッツに比肩する域にまで達したように思われる。

しかしレーオポルトが徹底して自らの真情を秘匿したため、彼女はこの息子がヨーゼフとは別種の、しかし同じほど彼女から縁遠い思想信条の持ち主であることには、最後まで気がつかなかった。

一方ヨーゼフは、(彼の対人関係の常として衝突は絶えなかったが) 基本的にレーオポルトを話の分かる賢弟とみなし、率直に胸の内を明かした。これに対しレーオポルトの胸中には、先述したように、この兄に対して愛憎半ばする思いが渦巻いていた。しかし彼は母に対してと同様、兄に対しても自らの真情を隠し通し、次のような独白を暗号を使い秘密裡に記すだけに留めた。

［ヨーゼフは］原理原則というものを持たず、勤勉でもない。誰とでも争い、ののしり、脅すことで皆に恐れられている。その才能によりすべての上に君臨し支配できると信じていて、あらゆる者を軽蔑している。官吏、全世襲領、ハンガリー、ネーデルラントなどに関し、特権を取り上げるなどの構想を話すときは、信じられないほど専制的で無分別な態度をとる。こうしたことが公に知れ渡っているために非常に憎まれ、恐れられ、そして批判されている。(27)

パルマ公女イザベラ

マリア・テレジアの子供たちのなかで、最初に結婚したのは長男ヨーゼフだった(一七六〇年一〇月)。相手はフランス王ルイ一五世の孫娘にあたる、パルマ公女のイザベラである。七年戦争が佳境を迎えるなか、フランスとの同盟関係をより深めようという意図に基づく婚姻であった。

イザベラは知的好奇心が旺盛で、読書を好み、通常の域をはるかに超える教育をうけた。多種多様な学芸に通じ、機械工学や軍学までも学んで、スポーツにも親しんだ。ザクセン公子アルベルト

パルマ公女イザベラ（ナティエ画、1758年）

（後述）によれば、「まだ二〇歳にも満たないこの驚くべき女性は、すべての立派な心的資質を備えているだけでなく、最も優秀な若い男性に期待できるすべての情報と才能を持っていた」[28]。

イザベラには文才もあった。「男性についての論考」という小文では、男性は虚栄心と自己愛の塊で、「悪を行い、忍耐力を酷使し、騒ぎを引き起こし、世界のすべてを混乱させることにしか能のない、この世で役に立たない動物」だと書いている。彼女によれば、男性は何でも他人のせいにし、自分のことは何でも肯定するのが常で、理性を奪われた動物よりも理性的ではない。そして男性は女性に対する劣等感から、女性を服従させようとする「奴隷制」をとっているのだった[29]。

イザベラは、自分と周囲にもシニカルな観察の目を向けた。彼女は敬虔なカトリックだったが、マリア・テレジアと違い、「人間は生まれながらにして自由であり、自由を愛している。たとえ実際に自由を得ることがなくても、常に自由を求めて努力する」と考えていた。そんな彼女にとって、王侯の娘の運命は「間違いなく最も不幸なもの」であった。生まれた時から人々の先入観の奴隷で、無力な身でありながら、地位や名誉に付随する多大で煩瑣《はんさ》な礼儀作法に悩まされる。男性の自尊心を傷つけないよう気を遣い、人生の最大の喜びであり誰もが享受できるはずの社交の楽しみを奪われて、知人も友人も得られない。また、家族のなかでも楽しみや憩いを見い出せるとは限らず、宮廷内の陰謀劇にも注意する必要がある。そして最後には政略結婚のため、夫となる未知の人に合わせて自己形成するよう求められ、すべてを放棄させられる。これは公益のためとされるが、実際には、二つの家門が提携する方策を結婚以外に見出せない大臣が推進する不幸な政策が原因である。(30)

ウィーンに嫁《か》してきたイザベラは、このような心中を秘め隠して模範的に振る舞い、宮廷中を魅了した。マリア・テレジアに「自分の子供と同じくらい、いや、それ以上に彼女を愛しています」と言わしめ、義父のフランツ一世を満足させ、夫のヨーゼフにも熱愛されたのである。「この公女の類い稀なる美質に対する両陛下のお喜びようは、とても筆舌には尽くせない」（カウニッツ）。

しかし、イザベラが同じくらいの愛情をもって義母と夫に相対したとは言いがたい。彼女はマリア・テレジアを、優秀で思いやりがあるが、ナイーブで優柔不断で、不信感が過剰で気まぐれなところがあるとした。彼女はこのナイーブで不信感が強いという評価を、夫ヨーゼフにも下している。

彼女が熱烈な情愛の対象としたのは、義妹のマリー・クリスティーネ（後述）であった。イザベラにとって彼女は、「あらゆる生き物のなかで最も可愛い」「私の天使」であった。イザベラがマリー・クリスティーネに送った書簡には熱烈な愛情が溢れんばかりに漲《みなぎ》っており、モーツァルトが従妹に送ったいわゆる「ベーズレ書簡」を想起させる、大胆かつ奔放な性的表現も多々登場する。二人はあらゆる事柄を率直に語り合い、文字どおり赤裸々なやり取り（「私は大天使のように可愛い貴方のお尻にキスします」など）や戯《たわむ》れに興じるほど親密であった。(31)

ただ、自らたびたび告白したように、イザベラには鬱の気があり、気分の浮き沈みが激しかった。やがて彼女は死に対してある種の憧憬《しょうけい》を抱き、死期が近いと繰り返し口にするようになる。そして六三年、二人目の子を宿した状態で天然痘に罹患《りかん》し、二二歳で世を去った。

バイエルン公女マリア・ヨゼーファ(マイテンス画、1765年頃)

マリア・ヨゼーファとマリア・ルドヴィカ

フランス大使が「この種の損失をすでに何度も被っている両陛下が、このような絶望に陥ったことはない」と驚いたほど、皇帝夫妻はイザベラを失って悲嘆に暮れた。ヨーゼフもまた、「すべてを失った」「人類にとって何という損失」と愛妻の死を深く嘆いた。しかし周囲は、その心中を慮《おもんぱか》りつつも未来の当主たるヨーゼフが独身でいることを許さず、すぐさま再婚に向けて動き出した。

これに対しヨーゼフは、「継承が何だと言うんだ。私が授かる子が弟〔レーオポルト〕のように立派になる保証がどこにある?」と気色ばんで抵抗した。しかし容れられず、再婚相手にはバイエルン公女マリア・ヨゼーファが選ばれた。この決定の背景には、当時バイエルン公家に男子がなく、男系断絶の場合には――オーストリア継承戦争の時とちょうど逆に――ハプスブルク家がバイエルンを獲得できる可能性が浮上していたことがあった(後述)。

しかしヨーゼフは、気立ての良さは認めたものの、容貌や教養の不足などを言い立てて、マリア・ヨゼーファを遠ざけた。そして六七年に彼女が天然痘により没すると、冷たい仕打ちを悔やむ様子を多少見せたものの、葬儀には出席せず、以後は独身を貫いた。ケーフェンヒュラーは残念そうに書いている。「もし皇帝が、彼女の容姿や決して洗練されているとはいえない物腰に慣れ、最初の妻が持っていたような卓越した知性を彼女に求めなかったとしたら、皇帝に対する過剰なまで

……なったに違いない」。(32)

……と親密な関係を育み、……うち一〇人が成人し……、この夫妻のもとに……）が誕生した時、マ……の宮廷劇場に駆け込み、自分の桟敷席から「レーオポルトに男の子が生まれました！」と叫んで、万雷の喝采を浴びた。その場に居合わせたマリ・アントワネットは、その時のことを後年こう回想している。

「当時私はまだほんの子供でしたが、私の愛するママがお姿を現されて誰もが感激したことを、はっきり感じました」。(33)

マリア・ルドヴィカとその家族（右から二番目の少年が後年の神聖ローマ皇帝フランツ二世）

　マリア・ルドヴィカは、多くの子（とくに男子）を産む一方、常に慎ましく貞淑に振る舞って、義母の期待に十二分に応えた。しかし、水面下ではさまざまな分野で活動していたらしく、夫妻は家庭のことのほかも活発に話し合っていた。マリー・クリスティーネによれば、レーオポルトは政務であろうと子供のことであろうと、彼女に相談せずに事を進めることはなかったという。(34)

マリー・クリスティーネとザクセン公子アルベルト

母の二五歳の誕生日に生まれた四女（第五子）のマリー・クリスティーネは、才気煥発《かんぱつ》で、英語も含めた多言語を解し、画才にも恵まれていた（自画像や家族の生活風景を題材とした複数の作品が残っている）。先述したように、長兄ヨーゼフの妻となったパルマ公女のイザベラとは、とりわけ親密な仲となった。イザベラの情熱にはいささか気圧《けお》されていたようだが、生涯手元においていた祈禱《きとう》書にはイザベラとその娘を描いた細密画を入れており、そこにはこう書き留めている。「私は最良の親友を失った。この女性はすべての美徳に恵まれていた。彼女は天使のように生きて死んだ」[35]。

マリー・クリスティーネは、母からとくに愛された。しかし、そうした母との距離の近さが災いしてか、ほかの兄弟姉妹との関係はあまり良くなかった。ただ彼女も結婚に関しては、母の意向の影響をうけた。初めて好意を抱いた相手との接近を阻まれ、母の心を摑んだザクセン公子アルベルトと結ばれることとなったのである。もっとも最終的には、二人は相思相愛の仲になった。

アルベルトはポーランド王兼ザクセン選帝侯アウグスト三世の六男で、ハプスブルク軍の将校として七年戦争に従軍した経験を持ち、ウィーン宮廷での評判も良く、ハプスブルク家の面々とも親しくしていた。ただ、言うなれば一国一城の主となる可能性のほとんどない身であり、ハプスブルク家の息女の結婚相手としてふさわしいかは疑問であった。しかし、マリア・テレジアは二人の結

皇女マリー・クリスティーネ（自画像、1765年）

婚を独断で決定した。歴史家バーバラ・シュトルベルク＝リリンガーが指摘するように、この決断の背景には、夫を亡くしたばかりのマリア・テレジアが、最愛の娘の結婚に自分のそれを懐古的に重ね合わせたことがあるように思われる（「しばしば彼らは私に、過ぎた日の喜びを思い起こさせてくれます」）[36]。この結婚の異例さについて、ケーフェンヒュラーは次のように記した。

私が簡単に付け加えたいのは、女帝陛下が会議に諮ることなく、ただご自身の発意とこの若君に対する好意のみから、この決定を下されたということだ。もちろん、この御娘への並々ならぬ愛情や、彼女［マリー・クリスティーネ］自身が（あらゆる良識と謙虚さをもって）公子に示された愛情も大いに貢献したのだが。彼女［マリア・テレジア］は、この結婚は国家の格式に照らして最も立派なものとは言えず、率直に言って乞食の結婚とみなされ、個人的な愛情と緊密な血縁によってのみ許されるものとなろうということを、私にもほかの大臣たちにも、明確にお認めになった[37]。

結婚後、夫妻ははじめハンガリー、そしてのちには南ネーデルラントの総督を任された。しかし兄帝ヨーゼフの意向により、実権はないに等しかった。マリー・クリスティーネはこうした扱いやヨーゼフの専制的な統治に反発し、思いを同じくする弟のレーオポルトと親しく交流するようになるが、なしうることは限られていた。一方でこの夫妻は学芸の保護に尽力し、膨大な美術コレクションを残した。その功績は、今日ウィーンのアルベルティーナ美術館でしのぶことができる。

マリア・アマーリア

一七六八年、ハプスブルク家では二つの慶事が祝われた。六女（第八子）のマリア・アマーリアと八女（第一三子）のマリア・カロリーナが相次いで結婚したのである。しかしどちらの結婚も、異なる意味で波乱含みのものとなった。

マリア・アマーリアは、歌などは得意であったが学業には身を入れず、気分屋なところもあって、周囲はかなり手を焼いた。最初に好意を抱いた相手との結婚を身分の違いと政略上の利点の乏しさから反対され、パルマ公フェルディナンド（ヨーゼフの最初の妻イザベラの弟）との結婚を強要されたことで、母娘の仲は悪化した(38)。娘たちが嫁《とつ》ぐ際、マリア・テレジアは訓戒を渡すことが常だったが、マリア・アマーリアに宛てたそれは、最も苛烈な内容をもつものとなった。

パルマ公女マリア・アマーリア（マイテンス画、1767年頃）

貴方は、実に有用で広く一般に普及し、いまや世界中でほとんど不可欠となったすべての学芸に対し、何の関心も抱かなかったことを自覚しているでしょう。貴方は、この目的のために捧げられてきたすべての努力と献身を避けてきました。私は、貴方を教えるために苦労したすべての人々に、何も見逃していないことを正当に伝える必要があります。この最近の三年間を、貴方は利用しようと思えばできたはずです。この失われた時間を悔やまず、恥ずかしがらずに、足りないものを身につけてほしいと思います。［…］貴方の夫のように才気ある学識豊かな人と、貴方はいったいどのように接していくのでしょう？　彼と何を話すのですか？　ここでの出来事や子供の頃のこと？　旅行のこと？　私の病気のこと？　彼にとって未知で、興味も価値もない人たちの武勇伝の類ですか？[39]。

ただ、マリア・テレジアの危惧は思わぬかたちで杞憂《きゆう》に終わった。結婚相手のフェルナンドは怠惰で才気に乏しく、政務に不熱心だったのである。夫と不仲となったマリア・アマーリアは気ままに振る舞うようになり、政治を乱した。これに対しマリア・テレジアは、パルマに対して共に後見的な立場にあったスペインおよびフランスと共同歩調をとり、行いを改めて支配欲を抑制し、佞臣を遠ざけるよう再三勧告したが、娘は耳を傾けなかった。スペイン王カルロス三世は、七二年にマリア・テレジアにこう書いている。

残念ながら、私たちはパルマではうまくいっていません。若い君主夫妻は真っ当で節度ある行動をとるべきです。私たちは互いにできることはすべてやりましたが、何の成果もありませんでした。しかし正しい目的を達成するため、そしてこのような生活を続ければさらに大きな困難に陥りかねない子供たちを見捨てないため、新しい手段を常に模索することが父親の務めというものです[40]。

しかしこの年、マリア・テレジアは娘との絶縁を決意し、家族にも交流を禁じた。フランスとスペインも追随し、財政支援を打ち切るなどの措置をとった。このためマリア・アマーリアが男子を出産した時にも、公に祝意が表されることはなかった。知らせを届けたカウニッツに、マリア・テレジアはこう返答した。「最も幸福に値しない人がたいてい最も幸福になる、それが世の中というものです。すぐに知らせてくれて感謝します。私の母としての心は、私が味わわされた数々の仕打ちにもかかわらず、まだ失せてはいません。生まれた子供が平和の子であることを願います」[41]。

家族間の交流はやがて再開されたが、関係の修復はかなわなかった。七六年にパルマを訪れたザクセン公子アルベルトは、マリア・アマーリアがあまりに変わっていたのではじめ認識できず、かつての魅力や美しさは失われていたと述べている。彼女がウィーン訪問を希望した時、マリア・テレジアは周章狼狽《ろうばい》し、ヨーゼフは来るならウィーンには一日たりとも留まらないと宣言した[42]。

マリア・カロリーナ

十女（第一三子）のマリア・カロリーナは、ブルボン系のナポリ王フェルディナンド四世と結婚した。本来は九女（第一二子）のマリア・ヨゼーファが嫁ぐ予定だったが、彼女が天然痘に罹患して急死したため（後述）、一つ下のマリア・カロリーナにその任がまわってきたのである。駐ナポリ大使を務めていた宰相カウニッツの長男エルンストは、この件について父に対し、「結婚の準備は万端なので、あとはただ婚姻届や委任状の名前を変更するだけです」と報告した[43]。

相手のフェルディナンドが暗愚で知られていたため、この結婚には初めから困難が予想されていた。マリア・テレジアはこれについて、マリア・ヨゼーファの養育係にこう弁明している。

私は貴方に、この結婚がもたらす利益を重んじたことを隠すことはできません。でも、私の母心はこの上なく動揺しています。私はかわいそうなヨゼーファを政治の犠牲者だと考えています。ただ、彼女が神と夫に対する義務を果たし、自分の魂の救済のために尽くしてさえくれれば、たとえ彼女が不幸になっても、私は満足するでしょう[44]。

状況は予想以上に深刻だった。マリア・カロリーナいわく、ナポリの宮廷は華麗だが佞臣だらけで、「私たちが悪習としているものが、ここではみな礼儀作法」であった。結婚当初については「もう一度経験するくらいなら死んだほうがまし」で、最愛の妹マリ・アントワネットが自分と同じ思いをしなくてすむよう、助言させてほしいと強く望んだ。「大げさでなく、もし私の信仰が「神を思え」と告げなければ、私は自殺していたでしょう。あのわずか八日間の生活は地獄のようでした」[45]。

ナポリ王妃マリア・カロリーナ（カウフマン画、1782年頃）

しかしマリア・カロリーナは忍耐強く振る舞い、徐々に状況を改善させていった。マリア・テレジアが「自分に最もよく似ている」と評したこの王妃は、カウニッツなども認めるほどに知的好奇心や理解力が高く、判断力も優れていた。彼女は夫を「ただ義務感だけから愛する」ことしかできなかったが、「ひどく醜いが、性格については言われているよりもずっと良い」と判断し、その教化にある程度成功した。また、母マリア・テレジアの子供たちへの接し方には先述のとおり批判的だったが、自分の子供たちの養育においては母と同じく厳格に臨み、母のものとよく似た訓戒を与え、かつて自分が母に苦言を呈された点（たとえば礼拝における不熱心さ）をも事細かに注意した。[46]

マリア・カロリーナは学芸の振興に熱心で、カゼルタ宮殿の造営やポンペイ遺跡の発掘を後援した。また、周囲に啓蒙知識人を集めて統治にあたり、ウィーンやスペインの介入に抵抗した。それは必ずしもハプスブルク君主国の利益に沿うものではなかったが、マリア・テレジアは時に戸惑い立腹しながらも、この娘の力量を評価し、マリ・アントワネットには手本とするよう繰り返し伝えた。「彼女は貴方の良き手本や励みになるはずです。なぜなら、彼女の状況はあらゆる点で貴方よりもはるかに困難だからです。彼女はその精神と敬虔さで、これまで大きな困難を乗り越えてきました。彼女は私の慰めであり、一般の人々からも支持されています」。後年、ナポレオン戦争期に共闘することとなったイギリスの海軍提督ホレーショ・ネルソンも、マリア・カロリーナに強い印象を受け、「まさしくマリア・テレジアの娘」と称賛した。[47]

フェルディナントとマクシミリアン・フランツ

四男（第一四子）のフェルディナントは、母に対して従順であった。ロンバルディーアの総督となってからもこの姿勢は変わらず、モーツァルトの雇用や焼失した劇場の再建案――こうして誕生したのがスカラ座である――といった案件についても、母に細かく伺いを立てている。不摂生・不勉強・不信心を咎《とが》められたり、犬に熱中しすぎないようにといった注意を受けたりしてもとくに反発した様子を見せなかったが、これが彼の処世術であったのかもしれない。[48] マリア・テレジアも

スカラ座

ミラノ大公フェルディナント

（小言は欠かさなかったが）この息子にはやや気軽に接し、近況を伝える手紙を週に一度以上の頻度で書き綴《つづ》った。

　フェルディナントは充実した教育を施されたが、特段の政見は持たず、カウニッツの意を受けた大臣フィルミアンに統治をほぼ一任した。ただこの「放任」により、結果としてロンバルディーアはトスカーナと並び、マリア・テレジア期のハプスブルク君主国において啓蒙改革が成功した地域となる。七一年にモデナの公女マリア・ベアトリーチェと結婚したが、彼女は申し分のない立ち居振る舞いで夫の心をつかみ、人々を魅了して、マリア・テレジアからも高く評価された。七三年、二〇歳を目前にしたフェルディナントは母からこう説教されている。「貴方の奥様はいつも、とても有用な本を好んで読んでおられます。奥様を真似て、毎日一時間、本を読む時間を設けなさい」[49]。

　末子のマクシミリアン・フランツは、軍人となってハンガリー総督を任される予定であった。しかしバイエルン継承戦争（後述）で足を患い、軍務に従事できなくなる。このため彼は、神聖ローマ帝国におけるハプスブルク家の存在感を高めるとともに、飛び地状態にある南ネーデルラントとの関係強化を図るべく、選帝侯位を有するケルン大司教の座に就くことになった。

ケルン選帝侯マクシミリアン・フランツ（左）、ルイ16世（中央）、マリ・アントワネット（ハウツィンガー画、1778年）

時に不満を漏らしながらも、「期待以上の優しさ、従順さ、堅実さを持ち、父親によく似ている」とマリア・テレジアが評したこの末息子は、母の没後、ケルンで行財政や司法や教育に関する改革に取り組み、成果を上げた。彼はレーオポルトに似た穏健な政治志向の持ち主で、立憲主義に理解があり、改革を無理強いせず、既存の勢力との協調を図る柔軟性を持ち合わせていた。さらに彼は、兄帝ヨーゼフが再三持ち出した南ネーデルラントとバイエルンの交換計画や聖界選帝侯を従属させようとする帝国政策に対し、ほかの帝国諸侯と共に反対するなど、決断力と行動力を兼備してもいた。[50]ただその功績の多くは、ナポレオン戦争がもたらした動乱のなかで掻《か》き消えてしまうことになる。

マリ・アントワネット

ヴェルサイユからギロチンへという運命の激変により世上名高いマリ・アントワネット（一一女、第一五子）は、フランスの王太子ルイ・オーギュスト（のちのルイ一六世）と一七七〇年に結婚した。彼女は活発で愛らしく、後年ヨーゼフが驚きをもって認めたように、利発でもあった。しかし「軽率、不注意、我を通そうとする強情さ、そして嫌なことを巧みに回避する要領の良さ」（マリア・テレジア）が災いし、甘やかされて育ったため、十分な教養を身につけるには至らなかった。[51]
マリ・アントワネットは、はじめフランスで温かく迎えられた。結婚から三年が経った七三年に夫とパリを初めて訪れた際には、偉大なマリア・テレジアの娘にふさわしい優美さを持っていると讃えられ、熱烈な歓迎を受けている。この時の感激を、彼女は母親にこう書き綴った。

> 想像を絶する栄誉が私たちに降り注ぎました。でも、確かにそれらは素晴らしいことでしたけれど、私は何よりも、貧しい人々の愛情と熱意に感動しました。あの者たちは重税に苦しんでいるにもかかわらず、私たちに夢中になっているのです。［…］帰るまえに手を振ると、とても喜んでくれました。このようにささいなことで全国民の愛を得られるとは、何と幸せなことでしょう。これほど貴重なことはありません。私はそれをしっかりと感じ、決して忘れないつもりです。[52]

しかし、この決意は守られなかった。王太子夫妻の仲は、趣味や性格上の不一致、そして（「愛撫を二倍に」といった助言も空しく）結婚がなかなか「完全に実現」しなかったこともあって、親密なものとはならなかった。そしてヴェルサイユで陰謀と追従の渦に巻き込まれるうち、マリ・アントワネットは、好奇心を抑えて人との接し方に注

マリ・アントワネット（皇女時代）

意し、慎み深く振る舞うようにという母の訓戒を軽んじるようになる。そして人の顔を見て笑ったり、少数の取り巻きと陰口や噂話に興じたりといった驕慢《きょうまん》な言動と享楽的な生活によって、徐々に宮廷内で声望を弱めていった。(53)

こうした行状は義父のフランス国王ルイ一五世の眉をひそめさせ、母親による絶えざる叱責の的となった。しかし効果はなく、マリア・テレジアは娘の前途を不安視するようになる。そして、王妃となった暁にはマリ・アントワネットに意志薄弱な夫を操らせ、彼女が実権を握るよう仕向けてはどうかという駐仏大使メルシー＝アルジャントーの進言を、次のように言って退けた。

正直なところ、私は娘に大きな影響力を持たせたいとは思いません。私は自分の経験から、巨大な君主国の統治がいかに重い負担であるかをよく知っています。さらに、私は娘の若さと軽さ、それに加えて物事に熱心に取り組むことができず、無知であることを知っているので、現在のフランスのように荒廃した君主国で成功するかどうか、いっそう心配になります。(54)

七四年にルイ一五世が没すると、事態はさらに悪化した。王妃となって力を増したマリ・アントワネットは、お気に入りの取り巻きを優遇し、（夫を含め）ほかの貴顕たちを軽んじた。しきたりや慣習などを十分な配慮なく改変し、宮廷内の秩序や諸関係を掻き乱した。「退屈するのが怖い」と言い、ファッション、宝石、賭博そして舞踏会に時と金を費やした。さらに大臣の任免などに口出しし、改革の試みをしばしば妨げた。こうした所業により、彼女は多くの敵を作ることとなる。(55)

マリア・テレジアはメルシーなどを通して、こうした娘の行状を逐一把握していた。そして娘が

「破滅に向かって突き進んでいる」ことに心痛し、無駄だと半ば悟りつつも、ウィーンから苦言を呈しつづけた。「あなたの幸せは一変するかもしれず、あなたは自分の至らなさのために、この上ない不幸に陥るかもしれないのです。それはこれまで恐るべき享楽欲に身を任せ、王妃として身を入れてするべきことに時間を割かなかった結果です」。

メルシーもまた、「仕事や真摯《しんし》な思考を伴うものに対する極度の嫌悪感を克服する必要がある」として、「遊び方を少し変えたり、好き嫌いをなくしたり、慈善活動を少し増やしたり、真面目で役に立つものに興味を持ったりするだけでよいのです」と繰り返し諭した（なおメルシーは、最後までマリ・アントワネットに忠実だった。しかし、革命の動乱のなかで彼と共に彼女の救出活動に尽力したスウェーデンのフェルセン〔フェルゼン〕いわく、「彼女とメルシーを結びつけていたのは、ひとえに母君だった」[56]）。さらに兄帝ヨーゼフは七七年にフランスを訪れた際、「将来間違いなく生じる、ぞっとするような事態」について妹に直接話し、行いを改めなければ「革命は残酷なものになるだろう」と警告した[57]。

駐仏大使フロリモン・クロード・メルシー＝アルジャントー

だが、すべては徒労に終わった。子宝に恵まれるようになると、派手な夜遊びなどは影を潜めた。しかし政治（人事）への口出しは続ける一方、離宮プチ・トリアノンに国王さえも無許可では立ち入れない私的空間を作って取り巻きだけと過ごし、王妃としての公的な役回りを忌避した。母のように人を魅了する力を持っていたにもかかわらず、こうしてマリ・アントワネットは信望を失い、淫奔で軽薄な浪費家の「オーストリア女」と攻撃されるようになる。この原因をミソジニー（女性蔑視）、政治闘争、あるいは政治文化の変容に求める見方もあるが、彼女が「国王を始め大事にすべき人々を誰一人大事にせず、彼女の住む国では決して不器用ではないあらゆる悪人たちに、彼女を攻撃する武器を毎日提供」（カウニッツ）していたことも、重大な誘因とみるべきだろう(58)。

一方で姉のマリア・カロリーナと同じく、マリ・アントワネットも、子供たちの教育には母同様の厳格な態度で臨んだ。養育係に与えた指南書には、当時まだ四歳の息子ルイ＝シャルルについて、「良い子」と繰り返しつつも、軽率で利《き》かん気で口が軽く、話を盛る癖があると手厳しく書いている。「私の息子は読むことができません。それに、とても覚えが悪いのです。あまりに軽率過ぎて、集中力がないのです」。そして死刑判決後にしたためた生涯最後の手紙においては、子供たちが「自分が絶えず教えてきた」ように、「原理原則を守って自らの義務を誠実に果たすことこそが人生の一番大切な基本」であることを理解するよう望んだのだった(59)。

第6章　三頭体制

1　新世代と共に

「公民」たち

先にも述べたように、ハプスブルク君主国は七年戦争ののちにシレジアの奪還を諦め、プロイセンが列強の一角を占めるに至った現実を認めたうえで、大国たる地位を維持していくことを目標とするようになった。カウニッツはこう述べている。「私の思うところ、オーストリア君主国は、賢く運営し組織されれば、華々しい征服など必要ないほどの強国にのし上がることができるだろう」(1)。

夫の皇帝フランツ一世の没後も、マリア・テレジアはハプスブルク君主国の統治者でありつづけた。そしてヨーゼフは、父から帝位とハプスブルク君主国における共同統治者の座を共に受け継いだ。ヨーゼフは父と違い、ハプスブルク君主国の統治に積極的に参与したが、マリア・テレジアとは政見を異にすることが多く、両者のあいだには軋轢《あつれき》が絶えなかった。

一方カウニッツは、国政を総攬《そうらん》する宰相の地位を確固たるものとし、その権勢に並ぶ者はなくなった。こうしてマリア・テレジアが没するまでの一五年間、ハプスブルク君主国は事実上、マリア・テレジア、ヨーゼフ、カウニッツの「三頭体制」により統治されることとなる。

この時期には、マリア・テレジアの時代に生育した開明的な貴族・市民が台頭し、政官財を広範に掌握して、政治と社会の担い手となった。公益への献身と自助自立をモットーとし、啓蒙と「(社会的)規律化」の精神を身につけた「公民(〔シュターツ〕ビュルガー)」の登場である。新帝ヨーゼフと弟のトスカーナ大公レーオポルトは、その象徴的な存在と言ってよいだろう。このような「啓蒙された男性」の特徴を、同時代の作家ヨハン・ペツルは次のように描写した。

私にとって啓蒙された男性とは、道徳的感情が正しく形成された人、偶然または法が定めた職業に満足できる人、熟慮して正しく行動する人、仕事を愛し、法を敬い、教えを素直に受け入れ、公私両面で秩序を愛し、節食して健康に留意することを習慣化している人、過分な支出を望まない人、社会生活上必要な能力を完成させようとする人、市民、友人、夫、父としての義務を知っていて実践する人、市民社会では全体の維持のために個人が責務を負い、必要なら私益を犠牲にしなければならないことを知り、躊躇せずに実践する人、国家が公に支持している宗教を不当に攻撃せず、ほかの信仰を得たとしてもそれを心中静かに留めおく人、最後に、自分の存在を楽しみ、快適で長く平穏な人生を楽しむ知恵のある人、のことである。(2)

ただそれでも、国家の運営に必要な資源は、人的にも物的にも不足したままだった。マリア・テレジアが統治した四〇年のあいだに、役人の数はおよそ四〇〇〇から一一〇〇〇に増加した。しかし、領土の広さと多様性、そして（すべてを国家の監督下におこうとする志向が必然的に生じさせる）処理すべき案件の激増を前にしては不十分であった。このため、四〇年代には年平均で二五〇〇通の文書を扱っていたある官庁が、七〇年代には二・五倍程度にしか増えなかった人員で一万通を超える文書を処理しなければならなくなるといった状況が、至るところで生じた[3]。

こうした事情から、改革が実効性のあるものとなるかどうかは、諸邦で依然として強力な諸身分、とりわけそのなかの開明的な勢力との協働の成否に左右されることとなった。また、実行段階では多くが現場に丸投げされたので、改善の試みは個人の能力や意欲に依存するところが大きくなり、中長期的な意義はともかく、即時的な効果はなかなか現れなかった。

天然痘

一八世紀において、天然痘は最も危険な伝染病の一つだった。この疫病は一七六〇年代にとりわけ激しくハプスブルク家を襲い、マリア・テレジアは六一年に次男（第七子）のカール、六二年に八女（第一一子）

ヨーゼフ２世とトスカーナ大公レーオポルト（バトーニ画、1769年）。（右下部の）サイドテーブルには、モンテスキューの『法の精神』がおかれている

皇女マリア・ヨゼーファ

のマリア・ヨハンナ、六三年に長男ヨーゼフの妻イザベラを亡くしている。そして六七年、天然痘はハプスブルク家に対してさらなる猛威を振るった。

最初の犠牲者は、ヨーゼフの再婚相手であるバイエルン公女マリア・ヨゼーファだった（五月一八日没）。そして危険を冒して彼女を見舞ったあと、マリア・テレジアもまた発病する。女帝重態の報に、「市中に満ち溢《あふ》れる悲しみと嘆きの声は、言葉では表せない」ほど高まったが、数日の闘病を経てマリア・テレジアは回復し、「皆はこぞって歓喜の声を上げた」（ヴェネツィア大使レニエ）[4]。続けて娘婿のザクセン公子アルベルトも発病したが、彼もまた快癒した。

しかし、ナポリ王フェルナンド四世との婚儀を間近にして罹患《りかん》した九女のマリア・ヨゼーファは助からなかった。ケーフェンヒュラーによれば、この「両親の美質を兼ね備えた」皇女は一〇月一五日、苦しみの最中でこの日が母の聖名祝日ではないかと思い当たり、このような日に（自分の死という）悲しい贈り物をすることになって本当に申し訳ないと詫びたあと、息を引き取ったという。マリア・テレジアは悲嘆に暮れたが、政治は忘れず、臨終を迎える娘の横でこう書いた。「娘はいまにも息を引き取りそうです。［…］いまやナポリ王のために別の花嫁を用意する必要があります」[5]。こうして先述のとおり、ナポリには十女のマリア・カロリーナが嫁すこととなった。

マリア・ヨゼーファの死から数日後、今度は五女（第六子）のマリア・エリーザベトが発病した。彼女はこの難病を克服したが、マリア・テレジアの娘のなかで最も美しいと讃《たた》えられた容貌には大きく影響が出た。この後マリア・エリーザベトは宮廷内で存在感を減退させ、家族間でも好意的に言及されることが少なくなる。しかしカロリーネ・ピヒラーは、母に連れられて宮廷に伺候《しこう》した際、彼女にとりわけ感銘をうけたと語り残した。「この偉大な女性の姿は、私の眼前に鮮明に浮かび上がっている。彼女は高齢にもかかわらず、また、天然痘によって完全に破壊された美貌にもかかわらず、威厳に加えて、寛大さと優しさを兼ね備えており、抗いがたい魅力を放っていた」[6]。

この疫病は、この時期にウィーンを再訪したモーツァルト家の子供たちも襲った。しかし、彼らは無事回復した。翌年の一月になってようやく実現した謁見の様子を、レーオポルト・モーツァルトはこう報告している。「ただ申し上げなければならないのは、皇太后陛下［マリア・テレジア］がどんなにお親しげに家内とお話しになり、ひとつには子供たちの天然痘について、ひとつには私たちの大旅行のこまごました事柄などについて語りあわれたかをご想像いただくことは不可能だ、ということです。陛下が家内の頬をさすられたり、腕をおつかみになったりなさったことも、ご想像できないでしょう」。実際この時マリア・テレジアは、「五〇年生きて、自分の子供が先に死ぬのを見なければならないとは」と深い嘆きの淵にあったのだった[7]。

皇女マリア・エリーザベト

種痘

天然痘患者の膿胞などを接種することで免疫を

ヤン・インゲンホウス

人工的に獲得する人痘法は、アジアでは古くから知られ、ヨーロッパには一八世紀に伝播した。しかし、これには危険が伴っていた。軽度とはいえ実際に天然痘に感染するため、重態化して死に至る可能性があったのである。ナポリ王妃マリア・カロリーナは、おそらくこの接種の関連で、男子を相次いで二人亡くした[8]。また、別の病原体を含有した膿胞を体内に入れたことで、結核や梅毒などに罹患することもあった。このため、かのゲラルド・ファン・スウィーテンなど、人痘法に消極的な者は知識人のなかにも少なくなかった。

　これまで見てきたとおり、マリア・テレジアは生起する事どもをみな神意とみなし、従容《しょうよう》として受け入れることを常としていた。しかし、近親者に犠牲者があまりに多く出たためか、彼女は逡巡《しゅんじゅん》の末、人痘法の導入に踏み切った（一七六八年）。イギリス王室に仲介を頼み、そこで種痘を多く成功させていたオランダ人医師ヤン・インゲンホウス（光合成現象の発見者）をウィーンに招き、孤児などを利用した治験を通してその有効性を確認したあと、自分の子や孫たちに受けさせたのである[9]。ウィーンに滞在していたレーオポルト・モーツァルトは、この出来事を次のように伝えた。

　ところで、種痘が子供の天然痘に大変よく効くことをご存じでしょうか？　シェーンブルン宮殿近郊のマイドリングに、皇太后がイギリスの種痘師のために、幼児用の病院を与えました。

これは貧しい幼児たちのためのもので、彼らはそれぞれ入院に際し、あるいはむしろ両親がですが、一ドゥカーテンを受け取ります。――もうすでに四〇人以上が種痘を受け、うまくいっています。皇帝も皇太后もほとんど毎日病院にいらっしゃり、このことにまったく夢中になっておられます。[10]

ただ、種痘に対する疑念は、なお社会全体で根強かった。これが大きく変わるのは、エドワード・ジェンナーが一八世紀末に牛痘法を発表してからのことである。その知識はすぐにハプスブルク君主国に伝わり、一八〇〇年には最初の公的な集団予防接種が実施されて、大きな成果を上げた。[11]

テレジアーナ刑法典

一七五〇年代前半から開始された刑法典作成の努力は、六八年に「テレジアーナ刑法典」が公布されて結実した（ただしハンガリーなどは対象外）。これは旧法から多くを引き継いでいたものの、疑義ある場合は「厳しさよりも穏和」を優先するよう強調するなど、寛容の精神を含んでいた。軽犯罪については「絶望と新たな悪行を招く」可能性を考慮し、（晒《さら》し者にするなどの）名誉刑の適用が禁じられた。また生命、身体、財産に対する罰則が一部緩和され、ガレー船や鉱山での労働は除かれた。[12]

一方でこの刑法典では、死刑および拷問が引き続き許容され、その具体的な執行方法が図解されて記されもした。そのなかにはたとえば、女性に対する死刑をより苛烈にする方策として、「赤熱《しゃくねつ》したトングで両乳房を引きちぎり、その後に剣で生から死へと至らしめる」処刑法などが含まれて

テレジアーナ刑法典に掲載された拷問の説明図

いる。こうした刑罰が実行された記録はなく、死刑自体、その八割程度が恩赦により実施されなかった[13]。しかしこの時期には啓蒙の精神のもと、悪事にはそれに相応する刑罰が与えられるべきとする従来からの応報刑論に疑問が呈され、死刑・拷問の非人道性および有効性が問題視されるようになっていた。こうした事情から、テレジアーナ刑法典は厳しい批判を浴びることとなった。

とりわけ拷問に関しては、その残虐性・非合目的性と濫用を指弾する声が止まず、ウィーン大学の教授で官房学者のヨーゼフ・ゾンネンフェルスなどが廃止を唱えた。窃盗の容疑をかけられた少女が拷問されて虚偽の自白を強いられ、その後無実が明らかになったものの、拷問による負傷がもとで落命するといった事件が起きたことも、廃止を求める世論に力を与えた[14]。

当初マリア・テレジアは、この問題に関する発言をゾンネンフェルスに対し禁止するなどして、批判を封殺しようとした。しかしゾンネンフェルスは従わず、またウィーン大学医学部が拷問の効果を疑問視する意見書を提出したことなどから、拷問廃止の世論は勢いを増した。しかしその一方、応報刑論のほか、一罰百戒の観点から、その存続を唱える声も少なくなかった。またマリア・テレジア自身、拷問の非人道性を認識しその軽減を図りもしたが、廃止自体には反対だった。この結果マリア・テレジアは、「〔自分は〕この問題を理解できず、多くの声を聴いて初めて決しうるに過ぎないため」、ヨーゼフに判断を任せるとした。しかしヨーゼフは、廃止に賛成と公言していたにもかかわらず、ここで判断を避けた。そこでマリア・テレジアは重臣ハインリヒ・カイエタン・ブリューメゲンの意見に基づき、「革新を好まない」ので存続に賛成という本心を押し隠し、拷問廃止の決断を下す[15]。これは公論が君主の意向より優先された事例として、注目に値しよう。

軍制

すでに七年戦争の最中から、政府内では軍制に関する議論が再燃していた。宮廷軍事会議議長のフランツ・モーリッツ・ラシ――マリア・テレジアとヨーゼフの双方から深く信頼された、優秀な軍政家――を中心とする軍部は、プロイセンの徴兵区（カントン）制を範として、世襲諸領を徴兵区に分け、各区に特定の連隊に対する兵員提供義務を負わせる制度を導入しようとした。しかしカウニッツは軍と民の明白な区分を主張し、「プロイセンの奴隷的な軍制」の導入に反対した。彼は軍事の国有化には賛成だったが、健全な「国民精神」をもつ人々を軍の圧力から解放して一定の自由を与え、経済発展と税収の増大を図るという富国強兵構想を抱いていたのであった。

しかしヨーゼフ二世は軍部に与し、カントン制の導入を強く主張した。彼はカウニッツと逆に、プロイセンに倣《なら》って、軍と民の緊密な結合が必要だと考えたのである。結局、最終的に決断を下したのはマリア・テレジアだった。彼女はヨーゼフとカウニッツのあいだに妥協の余地がないのを見て取り、躊躇しつつも「熟慮の末」、ヨーゼフ側の主張を容れたのだった。

こうして一七七〇年、カントン制に倣った徴募区域制が、チェコ・オーストリア諸邦のみを対象として導入された。この制度は一八六八年に一般兵役制が施行されるまで、ハプスブルク君主国における軍政の基軸となる。これによって国家は理論上、直接徴兵を行うことが可能となった。[16]

しかし軍役に対する拒否反応は、身分の高下を問わず強かった。「息子を兵役にとられることは、死に次ぐ不幸とみなされた」（ハンス・クートリッヒ）のである。生命身体に危険が及ぶ可能性が高く、暴力と抑圧が幅を利かせ、給与も社会的地位も福利厚生も不十分なうえ、離職も容易でないとあっては、当然の結果であろう。民衆は贈賄、早婚、逃亡、自傷、下層民などの立場の弱い者への押し付けなど、さまざまな手段を講じて徴兵を逃れようとした。徴募にある程度自発的に応じたのは、冷酷な領主のもとでの苛斂誅求《かれんちゅうきゅう》に耐えかねた一部の人々だけだったといえる。ドイツ東部の小邦ヴァイマルで政治に携わった時期にゲーテがスケッチ（七九年）に残した徴兵の様子は、ハプスブルク君主国においてもあてはまる。このスケッチについては、坂井栄八郎氏が名著『ゲーテとその時代』にて卓抜な解説を記しているので、それを紹介しておこう。

> 部屋で若者の身長測定が行われている。若者は首をすくめ、身長を低く見せようとするのだが、検査役の下士官はアゴに手をかけ、頭を起こしている。右手のドアから一人の婦人が検査室に入りこみ、息子を帰してくれるように嘆願するけれど、検査官は彼女を外へ押し出そうとしている。背後の戸口では合格の新兵が連れ出されるところで、その戸口の上には「名誉の門」と書かれてある。しかしそれが何を意味するかは、月桂樹で飾られた絞首台が示すところである。[17]

また、大半の臣民が領主制に服していた関係から、領主は徴兵について、引き続き強い発言権を持っていた。領主は有用とみた領民を保護する一方、不要とみた領民を軍に送り、徴募を統制の手段として利用した。そして国家も、有用とみた人々——聖職者、貴族、官僚・官吏、領邦都市・市場町の市民、自営手工業者、工場労働者、職能民、商人、金融業者、芸術家、外国人、学者、医者、理髪師、薬屋、公証人、家持ち農民とその跡取りなど——を徴兵の対象外とした。こうして兵士は、傭兵《ようへい》を生業とする人々、不当あるいは強制的な徴募により意に反して軍役につかされた人々、現下の苦境から脱出して社会的上昇を果たす機会として軍役をとらえた人々、のいずれかとなった。

徴兵風景（ゲーテ画）

それでも軍の存在感は増大の一途を辿《たど》り、プロイセンについてしばしば指摘される「社会の軍事化」と類似した傾向が、ハプスブルク君主国にも見られるようになった。平時においても軍事費は常に総支出の半分弱を占め、兵数は一四万（四〇年）から二一万（八〇年）に増大し、何らかの形で軍事に携わる人々の数は、総人口のおよそ二割に達した。このような状況のもと、「真の王のもと、すべての公民は兵士である」（ゾンネンフェルス）といった言説が現れるようになる。八〇年に作家ヨハン・リースベックは、「人々は至るところで、厳しく服従を求める軍隊的国家の到来を感じている」[18]と語ったが、このように感じたのは彼一人ではなかった。

第一次ポーランド分割

ポーランド王国は一四世紀後半からリトアニア大公国と同君連合を形成し、バルト海沿岸からウクライナにまで至る広大な版図を得て、中世後期から強盛を誇った。しかし近世後期になると、ロシアやスウェーデンに敗れ、バルト海貿易における穀物輸出が低迷したことなどにより、徐々に弱体化していく。列強はこれにつけこむかたちでポーランドへの干渉を強め、一八世紀にはロシアがとくに影響力を増す。七年戦争後、ロシアは介入を一段と強め、ポーランドを勢力圏に組み入れていった。

さらにロシアはプロイセンと同盟を結び（一七六四年）、オスマン帝国とのあいだに戦端を開いて、バルカン半島への進出を企てた（六八年）。ここでハプスブルク君主国はポーランド内の反ロシア勢力と提携し、ロシアと戦ってでもその拡張を阻止するという選択肢を検討するようになる。こうして中東欧に、ハプスブルク君主国とロシアの対立を軸として、双方の同盟諸国をも巻き込んだ大戦が勃発する可能性――これは後年の第一次世界大戦を想起させずにおかない――が生じた。

一方プロイセンは、同盟はしているもののロシアの勢力拡大は望んでいないという点でハプスブルク君主国と利害を共にしており、七年戦争の打撃から回復するためにも、中東欧情勢の安定化を望んでいた。このようななか、ロシアを抑えるだけでなく自らの領土拡大の野心をも満たせる方策として浮上したのが、ロシア・プロイセン・ハプスブルク君主国がそれぞれ隣接するポーランド領を併合し、勢力均衡を維持するという案である。こうして七二年に分割が強行され、ハプスブルク君主国は、およそ八万平方キロの面積と二六〇万の人口を擁するポーランド南部地域を獲得した(19)。

この件を主導したのは、ヨーゼフ、カウニッツ、ラシといった面々であった。彼らはマリア・テレジアがその強い倫理観から反対することを恐れ、秘密裡に事を進めたのである。のちになって事の詳細を知ったマリア・テレジアは、はたして激しく反対した。「すべての分割は理に適っておらず不当であり、私たちにとって有害です」。しかし、ロシアとプロイセンが自らの賛否にかかわらず分割を強行する意向と知り、やむなく同意する。その後も彼女は良心の呵責《かしゃく》に悩み、この件で寿命が一〇年縮まったと嘆いた。[20]

ポーランド分割を協議するヨーロッパ列強の戯画

ただし、ポーランド分割の契機となったのは、ハプスブルク君主国の行動であった。六九年にスピシュ県の一三の市町村（一四一二年にハンガリー王ジギスムントが入質して以来、ポーランドに実効支配されていた）を強引に占領したことがプロイセンとロシアを刺激し、ロシアのエカチェリーナ二世から、「私たち全員が、いくらか取ってしまってもいいのでは」という言葉を引き出したのである。カウニッツなどはこうした展開を予測しないではなかったが、怪しげな「歴史的権利」を振りかざして隣国の混乱に乗じたことが、このような事態を惹起《じゃっき》する要因となったといえる。[21]

「ガリツィア・ロドメリア王国」

さてハプスブルク政府は、獲得した諸地域を「ガリツィア・ロドメリア王国」として統合した。そしてヨーゼフらは、この地を中央の強力な主導による地域支配という自分たちの理想を実現する格好の場と考えて、旧制を一掃し新たな行政システムを打ち立てようとした。しかし、現地の実情に対する理解の不足やさまざまな抵抗、それに人員や財源の不足も重なって、改革は行き詰まってしまう。この問題は結局、ボヘミアなどを参考にして在地の有力者を「諸身分」に編成し、彼らと協働して統治する旧来型の複合的国制を導入することで、一応の解決をみることとなった[22]。

この失敗の背景には、西欧を文明化された最先進地域とする一方、東欧やほかの非ヨーロッパ圏を未開の後進地域とみなすという、近世後期に啓蒙主義が広まるなかで生じた発展段階的・植民地主義的文明観があった。ドイツ系の官僚は、「かくも愚かで卑しい民衆」（マリア・テレジア）に対する自らの優位を自明の前提として、ガリツィアの「文明化」を使命だと考えた。たとえば中心都市ルヴフで役人・劇作家として活動したヨーゼフ・クラッターはこう述べている。「［ガリツィアの人々が］よりドイツ化してより友好的になれば、ごく自然に次の世代はもはや粗野でなく、酔いどれでも怠惰でもなく、偏屈でも奴隷でもなくなり、つまりはより産業的、より進取的、賢く純粋でより社会的になるはずだ」。このようにしてハプスブルク政府は、ガリツィア（およびこの二年後に獲得するブコヴィナ）において、「啓蒙植民地主義」的な言説に基づき、自らの支配を正当化したのだった[23]。

ただ、ハプスブルク支配の開始は、現地住民の生活環境の改善に寄与した一面もあった。この地の人々は、とりわけ西部において領主に生殺与奪の権を握られ、最大で週七日の賦役を課せられるなどの苦境に喘《あえ》いでいた。これに対しハプスブルク政府は、「農民に新たな負担を一切課さず、役人や借主に圧迫され搾取されないよう配慮し、誰にとっても不可欠で公益に資する存在である農民階級を、公正に、父のように、人道的な方法で扱う」方針を掲げ、事態の改善に取り組んだ。

こうして始まった改革により、領主は懲罰権を制限され、領民は領主に対して訴訟を起こす権利を認められた。この結果、政府官公庁、さらにはガリツィアを訪れたヨーゼフに対しても、農民から無数の訴えが寄せられることになる。公衆衛生や教育に関する改革も進められた。マリア・テレジアが没したのちもこの方針は継続し、一七八〇年代には他地域と同様に賦役が最大で週三日に制限され、土地の世襲使用権や私的財産の保有権も農民に対し認められるようになった。[24]

しかし、これらの措置も抜本的な改善には至らなかった。一八四八年にウィーンで開かれた帝国議会で農民解放問題が審議された際には、ガリツィアには相変わらず最大で週七日の賦役が、ブコヴィナには年一二日のみのはずの賦役が最大で一五〇日も課されている事例があることなどが明らかになった。ガリツィアの議員イヴァン・カプスチャクは痛切にこう叫んでいる。「ガリツィアやシレジアで我々が人間としてみなされず、臣民としてみなされず、農民としてみなされず、賦役のための機械、奴隷、最低の人間階級としてしかみられなかったことには、一〇〇〇もの証拠がある」。[25]

また、この地に居住していた二〇万を超えるユダヤ人の生活状況は厳しいものでありつづけた。マリア・テレジアは当初その全面的な追放を検討したが、ユダヤ人は経済上不可欠な存在だと説得され、彼らをキリスト教徒から切り離し、取れるだけのものをとったうえで、取るもののない者は追放するという方針に切り替えた。こうして一七七六年、ユダヤ人は保護・寛容税、営業・財産税、結婚税の三種を特別税として課せられた。そしてこれらを支払う力のない人々は追放処分の対象とされたのである。こうした人々のなかには、国境を越えたところで殺害された者もいたという。[26]

宗教政策

教会を国家に服属させようとするハプスブルク王権の努力は、この時期に最終段階を迎えた。教会の自由に委ねられることは礼拝などの「純粋に霊的なもの」に限られ、「教会、その支配者、とくにその長である教皇が所有し行使するほかのすべての権力は、本来の神の制度に由来するものではなく、君主の自発的な授与または敬虔《けいけん》な寛容に由来する。したがって、国益上必要な場合、時代の変化やその他の状況の尺度に従って、再び制限、修正、撤回することができる」とされた[27]。

こうして一七六八年には聖職者の免税特権が事実上廃止され、七三年にはイエズス会の解散が決定された。イエズス会は対抗宗教改革期においてハプスブルク王権の強力なパートナーであり、歴代君主の聴罪司祭を務めたほか、司牧・教育においても中心的な役割を担っていて、その功績はマリア・テレジアも大いに認めるところであった。しかし、国家教会主義を推進する王権と、それに反発するイエズス会とのあいだの溝は、次第に深いものになっていたのだった。

一八世紀の半ば以降、ほかの会派との対立、蓄財の傾向、啓蒙に対する消極的な姿勢などが糾弾されて、イエズス会を解散させる動きが各国で広がった。ポルトガル（五九年）、フランス（六四年）、スペイン（六七年）に続き、七三年にはローマ教皇庁が解散を決定する。これをうけてマリア・テレジアは、「私は彼らに同情しますが、もはや救済策はありません」として[28]、教皇庁の決定に倣うこと、そしてイエズス会の財産は国家が接収することを表明した。

一方、宗教的寛容に関しては、マリア・テレジアは長く抵抗を続けた。ヨーゼフやカウニッツなど政府首脳の大半は、能ある者を臣民と認めて自由に働かせるだけだとして、寛容に賛成であった。しかしマリア・テレジアは妥協を拒み、ユダヤ人への迫害を続けたほか、「中核」地域でプロテスタントの存在が明らかになるたび、トランシルヴァニアへ強制移住させるなどの措置をとりつづけた。プロテスタントでありながらトランシルヴァニアの行政を任されて重用されたブルッケンタール・シャームエルのような人物もいたが、これはあくまでも例外にとどまる。また彼女はこの関連でイギリスの文物をひどく警戒し、大学に英語と英文学の教授職を設置する案を「この言語は宗教と道徳に有害な原理を運ぶ危険性がある」として却下したほか、ヨーゼフの訪英を押し止めた。ロンドンで反カトリック派の暴動が勃発したと聞くと、「文明化された国では考えられない、恐ろしい騒乱」と評し、こう述べている。「この件から、異端者たちがいかに寛容を説きながら、真の信仰に対して過剰な行為を行っているかが分かります。［…］にもかかわらず、みなイギリスの事例や思想に従いたがっているのです」[29]。

しかし、軍はプロテスタントおよび正教徒を受け入れた（ユダヤ人のみ排除）。五八年に設けられた「マリア・テレジア軍事勲章」は、授与の条件を勇敢さのみとし、身分・民族と同様、宗教は問わないとした。また六九年に出された歩兵規則には、次のように記された。「宗教は決して話題にすべきではない。それはむしろ生きるよすがとすべきものである。異なる宗教のあいだに不和をもたらすような行為は、断固たる厳罰をもって一切禁止する」[30]。皮肉なことに、国の最重要課題であるカトリック化は、あらゆる組織のなかで最も国家化が進んだ軍隊において、事実上断念されたのであった。

そして七七年、モラヴィアで六〇以上の村々の住民がプロテスタントであることが発覚すると、マリア・テレジアはさらなる譲歩を強いられた。彼女は当初、徹底的な再カトリック化をまず行い、それでも改宗を拒む者には強制労働、軍役、投獄、追放などを科す意向だった。しかし、ヨーゼフはこれを非人道的で唾棄すべきものと強く批判し、撤回されないなら共同統治者の座を降りると猛反対した。これに対しマリア・テレジアは、息子を無責任だと厳しく非難し（「少しでも意見の相違があると、貴方がいつもこのような恥ずべき申し出をしてくることを、私はどれほど悲しく思っていることでしょう」）、次のように言明した。

宗教的寛容と無関心は、すべてを台無しにして、私たちのあらゆる支えを奪ってしまいます。［…］私はまさに政治について話しているのであって、キリスト教徒として言っているのではありません。宗教ほど重要なものはないのです。皆が自分の思うとおりに信じることを認めろというのですか。堅固な信仰、そして教会への服従がなかったら、いったいどうなるのでしょう。平和と満足はなくなり、私闘の時代が蘇り、あらゆる種類の不幸が始まることは間違いありません。

しかし、数千人にのぼる人々の強制移住が現実的に困難で、かつ国家にとって重大な損失であることは、マリア・テレジアも認めざるを得なかった。こうしてカウニッツが提示した妥協案が通り、プロテスタントに対して私的な礼拝を許容し、その信仰を事実上黙認することが決定された。ただし、すでに投獄されていた人々には、国外追放か二年の禁固刑のいずれかが言い渡された。さらにマリア・テレジアは、追放となった者の妻は（カトリックである場合にも）夫に従うこと、一五歳未満の子供の同伴は認めないことなどを定め、自らの信条に沿った抵抗をなおも続けた。[31]

教育

イエズス会の解散は、初等教育にも大きな影響を及ぼした。一七五〇年代の文教改革は高等教育を対象としており、初等教育は引き続き教会が主に担っていたためである。ハプスブルク政府は「学制は国政の問題であり、［…］また常にそうありつづける」「両性の若者の教育は、諸国民（諸民族（ナツィオーネン））の真の幸福の最も重要な基礎をなす」として、国家主導の教育体制を構築すべく、プロイセン治下のシレジアで学校改革に成果を上げていたカトリック聖職者のヨハン・イグナーツ・フェルビガーを、フリードリヒ二世の了解を得て招請した。こうして「無知蒙昧の闇を啓蒙によって祓《はら》い、誰もが身分に応じた教育を受けられるようにしなければならない」という基本方針が定められ、カトリック信仰に基づいた徳育のみならず、知育にも重きをおいた一般学校令が（英仏よりおよそ一〇〇年早く）七四年に公布された。

　この法令により、子供は男女の別なく六歳から読み書きと算術を中心に、共通の教科書とカリキュラムに従って六年間教育されることとなった。授業は基本的に現地で使われている言語で実施されたが（ただし高等教育を望む場合はドイツ語力が必須）、これは言語と民族性への意識を高める結果を生むことになる。また教師には、講習などに参加して教育能力を

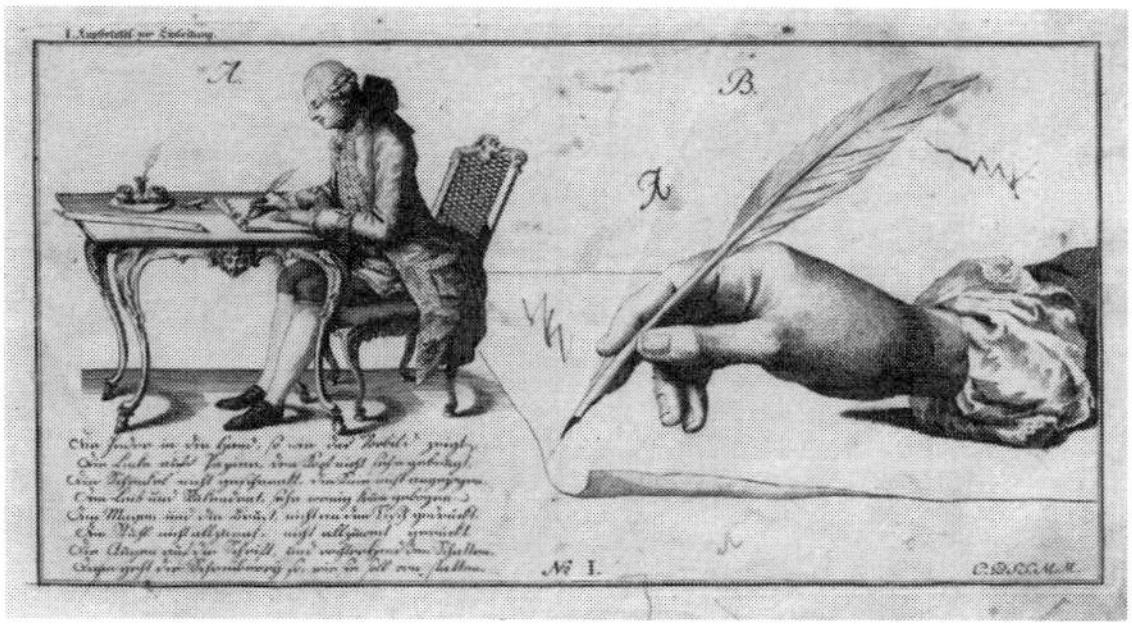

『規則や手本、あるいは規定に従って美しく書くための手引書』（1775年刊）巻頭の挿絵

初等学校の授業風景

高めることが義務づけられた。さらに七七年にはハンガリーにおいても、同様の改革が実施された。こうして国家が教育行政を主導する体制が、ほぼ全土で確立したのである。しかし、人的にも物的にも資源が不足していたため、教育や学校運営を実際に行ったのは、依然として主に教会であった。[32]

資源の不足は、就学率低迷の一因ともなった。八〇年代初頭の調査によると、就学期の児童で通学していたのは三分の一程度であった。また、就学率が七〇パーセントほどとなる場合もあれば、三パーセント程度にとどまる場合もあるなど、地域差も非常に大きかった。その理由の一つは、授業がドイツ語で行われたため、ほかの言語を母語とする者が必要性をあまり感じなかったためである。また、教育の効用自体を疑問視し、就学の強制に反対して暴動が起きたところもあった。[33]

一方で国は、教育の「行き過ぎ」によって自律的に思考する人間が現れ、身分制社会の枠組みを乱すようになることを警戒した。後年のことになるが、フランス革命の勃発はこの警戒心を大きく強め、一八〇五年に出された「ドイツ語学校令」では、「労働大衆をきわめて良質で御しやすく有用な人間」に育てることの重要性が強調された。また女子教育の目的は、良妻賢母、あるいは忠実で有用な下女の育成におかれた。臣民はみな「国家のために生き、国家にとって有益な存在となる」義務を負っているとする教育は、一九世紀にも一貫して続けられることとなる。[34]

教育現場の実情については、音楽家ハイドンの義理の叔父マティアス・フランクの活動が参考になる。フランクは幼い甥の楽才に最初に目をとめ、音楽をはじめ諸々の教育を授けようと申し出て、六歳から一〇歳まで手元に引き取って養育した人物である。彼は下オーストリアの小都市ハインブルクで学校長と二つの教会の合唱長を兼任しており、学校では二人の助手と共に、七〇〜八〇人ほどの生徒に読み書き、算術、唱歌、祈禱《きとう》などを教えていた。学校は七時に始まり、まず三時間続く。一〇時に生徒たちはミサに行き、その後で昼食のためいったん帰宅する。そして一二時に学校に戻り、一五時まで学業を続けるというのが基本的な流れであった。

フランクはまた、教会で音楽活動を司ったほか、楽器や楽譜の管理・調達も担当した。この彼のもとで学ぶうち、ハイドンは「六歳にして、いとも易々とミサで歌ったり、クラヴィーアやヴァイオリンを弾いたりできるようになった」。彼はフランクについてこう語っている。「食事よりも鞭《むち》をもらうことのほうが多かったにせよ、あれほど多くのことを学ばせてくれたことに対して、私は墓のなかまでも謝意を抱きつづけることだろう」。フランクはさらに教会でも仕事をしたが、それには教区の戸籍簿や教会の時計の管理のほか、時鐘を鳴らすこと、礼拝の折や雷雨や火事といった危急の際に鐘を鳴らすことも含まれていた。家族の扶養に加え、こうした活動をしばしば自費で賄《まかな》ったため、諸々の手当を得ていたとはいえ、フランクの懐は決して豊かではなく、負担も大きかったことだろう[35]。

シェーンブルン宮殿（三）

夫の死後、マリア・テレジアはシェーンブルン宮殿の東翼の数室を、亡夫を回想するための部屋

シェーンブルン宮殿の「漆の間」

グロリエッテと庭園

として改装させた。なかでも、中国産の漆の飾り絵や寄木細工の羽目板によって装飾された「漆の間」は興味深い。彼女は早くから「世界中のどんなダイヤモンドも私には無意味ですが、インド産のもの、とくに漆やタペストリーは、私に喜びを与えてくれる唯一のものです」と言うほど漆器を好んでいたが、夫の死はその嗜好《しこう》をより強めたように思われる（「喜びの外観を持つものはすべて私を悲しませ、動揺させます。最も暗いものだけが私にとって心地良いのです」）[36]。なお、マリア・テレジアは日本の存在を正確に理解してはいなかったが、日本産の漆器、そして古伊万里の充実したコレクションの所有者であった。

一七七〇年代になっても、マリア・テレジアは「この年になってこんな工事を始めるのは滑稽《こっけい》かもしれません」と言い訳がましく述べながら、シェーンブルン宮殿の改修・造園工事を続けた。エキゾチックな風景画に彩られた「ベルグルの間」（宮殿一階）、宮殿背後の丘にそびえるグロリエッテ、ネプチューンの泉、ローマの遺跡、オベリスクなどが設けられたのはこの時である。また、並木道や噴水や広場には、古典趣味の彫像や彫刻が飾られた。この時期には全欧的に、古代ギリシア・ローマの美術様式を「高貴な簡素と静かな偉大」（美術史家ヨハン・ヨアヒム・ヴィンケルマン）と讃えて再評価する動きが現れたが、この一連の建造物はそうした趣味の変遷を反映している。

これらの工事は、マリア・テレジアが没する直前になって終了した。結局彼女はその四〇年におよんだ治世のほぼ全期間において、シェーンブルン宮殿の増改築を手掛けたことになる。マリア・テレジアの在位日数は一四六四九日になるが、彼女がそのうちホーフブルクで七一〇二日泊、シェーンブルンで五八一二日泊したことは、その並々ならぬ愛情を窺わせるものといえるだろう。[37]

2　農・商・工

農民保護

ハプスブルク君主国における農村住民の大半は、第1章でみた時と変わらず、この時期も何らかの形で領主の支配に服する不自由民であった。王権はこの状況を問題視し、改善を試みた。

まずその対象となったのは、従来改革の対象外とされてきたハンガリーである。一七五〇年代から頻発した農民蜂起が一つの契機となり、六七年に土地制度令が制定された。この法令により、トランシルヴァニアを除くハンガリー王国の全域で、農民分与地の大きさや貢租（年貢）負担や権利関係などを記した土地台帳が作成された。こうして領主と領民の関係が整理され明文化されたことで、農民の状況は一定程度改善された。[38]この土地制度令は、以後ほかの諸邦でも参考にされた。

次に王権が目を向けたのはチェコ諸邦である。その契機となったのは、七〇年代初頭にヨーロッパを襲った飢饉《ききん》であった。ボヘミアではこれにより、人口のおよそ一割に相当する二〇万超の人々が命を落とした。ヨーロッパを周遊していた音楽学者のチャールズ・バーニーはこの時期にボヘミアを訪れ、「私がいままで体験したなかで最も惨めな光景を目の当たりにすることとなった」(39)。

飢饉の猛威が収まったあとも、危機は続いた。多くの人々が負債を抱え、食料品価格の高騰や家畜や労働力の不足に苦しんだ。そこへ失った利益を取り戻そうとした領主層が賦役などの負担を増やしたため、賦役さらには農奴制の廃止を求め、同時多発的に農民蜂起が発生したのである。これは最終的に武力で鎮圧されたが、政府は七〇年代半ばから、改めて農民保護の問題を検討した。

ここで最も積極的に動いたのは、マリア・テレジアだった。彼女は自分の退位を賭ける気構えさえ見せて、農奴制と賦役の廃止を主張したのである。「私は、皇帝が私を支持せずとも中立を保ってさえくれれば、農奴制と賦役を廃止することができ、そうすればすべてがうまくいくだろうと信じています」(40)。しかしヨーゼフは、かねてから領主制を批判し農民保護の必要性を訴えていたにもかかわらず、ここでは領主の多くが破産するとして反対し、農奴制と賦役の廃止を廃案に追い込んだのだった。

このヨーゼフの「変節」は理解しがたく、昔から歴史家を悩ませてきた。しかも彼は母の没後まもなく農奴制を廃止し、後世に名を残すことになるのである。この時のヨーゼフの反対の動機は、「改革よりも改革者に対する反発」(歴史家ティモシー・ブランニング)にあったように思われる(41)。

こうしてマリア・テレジア期における農民保護は、賦役を最大で週三日に制限し、土地の世襲使用権や私的財産の所有権を認めるなどの結果を残したものの、当初の意図より抑制されたものとなった。また、マリア・テレジアは顧問官ラープの発案に基づき、賦役の金納化と自由化された小作人への長期または世襲の借地権の授与を直轄領で実施して成果を上げたが、それも単発的なものに留まった。そして新たな規制を守らない領主も少なくなく、改革の実効性は限定的であった。[42]

農具を操作するヨーゼフ２世

しかしそれでも、啓蒙改革期に実行された諸々の試みにより、農民の地位は不十分ながらも改善され、産業発展の大前提となる労働力の流動性が準備された。経済史家ジョン・コムロスは、「こうした一八世紀の改革に比べれば、一九世紀中葉の農民解放は財産権や税負担の整理に過ぎず、その重要性は薄らいでいるように見える」とまで述べて[43]、その意義を高く評価した。

ただ王権による農民保護は、人道的観点だけでなく、財政的観点によっても動機づけられていた。「最も多い身分であり、国力の源を形成する農民は、満足な状態で維持されねばならない。それは、戦時でも平時でも税を払い、家を支えていける状態に農民があることを意味する」とされたのである。また農村窮乏化の一因は国家が課す負担の増大にあり、カウニッツはこれに注意を向けたが、マリア・テレジアとヨーゼフは直視を避けた。マリア・テレジアはこう述べている。「このような惨めな人々をここまで追い詰めたのは、ただ領主の残酷さだけです」[44]。

こうして国家が課す負担は増大しつづけ、時に領主が課す封建的負担の三倍前後にまで達し、農民は収入の四割強を国税として納めなければならなくなった。経済学者シュンペーターは、オーストリアにおける租税制度の来歴を論じた初期の著作のなかで、領主が領民を「鉄拳をもって」抑圧したことを認めつつ、「君主と諸身分との争いに関して君主の側に立ち、残忍な領主勢力に抗し被抑圧者のために戦う、公益に挺身した国父として君主を描くには、自由主義化しながら国家官僚主義的な方向をとるタイプの歴史家にみられる強情な偏狭性が必要である」と喝破している。それはこのような事情を指してのことであった[45]。

領主制の諸相

第1章でも触れたように、近年の研究は、実態はきわめて多様であったものの、農民（農奴）の法的地位が実生活にさほど大きな影響を及ぼさず、領主と領民の関係も従来考えられていたより共生的であったとしている。苛斂誅求を行った領主だけでなく、農村および農民の慣習・権利を基本的に尊重し、農村共同体の自立的な活動を一定程度認めていた領主も少なくなかった。そしてそれは総じて支配の安定性をもたらし、所領経営のコスト削減をめざす領主にとっても利益となった。

一八世紀後半、ハプスブルク君主国における農業の生産性は大きく向上した。ジャガイモ、クローバー、トウモロコシなど、従来から知られてはいたが忌避されてきた作物の効用が広く知られるようになり、積極的に栽培されるようになったことが、この「農業革命」に永続的な役割を果たしたのである。領主はこの近代化の強力な推進役であった[46]。

このように、農民は領主の過酷な扱いによって苦しめられたが、一方で領主による保護と温情の恩恵を受けてもいた[47]。つまるところ臣民の貧窮をめぐる問題に関し、王権と領主は相互に責任を押し付け合い、自らの加害性からは目を背けていたといえる。

領主と領民の関係も千差万別であった。大領主の場合、領民にとって領主は雲の上の存在で、領主が領地に入る際には、君主の戴冠式を模したような大々的な式が催されることもあった。一方で中小領主の場合、領主が領民と共に農作業などに従事することも珍しくなかった。また、いわば職住近接が結果として実現したために、領民が領主の日常生活に深く関わる（巻き込まれる）こともあった。領主夫妻の痴話喧嘩や夫人と間男との逢引・同衾《どうきん》の生々しい現場を目撃したり、密会のサポートや見張り役を仰せつかったり、「ベッドの木がやたらときしむ音」を聞いたり、口止めされたために見聞きしたことを言えなくなって良心の呵責に悩んだりといった事どもが起きたのである[48]。

ただこのような「牧歌的」な雰囲気のなかでも、身分差は厳然として存在した。支配者と被支配者のあいだには越えることのできない壁があり、そのことは人々の意識と行動を決定的に規定していた。両者の力関係の非対称性は明らかで、それは時に暴力により、露骨に荒々しく示された。

商工業

近世以降のハプスブルク君主国における産業発展に関する研究の潮流は、一九六〇年代頃を境として大きく変化した。かつては産業化の波に乗り遅れ、十分な経済成長を達成できなかったとされていたが、今日では国家の複合性に起因する不均等な発展状況と錯綜した利害状況の調整を国家が果たし、一八世紀から総じて右肩上がりの経済成長を遂げたと考えられるようになっている。そして先述したように、啓蒙改革期に試みられた諸々の産業振興策は即効性に乏しかったものの、農村住民の地位改善などによる労働力の流動性の拡大や内国関税の撤廃（一七七五年、ただしハンガリーは対象外）などを成し遂げたことで、この漸進的な成長の促進要因とみなされるようになった。[49]

　産業発展を牽引した地域は、ボヘミアと下オーストリアである。シュヴァルツェンベルク、キンスキー、リヒテンシュタインなどの大貴族は所領内で工場制手工業（マニュファクチュア）を営むなどして、産業化（プロト工業化）を進めた。歴史家ロバート・エヴァンズが言うように、「マリア・テレジアのもとで革新の主役となったのは、実は貴族たちだった」のである。一方ハンガリーは農業を基幹産業として余剰食糧を安価に供給する役割を担い、全体として国内で社会的分業の深化と人口成長の並進が可能となった。国内市場の拡充が進行したことで、一八世紀末には地域間の格差も縮小し、総じて経済的平準化が達成された。こうした諸要因により、ハプスブルク君主国の純収入は、二二〇〇万グルデン（四〇年）から五〇〇〇万グルデン（七八年）に上昇した。[50]

　王権も多彩なかたちで殖産興業を推進し、また支援した。鉱業にはすでに中世から注力しており、塩と水銀に関しては事実上独占化していた。今日ハルシュタットなどの景勝地によって知られる風光明媚《めいび》なザルツカンマーグートは、このような発展によってハプスブルク君主国の財政を支えた地域の一つである。また、マイセンに次いでヨーロッパで二番目に古い磁器工房であるアウガルテン（一七一八年創業）は、四四年に国有化された。

　また、規制の緩和ないし撤廃が進んだことで、立ち遅れていた出版関連の産業も発展した。三〇年代にはドイツの都市のなかで四六位に過ぎなかったウィーンの書籍刊行数は、六五年から一八〇五年にかけて、三位に浮上した。雑誌の種類も、六〇年までは約一〇種であったのが、六〇年代に

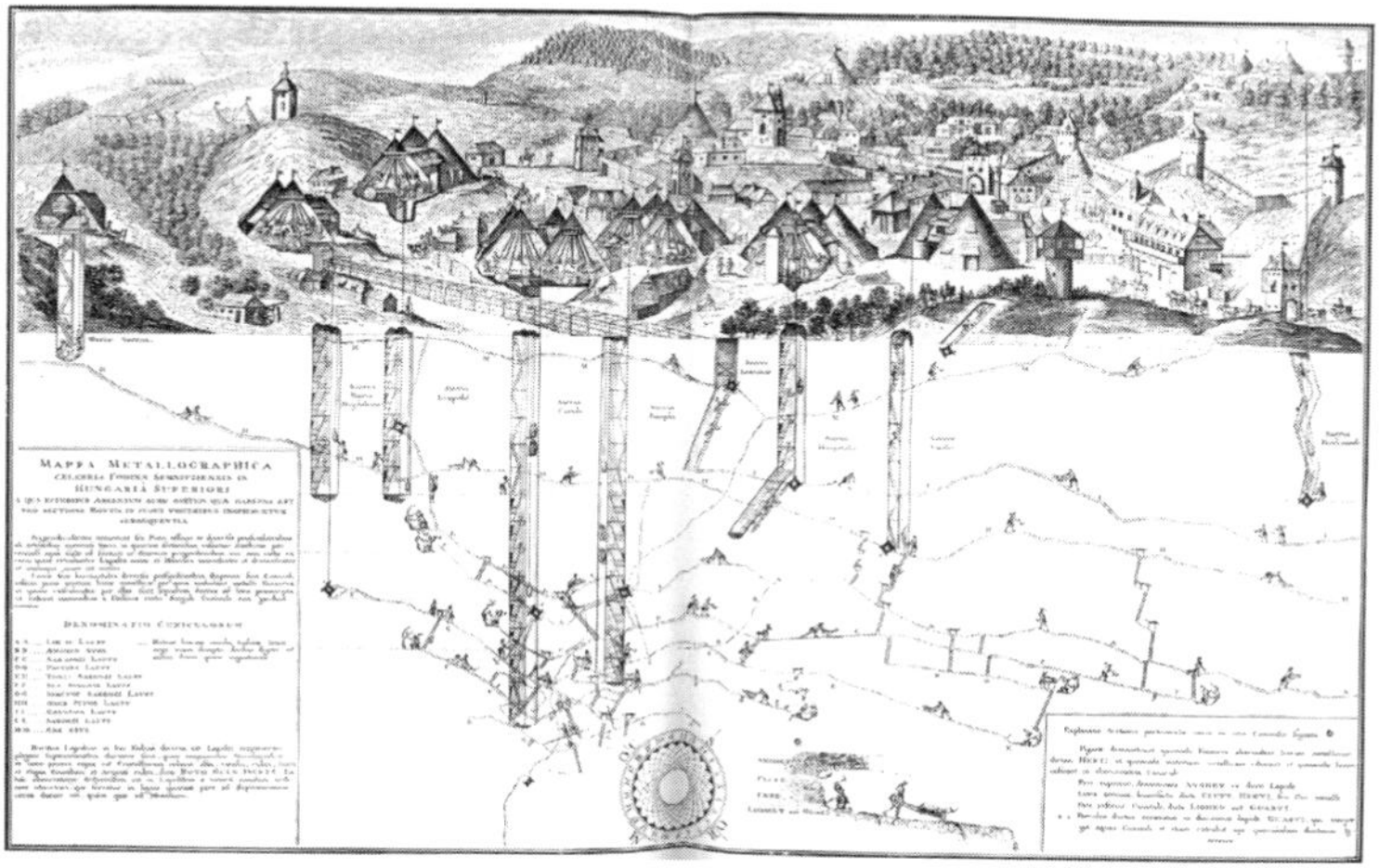

バンスカー・シュティアヴニツァにおける採掘図

三五、七〇年代に七九、八〇年代に一六九と急増した。この躍進の立役者となった出版業者ヨハン・トーマス・トラットナーはモーツァルトと懇意であり、その熱心な後援者となった。[51]

ハンガリー北部（現スロヴァキア中央部）の鉱山地帯の開発は、この時期にハプスブルク王権が最も注力した事業の一つである。金と銀を豊富に産するこの地の重要性は近世前期から強く認識され、増産のため先進的な試みが次々と実行された。こうした活動は汎欧的に注目され、モンテスキューやラマルクなども視察に訪れている。六二年には、中心都市バンスカー・シュティアヴニツァの鉱山学校がアカデミーに拡大・改組され、理論と実践の融合を重視して化学や鉱物学などが教授されるようになった。さらに八六年には、一四の国・地域から専門家・研究者たちが招かれ、専門知識の円滑な共有と普及を目的とした鉱山学の学会が開かれた。この機会に創設された協会は結果として短命に終わったが、そこにはイギリスのワットやフランスのラヴォワジェも加わっていた。[52]

このような点を評価して、ユネスコは一九九三年に以下の理由に基づき、「バンスカー・シュティアヴニツァ歴史都市と近隣の工業建築物群」を世界遺産として登録した。

一七六二年にヨーロッパで初めて設立された鉱業林業アカデミーは、この都市が鉱業専門家の教育の中心地であったことを物語っている。さらに、この都市とその周辺には、多金属鉱石の採掘と加工に関連した技術的な設備が広範囲にわたって存在していた。現存するものとしては、立坑、トンネル、採掘塔、鐘楼、高度な水管理システムなどがある。一六世紀に建設され、一八世紀に発展した人工的な貯水池、池、集水溝などのシステムは、鉱業の需要に応え、町に新鮮な飲料水を供給していた。一九世紀までは、この種のものとしては最も近代的な設備であった。[53]

ナーデルブルク

国家主導で産業化を進める動きも継続した。マリア・テレジアがとくに注力したのが、ウィーンの南およそ四〇キロの地点に作られたナーデルブルクである。これは工場のほか、労働者のための家屋三〇戸、教会、食堂、宿屋、学校を備えた、職住一体型の官営工業団地であった。居住環境は充実していたが、招かれた熟練工のなかにプロテスタントが含まれていたため、ナーデルブルクの住人は三つの門を有する壁で囲まれて周囲から隔絶され、当局の厳しい監視下におかれた。国家による厳しくも温情ある善導を受けつつ、忠良な大衆が生業に勤しんで国家に尽くすという理念のもとに形成されたナーデルブルクは、マリア・テレジアにとって理想郷と言えるものであっただろう。

ここでは各種の針やピンをはじめ、真鍮《しんちゅう》製の日用品、銅板、青銅製品などが生産され、労働者の数は七五年の時点で六〇〇人に達した。しかし、生産過剰と人件費の高さなどにより、経営状態は操業開始から一貫して思わしくなかった。マリア・テレジアはナーデルブルクを常に気にかけて多くの特権を与え、六〇年には外国製の針・ピンの輸入を禁止するまでして支援した。しかし、ナーデルブルクが活況を呈するようになるのは、一八一五年に民間に譲渡されてからのことであった(54)。

王権・領主・民衆

啓蒙改革期に産業発展の場となったのは農村であった。なぜなら、労働力は都市よりも農村で調達するほうが容易であったので、賃金を安く抑えられたためである。また、ギルド（商工業者の組合）の影響力は農村では小さかった。そして農村には生活のため、冬季に副業に勤しまなければならない人々が多くいた。さらに貴族は自らが営む産業活動の労働力として、農村の領民を必要としていた。こうして殖産興業による収益の増大という目標を共有することとなった王権と領主層は、共にさまざまなかたちで農村における従来の労働のあり方を見直し、「有害な怠惰」を駆逐しようと図った。

こうして諸産業に従事した人々の労働時間は、短い場合でも八時間、最長で（少なくとも記録上）

一六時間にも及んだ。もっとも農村住民は、王権や領主が期待したようには働かなかった。社会的上昇の機会がきわめて限られているなか、彼らの多くはもっぱら生きていくために働いていたのである。また、労働を悪とするキリスト教の伝統的な観念はまだ根強かった。このため、紡績学校を設立するなどして農村住民の教化に努めたエリートたちはしばしば失望させられ、領民の「怠惰」を嘆くこととなる。ただ、こうした工場労働は領主のもとでの労働であることが多かったので、これらの労働は自発的な活動ではなく、当時の経済的・社会的・法的関係から生じた一種の強制労働であることが珍しくなかった。こうした事情は、労働意欲を大いに減退させたことであろう。

また、カトリック圏であるハプスブルク君主国では、バロック期に八〇から一二〇の祝日があった。当時の農村社会において、労働のスケジュールは一年の自然なリズムと伝統的な祝祭日によって構成され、カトリックの巡礼や行列は労働を中断して行われた。労働時間は人為的に分割されたものではなく、余暇と密接に結びついていたのである。

王権はこうした慣習が生産力の向上を妨げているとみなし、年に七八あった宗教行事を六七年には三二に、七四年には二二に削減した。「労働の中断を神が喜ばれる」というのは、いまや「愚かな妄想」と断じられるようになったのである。しかし、これも農民の抵抗に遭った。作家ヨハン・ペツルはある小説のなかで、祝祭日の多さが経済発展の妨げになっていると見た主人公が祝日に耕作したところ、ほかの農民から「ルター派」と言われて殴られ農具を破壊されるという場面を描いたが、このような状況が実在したであろうことは想像に難くない[55]。

殖産興業のために労働のあり方に介入しようとする上からの圧力は、都市にも及んだ。たとえば官僚の労働時間は、伝統的に六時間であったが、一八〇〇年頃には八～九時間となった。こうしたなかで問題となったのが、月曜日には働かないとする「青い月曜日」（あるいは「良き月曜日」）の慣習である。これは一四世紀からヨーロッパ各地のギルドに広まり、現在でも美容院や飲食店、博物館などの月曜を休みとする習慣に名残を見ることができるが、王権はその撤廃を図ったのである。しかし、「青い火曜日」の慣習までもが広まっていたオーストリアでは、ほとんど成果はなかった。(56)

人的資源の拡充をめざす政府の姿勢は、人口の二割にも達していた貧民をめぐる政策にも現れた。従来貧民層は、喜捨の対象となることもあって社会のなかに一定の居場所を持っていたが、この時期には罪悪視され、矯正すべき存在とみなされるようになる。こうして設けられた矯正施設は、多くの場合労働用の施設を兼ねるかたちで建てられ、収容者の労働によって経済的に自立することが求められた。しかしこうした施設の数はとうてい足らず、多大な運営費を要するものでもあったため、貧民対策は結局のところ、追放や徴兵といった措置で済まされることが多かった。(57)

乞食の少女（皇女マリア・アンナ画、1771年）

もっとも貧民の急増は、皮肉なことに、農村でプロト工業化が進展したことと深く関係していた。こうした活動は土地に依存しない平民層の労働力に依存していたが、その生活は景気・政策・需要の変動に左右される不安定なものであったため、失業が生じやすくなったのである。当局が乞食や浮浪者などと蔑《さげす》んだ人々の多くは、退役した兵士か失業した紡績工や織工であった。

児童の教育そして労働の重視も、殖産興業への意欲と深く結びついていた。児童は比較的安価な労働力とみなされ、労働力不足の解消に利用できると考えられたのである。また労働を通し、忠良にして従順で仕事熱心な臣民を育成するという教育的意義も期待された。しかしこの結果、幼い頃から重労働を強いられて、成長を阻害される子供が続出した。第1章で触れたアンナ・ルイーザ・カルシュのような例は、この時代でも稀《まれ》どころか、むしろ普通でありつづけたのである。この状況の深刻さ、そしてそれに対する政府の不作為は、一八四二年になってはじめて、九〜一二歳の最大労働時間が一〇時間、一二〜一六歳のそれが一二時間に「規制」されたことがよく物語っている。(58)

マリア・テレジア期にハプスブルク君主国の経済は成長し、人口は二倍以上に増大した。しかし、この時期に民衆の暮らしが良くなったとは言いがたい。七〇年代初頭にチェコ・オーストリア諸邦で行われた聞き取り調査の結果は、臣民の大半の生活が総じて「貧しく悲惨」であったことを示している。またマリア・テレジア期に、(男子の)平均身長はおよそ五センチメートル低下した。この責を政府のみに帰するのは性急だろう。しかし、身長は約八割が遺伝的に、約二割が幼少期の生活環境で決まることを考えると、理由はさておき、人々の生活水準はマリア・テレジア期に下がったと考えられる。一連の殖産興業政策などが効果を現し、民衆の生活水準が緩やかながら上昇しはじめるのは、(ナポレオン戦争が終結した)一八一四年以降のことであった。(59)

第7章　「私たちの啓蒙された時代」

1　社交

「文芸共和国」

一七七五年二月二〇日、午前二時。舞踏会へ行き来する馬車の音だけが夜のしじまに響くなか、マリア・テレジアはひとり自室で、旧知のゾフィー・エンツェンベルクに向けてペンを走らせていた。「私は親しい友と会話する楽しみを、洗練された社交の場より、自分の机で味わうほうが好きです。そういうことは若い人たちには非常に良いでしょうが、もはや私たちには合いません」(1)。

この文章が物語るように、ほかのヨーロッパ諸国と同様にハプ

書き物机に向かうマリア・テレジア

スブルク君主国でも、サロン、協会、結社、さらには酒場やカフェ（コーヒーハウス）といった社交の場が、この時期に大きく発展した。すでに、マリア・テレジアの誕生より一〇年以上も前となる一七〇四年の時点で、あるフランス人はウィーンにカフェが数多くあること、そしてそこで人々が新聞や雑誌などを自由に読み、読んだものの内容、政治、そして「将軍や大臣の活動ばかりか、皇帝その人の生活についてさえ、何の遠慮もなく議論している」ことに驚いている。時には戦争さえ、この種の場が生じる機会を提供した。たとえば七年戦争で捕虜生活を経験したクロアチアの兵士たちは、そこでの敵味方を問わない交流により、ジャガイモ栽培やフリーメイソン、さらには無神論や自由思想などにも接して、帰郷先に伝えた(2)。

一方で文通と読書も、とくに国外との交流で重要だった。アメリカのベンジャミン・フランクリンは、彼の活動に関心をもつハプスブルク君主国の人々から、現存するだけで数百通の手紙を受け取っている。検閲は健在だったが、その気になれば禁書の入手も容易だった。ヨーゼフは母にこう書いている。「厳禁されているようでも、あらゆる悪い禁書がウィーンに存在し、誘惑に駆られた人なら誰でも倍の金を払えばそれらを手に入れ、読むことができると証明するのは簡単でしょう(3)」。

近世後期のヨーロッパにおいて、主に文芸を通して形成された広範な知のネットワーク（「文芸共和国」）は、こうしてハプスブルク君主国にも深く根を下ろした。一八～一九世紀転換期に活動したボヘミアの貴族カスパー・シュテルンベルクは、後年この「マリア・テレジアの真に輝かしい治世、あらゆる学問分野が喜びの原動力となった時代」に生まれ育ったことを喜び、「あらゆる学問分野において高貴な探求心が際立っており、読書を通じてそれらに接した向学心ある若者たちは、感動を禁じ得なかった」と回想している。啓蒙を嫌ったマリア・テレジアも、こうした交流によって知の刷新が進んだことは認めていた(4)。

ただ、ここでいう文化とは、偉人の著作を熟読して真摯《しんし》に対話するようなものだけを指すのではない。そこにはいかがわしさも大いに含まれており、高尚と猥雑は密接に絡み合っていた。宰相カウニッツやパルマ公女イザベラなどの言動も、こうした文脈のなかで考える必要があるだろう。この時代はサン＝ジェルマン伯爵、カリオストロ、スウェーデンボリ、カサノヴァといった奇人が汎欧的に活動した時代でもあり、彼らの活動にもこうした二面性は見てとれる。人々は各自の興味関心、さらにはその日の気分に合わせ、多種多様な場で政治や経済や文芸やゴシップを談じ、音楽や芝居を鑑賞（時に自ら参加）し、ゲームや賭け事などに興じたのだった。

社交の場の母体となったのは都市で、やはりウィーンの存在は圧倒的だった。とくに盛んになったのは音楽で、ウィーンは芸術家に創造的な環境と経済的な成功の機会を提供する「音楽の都」へと発展していく。しかし、プラハ、ミラノ、フィレンツェ、ブリュッセル、ブラティスラヴァ、ブダとペシュト、ザグレブといった各地の有力都市も、徐々に発展の兆しを見せはじめた(5)。

ただしこうした場の主役は、基本的に上流階級の男性だった。それ以外の人々の参加はしばしば拒まれ、参加できる場合も厳しい条件が課せられて、分相応の振る舞いが暗黙のうちに求められた。また、開明的で進取の気性に富む人々は少なからず存在したが、彼らは総じて体制内改革を志向し、社会のありようを根底から問い直そうとする「自由思想」を敬遠した。もっとも、これはフランスなどでも同様だった。たとえばフランスの啓蒙思想家ダランベールはこう述べている。「社会において、とくに大きな国家においては、諸階層のあいだに明確な区別が設けられることが不可欠である。徳や才能のみが、我らの真の称賛に値するにしても、生まれや地位の高さは我らの心服と尊敬とを命ずるのだ。このようなことを理解するのに、哲学の大いなる努力などが必要であろうか」。[6]

伝統的大貴族が構成する「第一社会」、そして才覚による立身出世をめざす中小貴族と教養市民層――同時代の作家ヨハン・ペツルの言葉を借りれば「第二の貴族」――が構成する「第二社会」の区別（第1章参照）は、こうして維持された。「ドイツにおける社会史と政治意識の歴史にとって、貴族と教養市民層との相当な部分が、実質的にも理念的にも、行政勤務をつうじて国家へと結びつけられたことの意義は、いかに大きく評価してもし過ぎることはない」という歴史家ルードルフ・フィーアハウスの指摘は、ハプスブルク君主国にもあてはまる。[7]啓蒙改革期に発展した多種多様な交流が形作ったこの政治的・社会的文化環境は、最後までハプスブルク君主国を特徴づけていくことになる。

高位貴族のサロン

第4章にてカウニッツの例で示したように、貴族を中心とする政治エリートの知的交流の場となったのは、無数のサロンあるいはサークルであった。ここで人々は、「自分が楽しいと思う場を訪れ、そこで数時間を過ごし、好きなように行き来する」（ヨーゼフ）ことができた。[8]

このようなサロンの例としては、「五人の貴婦人」があげられる。このサロンは、先にも触れたレオポルディーネ・カウニッツとその妹のエレオノーレ・リヒテンシュタイン（ハンガリーの名門エルデーディ家の出身）をはじめとする五人の高位貴族の女性たちが中心となり、ヨーゼフや宮廷軍事会議議長のラシなどが加わって成立した。ヨーゼフが足繁く通ったことやその閉鎖性のため、このサロンにはとかくの噂がつきまとい、弟のレーオポルトは「中国人と同じ程度にしか理解できない事柄について議論しようとする」女性たちを抑えるよう、兄に忠告したことがある。[9] ただ、彼女たちはみな頭脳明晰で知的好奇心が旺盛だったが、総じて保守的で、（自分たちの権益の基礎をなす）既存の社会のありようを乱す可能性のあることには、一様に強い嫌悪感を示した。

ヨーゼフはまた、ヴィンディッシュグレーツ夫妻のサロンの常連でもあった。夫のヨーゼフ＝ニクラスは学識豊かな才人で、カント、コンドルセ、フランクリン、アダム・スミスなどと文通していた。カントは彼に対して「世界市民としての高貴な思考法と結びついたこの方の哲学者としての才能に対する、この上ない尊敬の念」を表明し、かの『永遠平和のために』においても名を挙げている。ヨーゼフの施政方針には同調できず、それを公言してもいたために、両者はある時期から疎遠になった。しかしヨーゼフは死の直前、手稿で七部しか存在しない遺書の一つを彼に送った。[10]

「５人の貴婦人」のサロン（左から４人目にヨーゼフ）

　このサロンでは、妻のマリー・ヨゼフィーネも重要であった。「この方は、容姿ではなく、考え方が立派だと思える稀有な女性の一人だ」（ヨーゼフ）。外交官フィリップ・コベンツルは、話題の本について語り、科学の実験などに興じて過ごしたこのサロンでの日々を、後年「人生で最も楽しかった一〇年間」と回想している。彼によると、ヨーゼフはここで「望めば誰の手の届くところにも身をおき、誰にも迷惑をかけず、世の中で最も愛想のよい男の一人である才能」を発揮したという。彼女が七七年に没した時、マリア・テレジアは「ウィーンにとって真の損失」と嘆いた。[11]トゥーン夫妻のサロンには、音楽愛好家が多く集った。とくに夫人のマリア・ヴィルヘルミーネは楽才豊かで、ハイドン、モーツァルトそしてベートーヴェンと親しく交流した。ヨーゼフやカウニッツも惹きつけたこのウィーン社交界の花形について、あるイギリス人はこう語り残している。

この伯爵夫人は、私の知っている誰よりも、人々が楽しく歓談する場を設ける能力に秀でている。機知に富み、世事に十分通じているが、彼女には私心がない。友人の長所は誰よりも早く見つけ、短所に気がつくのは一番最後という人だ。知人たちから偏見を取り除き、友好を生み出して促すことは、彼女が最も喜びとすることの一つである。彼女にはこの上なく快活で生気ある精神が打ち負かしようもなく流れており、それを巧みに用いて、悲しげな人を不快にさせず、楽しそうな人を喜ばせる術を心得ている。これほど多くの友を持ち、その一人一人にかくも多くの気前の良い友情を捧げられる人を、私はこれまで一人も知らない。彼女は自分の家のなかに一つの小さな幸福のシステムを作り出し、自ら魅惑的に全体を結び付ける中心となっている。[12]

フリーメイソン

フリーメイソンは、団員間の自由・平等・友愛を掲げる、ユートピア的な性格の自発的な社交団体である。その起源については諸説あるが、一八世紀の前半に啓蒙思想と秘教・神秘主義的な要素を取り込み、ヒューマニズム・コスモポリタニズム・宗教的寛容を原則とする思想体系を作り上げて、ヨーロッパ各地のエリートのあいだで急速に支持を広げた。独特の秘儀や閉鎖的な性格などのために奇怪な秘密結社と見なされることがあるが、その活動は今も各界のエリートを担い手として続いている。(13)

マリア・テレジアはフリーメイソンを怪しみ、初期には武力で弾圧した。それでもその活動は支持を広げ、七〇年代には国内の主要都市の大半に会所が設けられるに至る。ハプスブルク家のなかでは、皇帝フランツ一世が三一年に加入し、ザクセン公子アルベルトやナポリ王妃マリア・カロリーナも会合に参加した。またクラーゲンフルトのフリーメイソンは、皇女マリア・アンナ（マリア・テレジアの第二子）と深く交流した縁により、会所の名を「慈悲深きマリアンナ」とした。(14)

フリーメイソンの会合

フリーメイソンの会所では、身分や信仰を異にする人々が一堂に会して自由で柔軟な交流を楽しみ、慈善活動などに注力した。ただ、活動の度合いには温度差があり、立身出世のための人脈づくりが主目的という者も少なくなかった。また女性の入会は認められず、団員間の平等を謳いつつも、既存の身分制秩序を揺るがすことのないよう配慮がなされた。イギリスの貴族は会所に入るときに剣を外したと言われるが、オーストリアの市民は貸与された剣を帯びたという。会員の位階は、本来の職人制度を模した三区分（親方・職人・徒弟）からその三倍に、さらには三〇にも増やされ、（上流）貴族の「兄弟」たちは高い

イグナーツ・ボルン

プラハ（ポイカート画、1794年）

位階におさまった。ブリュッセルに存在した三つの会所は、一つが貴族向けで、残り二つがこれより低い身分階級向けとなっている。また、運営費、寄付金、昇級のための経費などにかなりの金銭的負担が求められたため、会員は事実上富裕層に限られた(15)。

一八世紀後半のハプスブルク君主国におけるフリーメイソンの活動の中心人物は、イグナーツ・ボルンである。ボルンは四二年にトランシルヴァニアでドイツ（ザクセン）系の家に生まれ、幼い頃から学才を発揮して、将来を嘱望された。プラハ大学などで学んだのちにはドイツ、オランダ、フランスなどを広く旅して自然科学を幅広く学び、バンスカー・シュティアヴニツァの鉱業アカデミーで学業を終えると、七〇年からプラハで造幣・鉱山局に勤務した。ボルンは志を同じくする貴族や市民の知識人たちと協力して「ボヘミア知識人私立協会」を設立したほか、雑誌や書籍の編纂・刊行も手掛け、プラハにおいてこの時期活発に展開された学芸文化活動を精力的に牽引した(16)。

七七年、ボルンはウィーンに移った。そして皇女マリア・アンナらと共にフランツ一世が遺した鉱物コレクションの管理を担当する一方、「真理、知、全人類の幸福の増進が我らの結合の真の最終目的」「悪徳、無知、愚かさに対抗し、啓蒙を普及させることが我々の使命」と唱え、ウィーンにおけるフリーメイソンの活動を主導するようになる。このような人物が、モーツァルト最晩年の傑作『魔笛』に登場する高僧ザラストロのモデルと目されるのも不思議ではない。また鉱業にも引き続き携わり、八四年には冶金に関するアマルガム法の改良法を考案した。前章で触れたバンスカー・シュティアヴニツァにおける国際学会の開催も、ボルンの主導により実現したものである。こうした活動によってボルンは広く名声を博し、ヨーロッパ各地の学術アカデミーに迎えられた。

八〇年代のことになるが、モーツァルトもまたフリーメイソンで、その活動に積極的に関わった。『フリーメイソンのための葬送音楽』（K477）などの楽曲はその所産であり、ボルンがアマルガム法改良の功績により騎士号を授与された際には、カンタータ「メイソンの喜び」（K471）を作曲している。妻コンスタンツェによれば、彼は自ら会所の設立さえ検討していたという。[17]

「拳の会」

ミラノでは、都市貴族の若者たちが「拳の会」を結成し、会誌『イル・カフェ』を発行して気勢を上げた。会の名は啓蒙改革を志す彼らの心意気を、会誌の名は当時ヨーロッパでカフェやコーヒーハウスが公論形成の場となっていた事情に由来する。メンバーの多くはのちには公職に就き、実際に改革の担い手となって成果を上げた。そのなかの一人に、チェーザレ・ベッカリーアがいた。[18]

ベッカリーアは一七三八年にミラノで都市貴族の家に生まれ、卓抜した学才を示して一六歳でパヴィーア大学の法学部に入り、二〇歳で卒業した。その後「拳の会」に入って知的刺激をうけるう

マリア・ガエターナ・アニェージ

ち、カラス事件（六一年に南仏で起きた、プロテスタント迫害に関連する冤罪事件）などに刺激されて六四年に『犯罪と刑罰』を著し、死刑・拷問の廃止と罪刑法定主義の確立を訴えた。

この著作はたちまち評判を呼び、死刑と拷問をめぐる議論に多大な影響を及ぼした。さらにさまざまな言語に翻訳され、著者を（本人いわく）「ヨーロッパの賛同」を一身に集める存在に押し上げた。ロシアのエカチェリーナ二世は法典編纂の事業に参与させようと彼の招聘《しょうへい》を検討したが、ハプスブルク政府の牽制により失敗している。カウニッツの後援によってベッカリーアはミラノで公共経済学を講じる身となり、七〇年代からは公職にも就いた。ただ、内向的で受動的なところがあったらしく、トスカーナ大公レーオポルトには「誠実、有能、教養豊か、正確だがあまり応用が利かない。少ししか働かず、かなり弱い性格」と評されている。

なお、「拳の会」には属さなかったが、一八世紀中葉のミラノには、マリア・ガエターナ・アニエージという賢才がいた。[19]彼女は一一歳までにフランス語、ラテン語、ギリシア語、ドイツ語、スペイン語、ヘブライ語を身につけ、裕福な商人であった父のサロンで来客たちと自然科学系の諸分野について活発に議論する神童であった。しかし、やがてサロンで見せ物のように扱われることを厭い、人前に出ることを避けて、自宅で家政と自然諸科学の探究に専念するようになる。

四八年、アニェージは二巻の数学概説書『解析教程』を出版し、一〇年におよぶ研究の成果を世に問うた。彼女がこの著作を献呈する相手に選んだのは、「悟性の強さ、才能の豊かさ、そして何よりも、危機や迫害自体から新たな活力を得て、治世の初めに摂理の手によってあれほど厳しく試されたのち、最後にはかくも幸福な逆転をもたらした、瞠目すべき不屈の精神、無敵の勇気、不変の心」の持ち主たるマリア・テレジアである。献辞には仰々しい美辞麗句が延々と連ねられているが、そこからは単に自分が住まうミラノの支配者であるということを超えた、同じ時代を生きる女性に対する共感が滲《にじ》み出ている。

私を励ましてくれたのは、陛下がそれは素晴らしく誇りとし、幸運なことに私もそうである、女性に対する貴方の思いでした。この思いこそが、私の努力を支え、このような困難な試みにつきまとう危険を感じさせない最大の理由です。なぜなら、無限の限界さえも知らない科学の崇高さをめざす女性の軽率さが許されるとしたら、それは、女性が君臨し、世界中の喝采と称賛を浴びているこの輝かしい時代であるべきだからです。私はこの時代、つまり貴方の治世として後世に語り伝えられるであろうこの時代には、すべての女性は自分の性の栄光を高めるために努力し、その輝きを増すために最大限の貢献をすべきと確信しています。[20]

マリア・テレジアがこの献呈と献辞をどう思ったか（あるいは、そもそも実際に目にしたか）は不明であるが、アニェージには返礼として、宝石をちりばめたクリスタルの箱に入ったダイヤモンドの指輪が贈られた。

『解析教程』は瞬く間にヨーロッパの学界で高い評価を得た。しかし五二年、アニェージは父の死を機に学問の世界から身を引き、慈善活動や兄弟姉妹の世話に専念するようになる。そして後半生を貧民救済のために捧げ、九九年に八一歳で没した。「拳の会」の中心的存在であったピエトロ・ヴェッリは、「私は、存命の女性のなかで最も輝かしい学識者であり、過去数世紀の歴史のなかで似たような人物が生まれたことがなく、パリやロンドンでは偶像的な存在であるマリア・アニェージが、知られずに無名のままミラノを歩いているという事実に納得がいかない。〔…〕歴史がその精神の偉大さを記憶するであろう、かくも輝かしい女性の治世のもとで、大臣たちはこのように博識で知られた女性に相応しい名誉をもって彼女を記憶することを怠った」(21)とその才を惜しんだ。

ニコラウス・ヨーゼフ・ジャカン

ニコラウス・ヨーゼフ・ジャカンは、一七二七年にオランダのライデンで織物工場主の家に生まれた(22)。ライデン、ルーヴェンそしてパリで学んだのち、同郷のゲラルド・ファン・スヴィーテンを頼ってウィーンに移る。そして、フランツ一世がシェーンブルンの動植物園を充実させるためにカリブ海に派遣した遠征隊の責任者に抜擢《ばってき》された(五四~五九年)。ジャカンはこの遠征のあいだ、常に正装で行動し、「未開」の地で「文明人」として振る舞うことに余念がなかったという。

ジャカンはこの遠征の成功で名声を確立し、その後半生は栄光に包まれたものとなった。彼はバンスカー・シュティアヴニツァの鉱業アカデミーで教鞭をとり、後年にはウィーン大学の教授、さらには学長にも任ぜられた(メッテルニヒは若き日に彼の講義を聴講している)(23)。そしてシェーンブルン宮殿の庭園・植物園の管理や植物図鑑の出版を手掛けて博物学者としても功績を残したほか、燃焼実験にも挑戦してラヴォワジェにも影響を与え、ヨーロッパ各地の学術アカデミーに迎えられた。

さらに彼は薬事制度の改革にも携わり、医療の進歩にも貢献した。

ジャカンはまた、活発に社交活動を展開して、「ウィーン内外の学界に明るい話題を提供し、また、その居心地の良さから多くの人に求められた」（カロリーネ・ピヒラー）。学者や学者志望の人々はジャカンと（やはり博物学者であった）その長男ヨーゼフを相手に学びのある会話を楽しみ、若者たちは次男のゴットフリート、そして優れたクラヴィーア奏者であった娘のフランツィスカのもとに集って、「おしゃべりをしたり、冗談を言ったり、音楽を演奏したり、ちょっとしたゲームをしたりして、とても楽しんだ」。モーツァルトはジャカンと親しく、近年この関連で、かの『アイネ・クライネ・ナハトムジーク』（K525）がジャカン家の六〇回目の聖名祝日を祝して作曲されたものではないかという説が、新たに提示された。[24] 八七年、プラハ滞在中のモーツァルトはゴットフリートに宛てて、「ぼくがきみの家庭全体に抱いている友情と尊敬」を次のように伝えている。

「――率直に打ち明けて言うと、（ここでは至れり尽くせりの丁重さと名誉を受けているし、プラハは実に美しく、気持のよいところだが）やはりぼくはウィーンがとても恋しくてたまらないんだ。信じてくれたまえ、そのおもな理由は、まさにきみの家なんだよ」。[25]

ニコラウス・ヨーゼフ・ジャカン

グライナー夫妻

市民階級のサロンとしては、カロリーネ・ピヒラーの両親の家も高名であった。娘の回想録を通し、マリア・テレジアについて貴重な情報を多く残したシャルロッ

シャルロッテ・ヒエロニムス

テ・ヒエロニムス（第3章参照）は、北ドイツのヴォルフェンビュッテル家の連隊に属するプロテスタント下士官の娘である。彼女は母を早くに亡くし、連隊がウィーンに駐屯していた折に父も亡くす。この連隊の一員と知り合った侍女からこの孤児の話を聞いたマリア・テレジアは、彼女をカトリックに改宗させたうえで引き取った。ヒエロニムスは知的好奇心が旺盛なところを見込まれ、マリア・テレジアが母のように慕ったフクス伯爵夫人のもとで教育を受けた。そして一二歳の時からマリア・テレジアの侍女となり、すぐに気に入られて、身の回りの世話を多く任されるようになる。彼女は後年、宮廷での生活における自らの立ち位置についてこう語った。「私はこの大舞台で、いかなる役も演じたくありませんでした。それで私はカーテンの後ろに立ち、この機械を動かすすべての歯車やらバネやらロープを見ました。観客を欺くためのありとあらゆる粉飾や、うわべだけの華やかさやらを見たのです」。

ヒエロニムスは誇りをもって職務に精励し、主君から受けた訓導から学んで自己形成を果たした。「この真に偉大な女性と常に接し、彼女の満足や叱責に導かれ、彼女の模範に励まされたことにより、母の生来の強靭な精神と健康な肉体は形成され、高齢になってからも多くの人々の尊敬と驚嘆の的となった」と娘は語っている。しかし、宮中で滅私奉公に徹して仕える日々には、色々と思うところがあったらしい。二七歳で結婚を許され宮中から下がった時には、「多くの人が羨む輝かしい奴隷制度からようやく解放され、自分自身を取り戻すことが許された」ことを喜んだという。学芸に関し、ヒエロニムスは芸術文化よりも学問を好んだ。「私の母は、父とは対照的に、あるいは我が家の教育を完全なものとするために、もっぱら真面目な学問に傾倒していた。彼女は詩や美術全般を軽んじていた」。また、男女平等・女性解放の思想に強く心惹かれ、メアリ・ウルストンクラフトの『女性の権利の擁護』(九二年)に接すると、その主張に深く共鳴したという[26]。

ヒエロニムスの夫となったフランツ・グライナーはウィーンの古い市民の出身で、要職を歴任した優秀な官僚である。マリア・テレジアから厚い信頼を寄せられ、二人のあいだには多くの文書が取り交わされて残された。また彼は絵画や音楽も嗜《たしな》み、学芸全般に幅広く関心をもつ人物だった[27]。

このようなグライナー夫妻のサロンには、内外の文化人たちが頻繁に訪れた。娘のカロリーネいわく、「私たちの家では、国内外で出版されたすべての新しい詩作がすぐに回覧され、読まれ、議論された」。彼女が初めて文才を見い出されたのも、この場においてである。モーツァルトやハイドンも常連であったが、ピヒラーによると、二人はここでかなりくつろいだ姿を見せたらしい。

私がよく知っているモーツァルトとハイドンは、個人的な交友関係のなかではほかに傑出した精神の輝きを見せず、教養や学芸や高次なものの類にはほとんど関心を示さない人たちだった。ありふれた事ども、つまらない冗談、そして前者の場合は軽薄な生活が、彼らが交友関係のなかで開陳するすべてだった。しかしこの冴えない覆いのなかに、どれほどの深み、どれほどの想像力、調和、旋律そして感情の世界が広がっていたことだろう![28]

あるとき私が『フィガロ』の「もう飛ぶまいぞ（この蝶々）」を弾いていたら、たまたまその場に居合わせたモーツァルトが私の演奏に喜んだのか、後ろに回ってきて一緒にメロディーを口ずさみ、私の肩を叩いて拍子をとったりしました。しかしやおら椅子を引いて座ると、私に低音部を弾きつづけるように言って、即興でそれは見事に変奏を始めたのです。皆はドイツのオルフェウスの音色に、夢中になって耳を傾けました。しかし突然、興が失せたのか、彼は立ち上がると、気分が乗らなくなった時によくやるように、テーブルや椅子を飛び越え、猫のようにニャーと鳴き、いたずら小僧のようにでんぐり返しをしはじめたのです。(29)

「近衛兵団の作家たち」

富裕層でなくとも、志を同じくする人々が集い、文芸活動を推進するケースもあった。ハンガリー人のサークル「近衛兵団の作家たち」はその一例といえる。このサークルが生まれたきっかけは、六〇年にハンガリー近衛兵団が結成されたことであった。ハンガリー諸邦からウィーンに集った貴族の子弟は、軍務に従事する一方、多様な文物に触れる機会を得て、変革への熱意を強めた。

このサークルの主導者となったベシェニェイ・ジェルジは、近衛兵団の一員として軍務につき、知人を介してマリア・テレジアの知遇を得るかたわら、独学で多くの言語を学んで啓蒙思想に触れた。そして「外国語で独自の文化を創造した国はない」と考えるに至り、もっぱら民衆の言語となっていて上層の人々からは軽んじられていたハンガリー語の地位向上を求めるようになる。また、身分に関わりなくすべての人々に教育の恩恵が行き渡るような改革を唱え、ハンガリーの経済発展のためには農民の負担を軽減する必要があるとも主張した。ベシェニェイは七三年に近衛兵団を離れて故郷に戻り、しばらくは郡の公的活動に積極的に参加していたが、ヨーゼフ二世の単独統治が始まるとその啓蒙専制政治に失望し、隠遁《いんとん》生活を送るようになる。そして九〇年代半ばにマリア・テレジアに関する小説を著し、プロテスタント追放などに対する批判を交えつつも、彼女を美しいばかりでなく人間的な魅力に溢《あふ》れた寛仁大度な人物として描き、その治世を幸福な時代と讃《たた》えた。

ベシェニェイの志は、彼との接触から文芸の世界に入ったカジンツィ・フェレンツが八〇年代以降に受け継いだ。カジンツィはその活発な政治活動が原因となって投獄もされたが、文芸に造詣が深く、シェイクスピアやゲーテの翻訳を手掛けて西欧文化の紹介に努めた。またモーツァルトのオペラ『フィガロの結婚』の初演（八六年）に接した折には、その音楽に対し、「このような喜びを描くにふさわしい言葉などどこにあるだろう？」とこの上なく感激している。[30] また、自ら積極的に筆をとって文壇を主導し、ハンガリー語の地位向上に尽力した。さらに教育行政にも従事し、数多くの学校を設立することなどで教育の向上にも貢献した。

「近衛兵団の作家たち」のなかでは、バルチャイ・アブラハムも興味深い。彼はトランシルヴァニアの古い家系の出身で、ハンガリー近衛兵団でベシェニェイと親しくなった。彼は軍人という立場と戦争や植民地化がもたらすものとのあいだで葛藤し、戦争や植民地化の進行、そして奴隷貿易を批判した。彼の「一

プラティスラヴァ（シェーファー作、1787年）

杯のコーヒー」という短い詩は、当時広く愛飲されるようになっていたコーヒーがアラブ人や奴隷たちの苦役の産物であり、イギリスに莫大な富をもたらしていることを鋭く洞察し、その消費者が「飲むときにイギリスの罪を共有している」ことを糾弾する内容となっている。[31]

2 「アウトサイダー」たち

ハプスブルク君主国における文化活動の担い手たちは、これまで見てきたような(広い意味での)政府関係者に限られない。ここからは、ハプスブルク家や宮廷・政府と関係をもちつつも、主として市井に生きて社会や文化を担った人々の足跡をいくつか追ってみよう。

ジャン＝エティエンヌ・リオタール

先述したように、マリア・テレジアは常々舞台上にあるような思いで周囲の目を意識し、それができるだけ自分に有利なものとなるよう心掛けていた。かつての支配圏の至るところに二五〇点以上も現存するマリア・テレジア(とその家族)の肖像画は、双頭の鷲などの紋章や帝冠、そして自らの銘(モットー)とした「正義と慈愛」の文字を刻んだ銀貨のマリア・テレジア・ターラー——高品質で知られ、アフリカなどでも長く幅広く流通した——などと同じく、このような表象戦略の産物である。彼女は画家たちを自ら訪ね、絵画のスケッチを送るなどして制作に関与し、子女の肖像画にも厳しい監視の目を向けて、自分たちにふさわしい作品が世に送り出されるよう配慮した。[32]

この表象戦略において、もっとも重用されたのはマルティン・ファン・マイテンスである。彼はオランダ出身の肖像画家を父としてストックホルムに生まれ、ヨーロッパ各地を巡って腕を磨いたのち、三二年からハプスブルク君主国で宮廷画家となった。マリア・テレジア期には重要な政治的場面を絵画化する仕事をほぼ独占的に任され、構えた工房で華麗で豪壮な画風を駆使して大作を次々と完成させ、五九年には芸術アカデミーの総裁の座にも就いた。

マリア・テレジア（リオタール画、1762年）

マリア・テレジア（マイテンス画、1759年）

しかしマリア・テレジアは、個人的には別の画家を好んでいた。それがジャン＝エティエンヌ・リオタールである。彼はジュネーヴの出身で、フランスやイタリアで修行したのち、コンスタンティノープルに渡って数年を過ごし、オリエンタリズムを宿した画風を身につけた。四三年にウィーンに移ると、パステルによる肖像画制作によってマリア・テレジアをはじめとする宮廷人たちを惹きつけ、代表作「チョコレートを運ぶ少女」により名声を確固たるものとした。

ウィーン滞在を一年余りで切り上げると、リオタールはヨーロッパ各地を渡り歩いて仕事を続けた。六二年にウィーンを再訪した際には、君主夫妻と子供たち一二人の肖像画を手掛けている。この時マリア・テレ

シュザンヌ・キュルショ（リオタール画、1761年）

チョコレートを運ぶ少女（リオタール画、1744年）

ジアは、シュザンヌ・キュルショ（後年フランスの財政家ジャック・ネッケルの妻となった女性）の肖像画に強い印象をうけて購入し、没年となった八〇年にも「いまでも何度も眺めては喜びとしています」と記すほど大事にした。また七〇年、彼女はフランス王家に嫁いだばかりのマリ・アントワネットに対し、リオタールの筆になる「ネグリジェでもなく、男装でもなく、あなたにふさわしい服装」の肖像画を送るよう、繰り返し催促した。

マリア・テレジア期に活躍した画家としては、ベルナルド・ベロット（通称カナレット）の名も逸することはできない。彼はドレスデンで宮廷画家として働いていたが、五九年に七年戦争の戦火を逃れ、ウィーンにやってきた。そして（経緯は不明であるが）マリア・テレジアから依頼をうけ、計一三点の作品を残した。これらの精緻な景観画は、マリア・テレジア期のハプスブルク君主国の基礎的なイメージを今日なお提供しつづけている。(33)

フランツ・アントン・メスマー（メスメル）

メスマーは、一七三四年に前部オーストリアの小村イツナングに生まれた。幼い頃から学才を発揮し、五九年にウィーン大学に入って医学の道に進む。そして万有引力の法則に示唆をうけ、天体と地球と生物のあいだには「どんな空隙も残すことのないように普遍的に広がり連続している流体」を媒体とした相互作用があるとしたうえで、それを受容できるような動物の体内の特性を「動物磁気」と名付け、これを活用することで治療効果が期待できると唱えるようになる。[34] さらに彼は、この説を従来から民間で実施されていた磁気治療と関連付け、磁石を用いた治療を試みもした。その施術によって快癒したという例も現れたことから、やがてメスマーは、（今日でいうところの）心身症の治療に特別な力を発揮する医師として脚光を浴びる身となった。

メスマーは富裕な未亡人と結婚して財産を手に入れ、劇場まで備えた広壮な邸宅をウィーンに建てて社交界で華々しく振る舞い、モーツァルト一家とも交流を持った。「庭園はくらべようもないくらい素晴らしいもので、見晴らしもよく、彫像で飾られていて、劇場、鳥小屋、鳩小屋があり、しかも丘には展望台があって、プラーターの森が見わ

ベルヴェデーレ宮殿からのウィーンの眺望（ベロット画、1759/60年）

たせます」（レーオポルト・モーツァルト）。[35]モーツァルトの最初のオペラと目される『バスティアンとバスティエンヌ』がメスマー宅で初演されたという説は今日疑問視されているが、オペラ『コシ・ファン・トゥッテ』（九〇年）の第一幕第四場には、医者に化けた小間使いが「メスマー博士の磁石」を使って怪しげな治療を施す場面がある。これは当時名声を失い、流浪の身となっていたメスマーへのオマージュであろう。

メスマーの名声は、七五年にヨハン・ヨーゼフ・ガスナーの審査にあたったとき、頂点に達したかに思われた。ガスナーはオーストリア西部の領邦フォアアールベルクの出身で、教会が規定する悪魔祓いの作法によって自らの心身の不調を鎮めた経験から、悪魔祓い（エクソシスト）として活動するようになった司祭である（ちなみにカトリック教会は、今日でも悪魔祓いの有効性を認めている）。マリア・テレジア、ヨーゼフそしてカウニッツは、人ばかりか牛をも癒したというガスナーを詐欺師とみなした。これに対しメスマーは、ガスナーは意識せずに動物磁気によって患者を治療していただけと判断した。しかし、ガスナーは最終的に隠遁を強いられ、世間から姿を消した。[36]

施術するメスマー

ただ、メスマーの学説（メスメリズム）とそれに基づく診療にも、やがて疑いの目が向けられるようになった。七〇年代後半にメスマーはパリに移ったが、ルイ一六世の命により組織された委員会（座長はベンジャミン・フランクリン）によって自説の有効性を否定されるなど、ここでも激しい毀《き》誉褒貶《よほうへん》にさらされた。しかし今日メスマーは、精神医学や催眠療法、さらには磁気療法の先駆者として再評価されるようになっている。また、メスメリズムは一九世紀の文人たち（ホフマン、バルザック、フローベール、ポーなど）をも魅了し、その作品に影響を与えた(37)。

ヨーゼフ・ハイドン

ハイドンは、一七三二年にオーストリア東部のローラウで、大貴族ハラッハ家に仕える両親のもとに生まれた。基礎的な教育を先述のとおり叔父から受けたのち、「弱いが美しい」ボーイソプラノの声を評価されて、ウィーンの聖シュテファン大聖堂の聖歌隊（拙著『ハプスブルク帝国』にて「宮廷礼拝堂の合唱団」と記したのは誤りだった）に八歳から加わった。この時期には、マリア・テレジアに無作法な振る舞いを咎《とが》められて打擲《ちょうちゃく》されたり、変声期にさしかかった際に冗談めかして「もう歌わせないように。声が甲高いから」と言われたりしたというが、真偽のほどは定かでない。

ハイドンの生家（クレプシュ画、1829年）

変声期を迎えて聖歌隊を離れざるを得なくなったあとは、作曲を学びつつ日銭を稼ぐ暮らし――そのなかには、ハウクヴィッツ家の私設礼拝堂でオルガンを弾く仕事などもあった――をおよそ一〇年にわたって強いられ、本人いわく「苦しい思いであちこち放浪しなければならなかった」。しかしこの苦学の期間に、さま

ヨーゼフ・ハイドン（ハーディー画、1791–2年）

ざまな場で音楽に携わるうち、その天分は次第に開花し、かつ認められていった。

六一年、ハイドンはハンガリー屈指の大貴族エステルハージ家が有する楽団に副楽長として採用され、ようやく安定した地位を得た。現存する雇用契約書によると、ハイドンは従僕と位置づけられ、楽員たちの模範となることが求められた。白いシャツと靴下を身につけ、髪粉をふった鬘《かつら》をつけ、身分にふさわしい服装をして主君のもとに伺候することが、彼の毎朝の日課となった[38]。

エステルハージ家の本領があるオーストリアとハンガリーの国境地域が活動の場となり、ウィーンから遠ざかったことで、ハイドンの名が世に知られる機会は減少したかに思われた。しかし彼はこうした環境を利用して地道に腕を磨き、独創性を身につけていく。そしてその実力は徐々に知れ渡り、マリア・テレジアの目に留まるまでになった。「器楽では、ハイドンという特別な着想の持ち主がいます。まだ駆け出しではありますが」[39]。パリでは六〇年代から彼の作品が活発に出版・演奏され、作曲の依頼はスペインのカディスなどからも届くようになった。

こうして七〇年代に、ハイドンは地位と名声を確立した。彼自身もそれを自覚し、七六年に来歴に関する質問に答えた際にはこう述べている。「私は幸運にも、ベルリンの人々を除くほとんどの国の人々を満足させることができています。一般の新聞や私宛の手紙がその証です」[40]。ただ一方、これだけの成功を収めたあとでも、王侯貴族の庇護を離れ、完全に自由な身となって活動することには不安があった。九一年、ロンドン滞在中のハイドンはその複雑な心情を次のように吐露している。

このささやかな自由の、なんと甘美なことでしょう！　私は良い主君に恵まれましたが、時には卑しい人たちに頼らざるを得ないこともありました。私はよく解放されたいとため息をついていましたが、いまそれを少しばかり手に入れました。仕事が増えてつらいですが、このように良い面があることは分かっています。束縛された召使ではないと思うと、すべての苦労が報われます。しかし、この自由がどれほど心地良かろうと、哀れな家族のことを思うと、戻ったらエステルハージ侯のもとでぜひ働きたいものです。(41)

このようなハイドンの成功には、本人の才能と努力もさることながら、この時期のハプスブルク君主国が有していた豊潤な文化環境も寄与していた。世の無理解に苦しみ、貧窮のうちに世を去ったと思われがちなモーツァルトも、実はその恩恵を受けた一人である。ウィーン時代（八一～九一年）のモーツァルトの想定年収は、（時期および査定の仕方によって大きく変動するが）七五六～五六七二グルデンに達していた。これは中規模の土地所有者、高級官僚、大商人などが手にしていた額なので、その不世出の偉才にふさわしいかはともかく、彼は同じ身分の人々を優に凌ぐ収入を得ていたことになる。よってモーツァルトの貧窮の主因は、姉のマリア・アンナ（通称ナンネル）が言ったように、「お金の使い方を知らなかった」ことにあったように思われる。(42)

アンゲリカ・カウフマン

画家のアンゲリカ・カウフマンは、幼い頃から才気煥発《かんぱつ》であった(43)。充実した教育を両親から施されて画才と楽才を伸ばす一方、ドイツ語、イタリア語、フランス語、英語を習得した。そして装飾画家の父親に連れられて旅するなかで多くの刺激をうけ、その才能を伸ばしていく。五八年からはおよそ一〇年にわたってイタリア各地を訪れ、女性であるためにスケッチの際に男性モデルを使うことを許されないといった事情に悩まされながら絵の修行に励み、銅版画の技法も身につけた。

カウフマンの技量は徐々に認められ、二〇代からイタリア各地のアカデミー会員に選ばれるようになった。そしてイタリアを訪れたイギリス人たちとの交流を契機として、六六年にロンドンへ渡る。カウフマンはこの地で新しい流行と技術を敏感に取り入れ、「全世界がアンゲリカに熱狂している」といわれるほどの成功を収めた。六八年には、ロイヤル・アカデミーの創設メンバーの一人ともなっている。ただし彼女は正会員ではあるものの、集会への参加などは期待されず、コンクールの審査などでも、候補者リストに印をつけてアカデミーに送るだけであった(44)。

八一年以降、カウフマンはローマを終の棲家とした。そして多くの文化人と交流し、「素晴らしい女性で卓越した芸術家」(ゲーテ)、「おそらくヨーロッパで最も教養ある女性」(ヘルダー)と賛美される存在となる。八三年にヨーゼフ二世が訪ねてきたことは、彼女をいたく感激させた。

皇帝陛下が私の家にお越しくださるという、予想だにしない栄誉に浴しました。一時間以上も私のアトリエでお過ごしになり、私の仕事ぶりをこの上なく真剣にご覧になり、大いに満足されたご様子でした。祖国のあちこちについて、信じられないほど気さくで好意的に私とお話くださいました。光栄なことに、陛下はご自身のためとして、絵を二枚注文してくださいました。この御方が私にどれほど温情ある親切な態度をお示しくださったか、言葉では十分に表現できません。(45)

ヴォルフガング・アマデウス・モーツァルト（クラフト画、1819年）

アンゲリカ・カウフマン（自画像、1784年）

ナポリ王妃マリア・カロリーナもカウフマンに魅了され、宮廷画家となるよう懇請した。しかし、カウフマンは断った。「宮廷ではとりわけ王妃陛下に手厚くもてなされ、年金に加えて考えられるかぎり名誉な条件を提示されて、そこに留まるよう説得されました。しかし幸せなことに、いまの境遇は私が自由でいることを許してくれるのです」(46)。こうしたエピソードは、まだごく一握りではあるが、王侯貴族の庇護によることなく活動できる文化人が現れてきたことを示している。

カウフマンが一八〇七年に六六歳で死去すると、ローマではラファエロ以来となる壮麗なミサが執り行われ、葬儀には多数の聖職者、文化人、市民が参加した。彼女は財産の大部分を親族に遺し、絵画や銅版画の売却益は、親族に加え、フォアアールベルクの山村シュヴァルツェンベルク（父の生地）の貧民のための財団に寄付された。

カウフマンの活動は、一八世紀の末から自らの才により自活する女性が現れてきたことの証でもある。同様の例をもう一つ紹介しておこう。一七六四年、チェコのイグラウに生まれたバーバラ・クラフトは、宮廷画家の父から手ほどきを受けて画家として成功し、ウィーンの美術アカデミーにも迎えられ、ザルツブルク、プラハ、バンベルクと移り住みつつ、肖像画を主に描いて活動した。今日彼女の名は、一八一九年に制作したモーツァルトの肖像画によって知られている。(47)

フランツ・クサヴァー・メッサーシュミット

一七三六年にドイツ南西部のシュヴァーベン地方に生まれたフランツ・クサヴァー・メッサーシュミットは、職人として経験を積みウィーンの美術アカデミーで学んだのち、六〇年頃からハプスブルク家の人々の肖像彫刻を手掛けた。そしてマリア・テレジアらに評価され、ローマなどに遊学して、さらに研鑽を重ねる。彼は活発に制作活動を続ける一方、アカデミーで教鞭をとり（六九年には教授職に内定）、社交界にも出入りする名士ともなって、メスマーなどと親交を深めた。

しかし七〇年頃から、同輩に理由もなく突然危害を加えようとするなど、前途洋々であったメッサーシュミットの言動には奇矯なところが現れはじめた。このためマリア・テレジアとカウニッツは、「頭のなかのある種の混乱」を理由として、教授職への内定を取り消す判断を下す。メッサーシュミットは失意のうちにウィーンを去り、七七年からブラティスラヴァで活動するようになる。そして苦しげに歪んだ表情などを浮かべた独特な頭像の制作に注力し、八三年に病没した。

後年、モーツァルトと似て、メッサーシュミットは世の無理解に苦しんだ末に貧窮のうちに没したという流説が生じた。しかし実際には、彼はブラティスラヴァで地元の貴顕や文化人と交流し、十分な暮らしを営めていた。ただ、感情の不安定さは変わらず、奇矯な言動も消えなかった。啓蒙作家のフリードリヒ・ニコライによると、メッサーシュミットは人間も含めて世界全体がプロポーション（比率）に支配されていると確信し、自分がその秘密に深く入り込みすぎたことが問題だと主張した。「プロポーションの霊」は、メッサーシュミットが自分の秘密を知るという冒瀆の罪を犯したため、あらゆる苦悩を彼に与えた。しかし彼は、悪魔と同じかそれ以上のプロポーションを作り出すことで悪魔に対抗できることを知り、頭像の制作によって危機を克服したという。

メッサーシュミットの後半生、そして彼が制作した数々の奇怪な頭像については、病理学的あるいは精神分析学的見地からの考察、メスマーとの交流などから神秘主義の影響を重視する見解（ニコライもこう考えた）、あるいはジストニア（不随意運動症の一種）を患っていた可能性を指摘するものなど、決着はついていない。一方、頭像のユニークな価値は広く知られ、表現主義あるいはシュールレアリスムの先駆として、今日までさまざまな解釈が提示され、今日高く評価されている[48]。

「ハンガリー女王マリア・テレジア」（メッサーシュミット作、1764–66年）

「くしゃみを誘うにおい」（メッサーシュミット作、1777/83年）

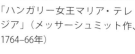

アンジェロ・ゾリマン

日本にも織田信長に仕えた黒人武士弥助の例などがあるが、近世ヨーロッパの王侯貴族はエキゾチシズムを喚起して自らの威信を高める効果を狙い、肌の黒い非ヨーロッパ圏の人々（「ムーア人」と呼ばれた）を側近くにおくことを好んだ。ハプスブルク君主国の場合も例外ではなく、たとえばケーフェンヒュラーの一家を描いた肖像画にも、黒人の小姓の姿が確認できる。「ムーア人」は威信の顕示のため、対外的な行事の折には目立つ場面で起用された。また、外見上の特徴にふさわしいとしてコーヒーやホットチョコレートを給仕する仕事を任されることも多く、こうした人々は「コーヒームーア」と呼ばれた。この事情は、楽劇『ばらの騎士』に登場する黒人小姓モハメッドの造形に反映されている。ハプスブルク君主国では一八一一年に奴隷制が廃止されたが、その後もこうした事例は有産市民層にも模倣されて存続した。[49]

ここで紹介するアンジェロ・ゾリマンは、こうした「宮廷ムーア人」の代表的な人物である。[50]その出身はアフリカということ以外不明で、五四年にリヒテンシュタイン家の従僕として存在が確認できるまでの来歴については、カロリーネ・ピヒラーなどが書き残してはいるが、史料上確かな記録が見つかっていない。ゾリマンは六八年に結婚した際にリヒテンシュタイン家から離れたが、七三年には六〇〇グルデンという高額の年俸で再雇用され、子女の養育に携わるなどした。

おそらくはこの時期からゾリマンはウィーンの社交界に出入りしはじめ、ラシ、ゾンネンフェルス、カジンツィらと交わった。八一年にはフリーメイソンの会所「真の調和」に加入し、イグナーツ・ボルンの加入を提議して実現させるなど、重要な活動を行っている。人類学者ヨハン・フリードリヒ・ブルーメンバッハの著作において「気品があり、きわめて教養深い」人物として言及され

アンジェロ・ゾリマン

ケーフェンヒュラー一家

るなど、その名は国外でも知られるようになった。しかし、奇異の目で見られることは珍しくなかった。カジンツィは、散歩中に偶然ゾリマンに出会った際に大勢の注目を引いたこと、そして彼に「見てごらん。どうやら君もアフリカ出身だと思われているようじゃないか？」と言われたと語っている。[51]

　ゾリマンは八三年に退職して隠居し、九六年に没した。しかし彼の遺体は――不快だが書かないわけにはいかない――剝製にされ、羽毛や貝でできた装飾品をつけた半裸の立ち姿で、宮廷博物標本室（現在のウィーン自然史博物館の前身）に展示されるという運命を辿《たど》ることとなる。後年この室長を務めたレーオポルト・フィッツィンガーは、この措置は「その美しく整った顔立ちと、老齢になっても衰えることのなかった体格が、皇帝［フランツ二世］に保存の必要性を感じさせた」ためにとられたもので、ゾリマン家の了承を得て行われたとした。[52]しかし、これは正しくない。ゾリマンの娘は何度も警察に出向いてこの措置の非人道性を糾弾し、カトリック教会の支援も得て、適切な埋葬を求めた。しかし政府は学問的な動機に基づくものだとして、これを拒絶したのである。最終的にこの剝製は、一八四八年革命の際に発生した火災によって失われた。
第6章で述べたことと関連するが、この出来事の背景には、啓蒙主義が合理的思考、科学的探求の精神、世俗的・自由主義的・普遍主義的な価値観の普及に貢献した一方、人類を「科学的」に分類する道を開き、近代的な人種主義を発展させもした事情がある。カント、リンネ、ヒュームなど、この時代の著名な知識人の多くは、人間の違いに関するそれまでの考え方を体系化し、階層的な人種論を展開した。そして白色人種が優れた支配的な存在であり、進歩と文明化を完全に実現するできる唯一の人種であると主張して、ヨーロッパ諸国による植民地支配の正当化に寄与したのである。たとえばカントは、すべての進歩はヨーロッパに由来しなければならないと確信していた。[53]
こうした事情から、一八世紀の博物館では、人種差別の対象となった人々の身体がしばしば剝製にされて展示された。八〇年代に実施されたインド洋への探検航海で連れてこられ、シェーンブルン宮殿で動物の飼育係となったミヒャエル・アンジューはその一人である。また九八年、ナポリ王妃マリア・カロリーナは、甥の皇帝フランツ二世に、六歳の黒人少女の剝製を贈った。[54]

アンナ・マリア・ケーニギン

この女性の数奇な生涯は、およそ二〇〇年のあいだ、子孫のあいだでだけ語り継がれ、近年になって世に知られるようになった。[55] アンジェロ・ゾリマンと同じく、アンナ・マリアの正確な出自や生年も不明である。おそらく一七三〇年ごろ、黒海沿岸のカフカス（コーカサス）地方に生まれたと推測されるこの女性は、両親を早くに亡くしたあと、六歳くらいの時に、妹と共に何者かに捕えられた。そして妹と引き離されて船に乗せられ、オスマン帝国の首都コンスタンティノープルの富裕な商人に売られた。妹のその後の消息は不明であり、姉妹が再会することはついになかった。

この商人の家での暮らしは、比較的恵まれたものだった。アンナ・マリアは、「家の人はみんな自分によくしてくれたし、奴隷のように扱われたことはない。少なくとも、キリスト教国で想像されるような奴隷生活ではなかった」と語ったという。ここで彼女は家の娘たちと共に、女主人からトルコ式の独特な刺繍をはじめとする針仕事を数多く教わった（ここで身につけた技芸を、アンナ・マリアは後年、ウィーンでマリ・アントワネットに伝授したという）。しかし一方、この家には彼女のほかにも多くの奴隷がおり、その境遇は彼女のそれより過酷であった。

アンナ・マリアは成長するにつれ、食料の管理を任されるなど、家の者たちから信頼されるようになった。しかし、この家の息子だけは彼女に対し横柄な態度をとり、顔を殴打するなどの虐待を繰り返した。これが彼女に脱走を決意させることとなる。ある日、アンナ・マリアは親しくなっていた奴隷の門番の助言と協力を得て主家を抜け出し、三位一体修道会（イスラーム教徒に捕えられたキリスト教徒の解放を目的として、一一九八年に創設された修道会）の保護を受けた。この件は大きな騒ぎを巻き起こしたが、主家の人々が比較的寛大な態度を見せたことなどにより、長く厳しい審理と高額の解放金の支払いを経て、アンナ・マリアは自由の身となった。しかし、また捕えられて奴隷にされるのではないかという恐怖は、終生彼女につきまとったという。

アンナ・マリアはほかの解放奴隷と共にウィーンに移動し、旅の途中でドイツ語を学びはじめた。四五年の夏、「トルコ風」の衣装を身につけた彼女をはじめとする解放奴隷たちがホーフブルク宮殿まで行進すると、何千人もの見物人が通りを埋め尽くした。この様子を見ていたマリア・テレジアはアンナ・マリアを保護することとし、カトリックの洗礼を受けさせてイエズス会士から教育を受けるよう計らい、姓を覚えていなかった彼女に「ケーニギン」という名を与えた。洗礼式のあと、マリア・テレジアは少女を私室に招き入れてルビーのついた黄金製の十字架を与え、「これはあなたの最高の宝です。信仰に忠実でありなさい。そして、助言や援助がいる時には、私のところに来なさい。私はいつでもあなたの母なのですから」という言葉を贈った。

しかし預けられた里親の家での生活は、トルコでの暮らしよりはるかに過酷であった。この時期に彼女を支えたのが、東洋出身のキリスト教徒で織物商人のヨハン・エヴァンゲリスト・モーレンハイムとの交流である。やがて二人の関係は露呈するが、入念な調査が行われたことで、アンナ・マリアに何ら非はなく、モーレンハイムが実直な人物であることも明らかとなった。この報告を受けて、マリア・テレジアは二人の結婚を承諾する。四七年に二人は結婚式を挙げた。マリア・テレジアは花嫁側の結婚立会人となり、一切の経費と三日に及んだ式の費用を負担した。

アンナ・マリアは幸せな結婚生活を送り、一〇人の子供に恵まれた。そのうち六人の名付け親はマリア・テレジアが務めている。彼女のもとをアンナ・マリアはいつでも自由に訪ねる許可を授かり、両者の交流は生涯継続した。一八〇三年、アンナ・マリアは「優しき妻、愛情深き母、真のキリスト教徒、そしてとりわけ未亡人と孤児を大切にした貧しき人々を思う慈善家」として没した。

ペーター・プロッシュ

一七八九年、ミュンヒェンで珍奇な体験談が出版された[56]。著者の名前はペーター・プロッシュ、当時「宮廷道化」として名を馳せた人物である。ゾリマンやケーニギンの場合と同じく、こうした史料の裏付けは困難だが、慎重を期しつつ、「奇跡の人間」と自称した人物の足跡を追ってみよう。

四四年にティロールの山村に生まれたプロッシュは、両親を早くに亡くし、九歳にして自活を余儀なくされた。この時の自分の様子を、彼はこう描いている。

私の黒茶色で分厚い皮膚で覆われた素足は、尖った石のうえでも怪我をせずに歩くのに慣れていた。私の頭は陽光と寒さ、雨、風に鍛えられて堅くなり、道端のアザミや茨にひっかかれても痛まなかった。私はぼろぼろになった小さなシャツに、乞食をしてもらい受けた古い服をひっかけていた。丸くて頰の膨れた巻き毛のある頭には、年季の入った灰色の破れた大きな帽子をかぶっていたが、その隙間からは薄茶色の髪がしばしば覗いていた。古いパン袋を小脇に下げ、手には犬よけ用に頑丈なハシバミの杖を持っていた。

プロッシュは平民の出で無学だったが、利発で機転の利く少年であった。手袋や油薬などを行商してドイツ南部を放浪するうち、貴族たちの目に留まり、そこで色々な経験をする機会を得た。それでも貧困に苦しむ日々が続く中、マリア・テレジアが臣民から真の母として愛されていること、そして彼女がティロール人をとくに好んでいるという話を聞いて、「どうしたら彼女に好かれるか、そんなことが昼も夜も頭のなかをグルグル回る」ようになる。そして「ある晩、いつものように寝ると、ごく自然に、自分が善良な女帝のもとへ行き、帽子を小脇に抱え、女帝からお金をいっぱいもらって、古い酒蔵のあったある場所に、自分用の住まいと火酒の醸造所を建ててもらう夢を見た」。

これを正夢だと確信したプロッシュは意を決し、マリア・テレジアに会いに出かけた。そして貴族たちの助けを借りつつウィーンに辿り着き、彼女に次のような短信を渡すところまで漕ぎ着ける。

親愛なる善良な女帝様。祖国の故郷の人々が、あなたはとても良い人だと言っています。そしてぼくは、姉のところの干し草屋根の下で夢を見ました。あなたのところに来たぼくに、あなたは帽子一杯のお金を与え、火酒の醸造所を作らせたのです。お願いだから、ぼくのためにそうしてください。一生、あなたのためにお祈りします。　ペーター・プロッシュ

プロッシュはしばらく待たされたのち、五七年九月二三日にマリア・テレジアに拝謁した。彼女は愛想よく接して願いを聞き入れ、ティロールの人々から尊崇されていると聞いて喜び、誠実で真摯《しんし》だから自分もティロール人が好きだと話して、金貨を二四枚与えた。またその後、当時一〇歳であったレーオポルトのもとに呼ばれて乗馬遊びで馬役を務め、ここでも金貨を獲得した。

プロッシュはその後も行商を続け、貴顕のもとにも出入りを続けた。ブリュッセルではザクセン公子アルベルトとマリー・クリスティーネの夫妻と懇談し、フランスではマリ・アントワネットに面会している。マリア・テレジア夫妻にも何度か拝謁したが、六五年にインスブルックを訪れた際には、懇談のあとにフランツ一世が急死するという愁嘆場に直面した（これについては、ケーフェンヒュラーの日記に「［フランツが］ウィーンで知り合ったティロールの商人と親しく歓談された」[57]とある）。また、プロッシュが憂鬱症《ゆううつ》を患い自殺を図ったかどで有罪となり、官憲に追われる身となった際、マリア・テレジアは彼の妻の嘆願に応じて恩赦を与えた。

酒造免許を取得するのに四年、宿屋でビールを提供する権利を得るのに一二年を要し、水難に遭って家財を失うといった辛酸を舐めた末、最終的にプロッシュは一財産を築くに至った。そして八〇年代後半からは郷里で土地持ちの富農となり、経営する宿屋で類稀《たぐいまれ》な体験談を語って余生を過

虐待をうけるプロッシュ

ごすようになる。体験談を出版した折には、旧知の貴族たち三〇〇人ほどが予約者となった。

ただし王侯貴族のもとに伺候《しこう》した折には、花火を仕掛けられ、水に落とされ、人前で排泄《はいせつ》を強いられ、妻を辱められるなど、陰惨な「悪ふざけ」に遭わされることがしばしばだった。ハプスブルク君主国でもインスブルックで一度、旧知の貴族たちに電極を触るよう強いられて、「雷雨で地べたに叩きつけられるような」体験をしている。プロッシュが言うところの「私たちの啓蒙された時代」にあっても、このような仕打ちの数々は――現実に存在する上下関係を反映していて上位の者が被害者とならないかぎり――なお「ユーモア」「お遊び」に含まれていたのだった。

しかし、プロッシュはそれでも繰り返し貴顕のもとを訪れた。そして彼らの望むところを巧みに読み取り、野卑だが純朴な愚者（道化）として期待どおりに振る舞って歓心を買い、その心中に潜む猥雑《わいざつ》な欲求を運命論的に甘受して、利益を得ていったのであった。

第8章　落日と残照

1　晩年

「老婦」

夫の死は、マリア・テレジアにとって老いとの戦いの始まりともなった。「とりわけ女性にとって、自分にとっても他人にとっても、老いることほど嫌で不快なことはありません」。頑健な体に物を言わせ、激務に追われつつも次々と子供を産み、力強く国政を司った日々は過去のものとなった。一七六〇年代後半からはしばしば自嘲気味に「老婦」と自称し、自分の治世に「不幸な」という形容詞をつけるようになる。たとえば七八年に彼女はヨーゼフにこう書いた。

「私たちは大国でしたが、いまはもうそうではありません。頭を垂れ、せめて廃墟を救い、私たちに残された臣民を、私の不幸な治世の時より幸福にしなければなりません」(1)。

股肱《ここう》と侍《たの》んだ功臣たちの死没も続いた。六七年にはバルテンシュタイン、七一年にはタルーカ、七二年にはファン・スウィーテン、七六年にはケーフェンヒュラー、八〇年には義弟カール・ロートリンゲンが世を去った。こうしたなか、昔は今より実直で忠良な人々が多くいたという類の愚痴っぽく懐古的な物言いも増えていく。父帝カール六世の命日を三日後に控えた七五年の一〇月一七日には、「三五年です！　何という数字でしょう！　弱っている今日の身体にはとくにこたえます」と、万感胸に迫った様子で嘆息した(2)。亡夫を哀惜《あいせき》する気持ちが変わらなかったことは、没後に発見された走り書きの内容が良く示している。

> 私の夫の皇帝フランツは五六歳八か月と一〇日生き、一七六五年八月一八日の夜九時半に逝去した。つまり月にして六八〇、週にして二九五八、日にして二〇七七八、時間にして四九六六九九二生きたことになる。私の幸せな結婚生活は二九年六ヶ月と六日続いた。彼に手を差し出したのと同じ時間、それも日曜日に、彼は突然私の前から姿を消したのである。つまり年にして二九、月にして三三五、週にして一五四〇、日にして一〇七八一、時間にして二五八七四四(3)。

このように忍耐の日々を送る老母の姿を、七八年にレーオポルトは次のように描写した。

> 女帝は、年齢と肥満のため歩くことも難しくなっているが、そこから予想されるよりは比較的よい健康状態にある。歩いたり動こうとしたりすると途端に息が苦しくなってしまい、それを恥じてより速く歩こうとするため、ますます機嫌が悪くなり、意気消沈してしまう。記憶力も

低下している。もはや多くの物事や自分の命令すら覚えていられず、何度も繰り返して混乱を生んでいる。耳も悪くなりはじめているようで、つねに機嫌が悪いために気力も活力も失っている。王家、家族、国事に関することすべてをなるがままに任せ、自身は祈りと礼拝に耽《ふけ》っている。多くの物事に対し懐疑的になり、自分自身そしてほかのすべてに対しつねに不信感を抱いている。何かに喜びを示すことはまったくなく、いつも一人でいて鬱《うつ》に沈んでいる。［…］よかれと思うことが支持されず、信頼できる者が誰もいないと、始終文句を言っている。だから自らの職務を果たすこともできないし、魂の平安を失ったとも嘆いている。気力をなくし厄介者になっていると感じているため、政治から身を引こうと考えている。しかし、統治をやめて身を引くことは決してないだろう。［…］上司についての報告や意見を書くようその部下に命じたりもするが、女官たちの不注意により、こうした書類が、まさに皇帝や、あるいはそうしたものが本来こないはずの人びとの手に渡り、有害な大混乱を引き起こしている。［…］皇帝との意見の食い違いについては、誰もが気づいている。[4]

マリア・テレジアと息子たち（モーリス画、1772年）

これは興味深い叙述で、事実を少なからず含んでいると思われるが、そのまま受け取ることはできない。衰えは否めなかったが、マリア・テレジアは気力と能力をなお十分に保ち、規則正しい生活を続けて、政務に精励した。この時期には午前と昼に公務をこなし、午後を読書や文通などに費やすことが基本で、日曜は七時から一〇時半まで謁見、月曜と水曜は秘書官と共に政務、火曜は大臣たちの引見（ヨーゼフが同席）、木曜は九時から一六時まで国務会議、金曜と土曜は家族やほかの仕事や私人との交流にあてている。また、内外の情勢への目配りも欠かしていなかった。（没年となる）八〇年には、駐仏大使メルシー＝アルジャントーがフランスの財政家ジャック・ネッケルと知己であると知り、挨拶をことづけた。「私はネッケル氏の才能を高く評価しています。［…］彼の財政運営に関するニュースを読むのはいつも大きな喜びであり、フランスがいまのようなひどい混乱状態でなければ、私たちの財政に役立つとまで確信していることを付け加えてください」(5)。

母子の対立

晩年を迎えたマリア・テレジアを苦しめたのは、子供たち、とくにヨーゼフとの不和であった。両者が政見を異にしていたことは第6章で見たとおりだが、不和の原因となったのは、それよりも思想信条と生き方をめぐる対立である。ただヨーゼフも、母に劣らず心から国を思い、滅私奉公に徹する覚悟でいた。七一年に彼はこう述べている。「団結した力はより強いというのは誰もが知る成句で、注釈の必要はないだろう。我が国は広大にして多様であり、相異なった国々から成り立っている。もし皆が暖かい心と意思で結ばれて手を差し伸べ合うなら、私はその至福の成果を眼前に思い浮かべることができる。もし人々が真剣に望んで支持するなら、達成できることは疑いない」(6)。

もっともヨーゼフは、この「至福の成果」は専制によってのみ達成可能だと確信しており、それを母に対して再三求めた。「私とすべての大臣たちを助言者そして従僕とだけみなし、貴方の命令を求めてそれを実行するだけの存在にしてください。これが私たちの唯一無二の義務なのです」(7)。

しかし第4章でみたように、マリア・テレジアは六〇年代以降、関係諸勢力との協調と合意形成を重視するようになっていた。そして彼女は、若き日の自分と同じ主張をより過激なかたちで展開するヨーゼフを、その権高《けんだか》で才気走った言動ともども危険視するようになる。共同統治の開始からわずか一年後、マリア・テレジアは以後再三繰り返すことになる非難をヨーゼフに浴びせた。

私は常に、丁寧な言葉でもって、人々が強いられるよりも納得して私の意志に従うよう心がけてきました。そしてそうすることで、うまくやってきたのです。私が見出したように、貴方が国家や人々のなかに多くの助けを見出すことができればと願っています。[…] 貴方が一人の友人も見つけられなくなることを、私はどれほど恐れていることでしょう。

貴方は多くの才能に恵まれているかもしれませんが、あらゆる経験を持ち、過去と現在の状況をすべて知っていて、一人で物事を進められるわけではありません。[…] 陰険さに溺れてはなりません！　貴方の心はまだ悪いものではありませんが、これからそうなるでしょう！　いまこそ、他人を貶《おとし》めて馬鹿にすることだけを目的とした言葉の戯《たわむ》れにふけることを止める時です。そういうことをするから、まともな人たちを遠ざけ、人類は尊敬されたり愛されたりするに値しないなどという考えにとりつかれてしまうのです。そう、貴方は自分自身の行動によって良いものをみな遠ざけてしまい、悪党や阿諛追従《あゆついしょう》の徒を迎え入れてしまっているのです(8)。

しかし、ヨーゼフは母の言葉に耳を傾けなかった。そして共同統治は混乱をもたらすばかりで、行政は機能不全に陥っていると嘆き、母親が臣下の意見を聞き過ぎると非難した。七三年四月、ヨーゼフはトスカーナにいるレーオポルトに対し、次のように愚痴をこぼした。

誓って言うが、私は来る日も来る日も朝の五時から夜の六時まで、たった一人で食事をとる一五分間を除き、休むことなく仕事を続けている。それでいて、何も成しえていないのだ。私を長いこと煩わせて振り回す些末《さまつ》なあれこれや陰謀やらが、何もかも窒息させ、めちゃくちゃにして、台無しにしている。［立場を］交換しよう、友よ！　私はお前に、長男としての権利を無償で譲る。私はすっかり気が滅入っていて、未来には何の希望も持てないでいるのだ。(9)

これまでにみたように、この共同統治期において、ヨーゼフの果たした役割は小さくなかった。しかしヨーゼフはこのように無力感にとらわれ、自らがおかれた状況に苛立った。彼は憂さ晴らしを兼ねて国内外を再三隠密に（たいてい露見していたが）旅し、フランスやロシアにまで足を延ばした。一五年に及んだ共同統治期において、ヨーゼフが旅先で過ごした日数はおよそ千日にのぼる。ただヨーゼフは多くを細かく観察したが、問題を構造的に把握せず、個人の責に帰す傾向が強かった。また彼には、重大な局面で決断を迫られると腰が引けてしまうところがあった。周囲はそれに気づいており、マリア・テレジアは皮肉っぽくこう言っている。「皇帝が一人で責任を背負うことになれば、彼はすぐに不都合を悟り、私の後ろに隠れることはできなくなるでしょう」。(10)

このような日々が続くうち、母子は愛し合いつつも、互いを理解することを諦めるようになった。

七五年のクリスマスに、マリア・テレジアは深い諦念を込めて、息子にこう書き送った。「私たちのあいだにはまったくもって大きな不幸があり、どれほど望もうと、私たちは理解し合うことができません。［…］この三六年間、私は貴方と最も深く関わってきたと言ってよいでしょう。そのうち二六年間は幸せでしたが、いまはもうそう言うことができません」。[11]

母子はこの対立を隠そうと努めたが、レーオポルトが言うように、それは周知の事実であった。「私たちのように、何が起こっているのかを知っている人々は、国がまだ存続していることに驚いています」（エレオノーレ・リヒテンシュタイン）。[12]このような状況を仲裁できるのは、母子が共に敬意を払うカウニッツしかいなかった。しかし、それはこの練達の政治家の力量をもってしても容易でなかった。また、カウニッツ自身、常に自分が主導権を握ることに固執する難物で、調整能力には長けていなかった。このため七三年の末には、この三人がみな辞意を表明する事態が生じた。

しかし一方、この母子の争いには、どこか馴れ合いのような気配もあった。イギリス大使ストーモントは母子の対立を痴話喧嘩に見立てたが、これはかなり当を得た見方といえるだろう。[13]

2　バイエルン継承戦争

プロイセンとハプスブルク君主国

一七七八年七月、バイエルン選帝侯国の継承をめぐって、ハプスブルク君主国とプロイセンは再び衝突した（バイエルン継承戦争）。これは結果として小規模な騒乱で終わったが、ヨーロッパ中の耳目を集め、神聖ローマ帝国の行く末にも大きな影響を与えることとなる。ここではこの戦争の詳細に立ち入るまえに、七年戦争以降のハプスブルク君主国とプロイセンの関係についてみておこう。

先述したように、七年戦争ののち、ハプスブルク君主国は国是であったシレジアの奪還とプロイセンの打倒を事実上断念し、国力の充実を最優先とする方向に舵を切った。一方のプロイセンも、国力の回復とロシアの脅威に対抗するため、ハプスブルク君主国との和解を模索するようになった。

こうして開始された相互接近の最初の成果は、六九年と七〇年の二度行われた、ヨーゼフ二世とフリードリヒ二世の会談である。ここでフリードリヒは、当時の諸事情によりやむを得なかったとしつつも、若い時に野心に負けて「良くないこと」をしたと述べ、マリア・テレジアとカウニッツ、そしてハプスブルク側の将帥の手腕を称賛するなどした。ヨーゼフはフリードリヒの印象をこう母親に伝えている。「王は私たちを礼儀正しく親しげに迎えてくれました。彼は天才で、素晴らしい話し方をする人ですが、ごまかしを感じない言葉はありません。彼が平和を望むのは、善意からではなく、自分が有利に（戦争を）行うことがほとんどできないと見ているからだと思います」。

一方フリードリヒは、自分の狙いをこう説明している。「私は両家のあいだに誠実な理解を築き、ロシアの野心的な意図がやがて生み出すかもしれない緊張関係に備えるため、全力を尽くす用意がある。少しずつ関係を改善し、皇帝とできればその母親の信頼を得るため、さらに会合を重ねるつもりだ」。そして翌年の会談では、近習《きんじゅ》たちとハプスブルク軍の白い制服を着て現れ、歓心を買おうと試みている。七〇年代の教育改革の際、プロイセンの臣民であるフェルビガーを招請したいというハプスブルク側の申し出をフリードリヒが快諾したのも、こうした事情によるものだった。(14)

神聖ローマ帝国とハプスブルク君主国

第3章でみたように、ハプスブルク政府はマリア・テレジア期にも、神聖ローマ帝国に対する関心を失いはしなかった。その目的は、帝国内でのハプスブルク家の地位を強化し、プロイセンのそれを弱化させることにあった。結果として決定的な成果をもたらすことはなかったが、七年戦争で帝国からの支援を得ることに成功したことは、この点で重要な成果であった。

ただ、自国の政策と帝国政策を調和させることは困難であった。ハプスブルク政府と帝国の諸機関は一種の競合関係にあり、利害の錯綜と対立は日常茶飯事だったのである。カウニッツとフランツ一世が絶えず衝突したのは、この点にも一因がある。前者がハプスブルク君主国の利害を優先したのに対し、後者は帝国内の諸邦の肩を持つことが多く、しばしばその利害の代弁者となった(15)。

ヨーゼフ二世が即位したのちも、帝位を保持してハプスブルク君主国と神聖ローマ帝国の利害を一致させ、相乗的な効果を狙おうという基本方針は変わらなかった。一七六六年にヨーゼフはカウニッツをはじめ、帝国統治に携わる重臣三名に対して帝国統治について諮問し、この方針を再確認している。帝国を統一的に支配することなど不可能で、諸邦の連合体の盟主程度の立場で満足せざるを得ないこと、そしてそれにも煩わしい雑事が伴うことは周知の事実であった。しかし、もし帝国を諦めれば、ドイツ諸邦はプロイセンの勢力圏に入るだろう。直接的には支配できなくとも、皇帝になお残る権能などを通じてドイツにおける覇権を維持することは、やはり重要と考えられた。

また、近世末期においても神聖ローマ帝国に対する関心はなお高く、その刷新を期待する声は強かった。帝国の枠内に自立性を強く持った領邦や都市が大小およそ三〇〇も存在するという状況は、ヴォルテールから「神聖でも、ローマ的でも、さらには帝国ですらない」と嘲《あざけ》られ、一九世紀にはもっぱら否定的に評価されることになる。しかし同時代においては、その「複合的な国家体」（国法学者ヨハン・シュテファン・ピュッター）に統一的な国家とは別種の可能性を感じ、ヨーロッパにおける勢力均衡の要と見る者も少なからず存在した。「帝国が存在するかぎり、ヨーロッパにおける均衡は破壊されず、いかなる権力者もほかの権力者によってその権威を失うことを恐れる必要がなく、ウェストファリア条約がおそらく永久に我らの政治システムの基盤となろう」（ルソー）。今日の研究者のあいだでは、帝国は最後まで一定の政治的機能を果たしたとする見方が力を強めている[16]。

ヨーゼフもまた、はじめは帝国統治に一定の関心を持っていた。しかし、改革の試みが帝国諸身分の抵抗によって妨げられることが何度か続き、プロイセンとの関係改善が進んで彼らと協調する必要性が相対的に薄れたことで、ヨーゼフは帝国への関心を早々に弱めてしまう。それに代わって彼の興味を引いたのは、バイエルンの獲得による自国の直接的な勢力拡大であった。

バイエルン継承問題

バイエルン選帝侯カール・アルブレヒト（皇帝カール七世）がオーストリア継承戦争中に没したのち、後を継いだのは長男のマクシミリアン・ヨーゼフであった（第2章参照）。しかし彼には男子がなかったので、バイエルンの継承問題は早くから世の注意を引いていた。ハプスブルク政府がこの件を重視したことは言うまでもない。ヨーゼフがパルマ公女イザベラに先立たれたあと、（マクシミリアン・ヨーゼフの妹である）バイエルン公女マリア・ヨゼーファとの再婚を不承不承受け入れたのも、この継承問題で優位に立とうとする狙いからである。またハプスブルク君主国には、ドイツにおける勢力拡大と一円的な領土形成を狙う見地から、南ネーデルラントなどを代償としてバイエルンを獲得しようとする構想が、すでに一八世紀初頭から存在していた。

こうした動きに対しマクシミリアン・ヨーゼフは、同じヴィッテルスバッハ家の一員で、やはり男子のいないプファルツ選帝侯カール・テオドールとの関係を強化する道を選んだ。両者は七一年、互いを自らの後継者とすることで合意する。そして七七年の末にマクシミリアン・ヨーゼフが天然痘で病没すると、後継者となったのはカール・テオドールであった。

ヨーゼフと弟・将軍たち

しかし、この継承によってハプスブルク、プロイセンに次ぐ帝国第三の勢力となったにもかかわらず、カール・テオドールはバイエルンに対する執着が薄かった。彼は本領のプファルツを中心としてライン川流域に「ブルグント王国」を築く夢を抱いており、その形成に不可欠な南ネーデルラントを獲得するため、バイエルンとの交換を望んだ。そしてこの構想につながるという期待から、ヨーゼフとカウニッツがバイエルンの一部に対して仕掛けた根拠薄弱な領土割譲要求に応じた。

一方、マリア・テレジアは自国の要求の正当性に疑問を抱き、この行動をヨーロッパの安寧を脅かすものと見た。「たとえ私たちの要求がより正当性のあるものだとしても、私たちの特定の利益のために大きな騒乱を起こすことは控えたほうが良いでしょう」「一七四一年に私からシレジアを奪うことになったものを除き、このような企てが成功するのを見たことがありません」[17]。しかしヨーゼフは、列強がそれぞれ厄介事を抱えていた当時の情勢から、大事にはなるまいと判断した。そしてカール・テオドールの同意を得ると、問題の地域に早々と軍を入れ、支配を固めようとした。

しかし、事態はマリア・テレジアの予想どおりに推移した。カール・テオドールは、ヨーゼフが南ネーデルラントではなくガリツィアを交換の対象とする意向と知って失望した。バイエルンの諸身分も反対した。同盟国フランスでは国王ルイ一六世が苦り切り、「貴方のお身内の野心がすべてを台無しにするだろう。最初がポーランド、今度は第二幕でバイエルンというわけだ」と王妃マリ・アントワネットに告げて、この件での協力は控えると明言した[18]。

ここで帝国の守護を大義名分とし、直接介入に踏み切ったのがプロイセンである。七年戦争後に進んだ関係改善、プロイセンにもフリードリヒにも往年の勢威はないとの判断、そしてプロイセンとロシアの関係が良好でないことなどから、ヨーゼフらはプロイセンの介入はないとみていた。しかしその予測は外れ、両国は互いに二〇万弱という大軍を動員して、ボヘミア北部で対峙することとなったのである。そしてヨーゼフは、プロイセンが依然として強敵であることをすぐに思い知らされた。「我々が対峙している敵は、実のところ我々を上回る力を持っている。手段を選ばないことで知られ、彼〔フリードリヒ〕はまさに戦争の達人だ。我々には本当に味方がいない。だから我が国は、自らの力を総動員して戦うほかない」[19]。

「ジャガイモ戦争」

「不正で不要で破滅的な戦争」（レーオポルト）の勃発に、マリア・テレジアは狼狽《ろうばい》した。「私は三四年間官房に勤務しているが、これほど陛下が動揺している姿を見たことはほとんどない」（秘書官カール・ヨーゼフ・ピヒラー）。彼女は「もしも我が国が最初に揉め事を起こしさえしなければ、いまのような状態になることも、戦争になることも決してなかったでしょう」とヨーゼフらの浅慮と軽挙を非難し、「これは我が家門と君主国の崩壊、さらにはヨーロッパにおける根本的な変動につながる問題です」と嘆いた。そしてヨーゼフの了解を得ることなく、プロイセン、ロシアそしてフランスなどと連絡をとり、停戦交渉に自ら乗り出す。なお、ここでマリ・アントワネットが母親の意を受けて動いたことは、彼女がのちに「オーストリア女」として批判される一因となった。[20]

一方ヨーゼフは、想定外の事態の連続に戸惑いつつ、不退転の決意を固めていた。

肝心なのは、私たちが泰然自若としていることです。不幸になって何度も敗れてから降参するほうが、早く降参するよりも百倍ましです。前者は不幸ですが、後者は弱さと無力さを白状するようなものだからです。それは我が国をヨーロッパの列強のなかで二流の存在とし、軍のための支出をすべて無駄にし、未来永劫にわたってその信用と評判を破壊することになるでしょう。[21]

それだけに、母が秘密裡に停戦交渉を進めていると知るとヨーゼフは激怒し、政務から身を引くと発言した。しかし、彼も状況が危機的であることは認めざるを得ず、直接体験する戦場の現実に慄《おのの》いてもいた。「戦争は恐ろしいものだ。畑や村の荒廃、貧しい農民の嘆き、ついには多くの無辜《むこ》の人々の破滅。昼も夜も心配が絶えない。[…]ごく些細なことが大きな意味をもち、自分が正しいことをしているのかどうか、不安になる」[22]。もっとも、荒天や疫病の蔓延《まんえん》などが災いして両軍とも思うように動けなかったため、大規模な会戦は起きなかった。糧食不足に悩んだ兵士たちがジャガイモなどの採集に精を出したため、この戦争は「ジャガイモ戦争」と揶揄《やゆ》されるようになる。

こうして戦線が膠着《こうちゃく》状態に陥るなか、和平交渉が本格化した。マリア・テレジアによる打開の試みは直接的には不首尾に終わったが、和平の機運を高め、それを方向付けることには貢献した。事態を大きく動かしたのは、ロシアがプロイセン側に立って参戦する構えを見せたことである。こうして七九年に締結されたテッシェン条約により、バイエルン継承戦争は終結した。この戦争でハプスブルク君主国はわずかな領土を得ただけに留まったが、マリア・テレジアは満足だった。条約締結を祝賀するミサに出席したあと、彼女はこう書いている。「今日、私はテ・デウムで私のキャリアを輝かしく締めくくりました。どんなに困難な犠牲を払ったにせよ、神の助けを借りて、国の平和のために喜んで引き受けたことをやり遂げたのです。残りはもうあまり存在しないでしょう」[23]。

バイエルン継承戦争は、一七世紀の末からハプスブルク家が積み上げてきた帝国の守護者という評価に大きなダメージを与え、プロイセンの評価を高めた。ヨーゼフ二世の声望が大きく傷ついたことは言うまでもない。そしてこれは、ハプスブルク政府内においても同じであった。

南ネーデルラント

予想に違わず、バイエルン継承戦争はマリア・テレジアにとって事実上最後の政治活動となった。しかしヨーゼフとのあいだでは、南ネーデルラントの処遇をめぐり、もう一つ重要な争いが起きた。オーストリア継承戦争ののち、南ネーデルラントは著しい経済成長を遂げた。「外交革命」によってフランスの脅威が消滅し、その功労者の一人であるシュタルヘムベルクなどの優秀な人材がブ

南ネーデルラント総督カール・ロートリンゲン

リュッセルで行政を司ったことで、財政の再建と殖産興業政策が軌道に乗った。関税政策による国内産業の保護や交通網の整備などが功を奏し、一七六〇年代に財政は黒字に転化する。年間収入総額は八〇年代後半に約一九〇〇万グルデンに達し、純益は一〇〇万グルデンを超え、経済的な価値ではバイエルンを凌駕《りょうが》するようになる。人口が急増した結果ヨーロッパで最も人口が稠密《ちゅうみつ》な地域となり、土地の開墾、運河の建設、石灰肥料や新種の犂《すき》の普及やジャガイモの生産促進などによって、農業も活性化した（ただ一方、この発展は社会格差の深化と小農の貧窮化を招きもした）。

ハプスブルク君主国内にはほかにも例があるが、南ネーデルラントは単一の地域ではなく、フランドル、ブラーバント、ルクセンブルクなど一〇の領邦からなる連合体であった。諸邦はそれぞれ身分制議会を有し、聖職者・貴族・市民からなる諸身分が行政に参与した。これら諸邦を束ねたのは、主としてブリュッセルにおかれた政府諸機関である。その頂点となる総督の座にはマリア・テレジアの義弟カール・ロートリンゲンが就き、従来の慣習・特権を尊重する方針で統治した[24]。

南ネーデルラントはハンガリーやイタリア諸地域と同様、基本的に改革の対象外とされた。こうした一種の「放し飼い」により、「ベルギー人は、自分たちの法に従って統治され、財産と個人の自由を保証され、自分たちが課す適度な税金だけを払って、自由な国制という尊い恩恵な贈り物を享受している」（カウニッツ）などと言われることとなる[25]。ハプスブルク政府はこれに不満で、しばしば中央により強く従属させようと試みた。しかし、総督カール・ロートリンゲンはこのような動きに反対した。「これらの諸邦が異様な頑固さで特権に固執しているのは事実です。しかし、彼らはこの先入見のなかで育ってきたのですから、例外なくすべての君主によって確認され、遵守《じゅんしゅ》を約束されてきた特権を侵害しようとするのは、きわめて危険と言わざるを得ません」(26)。

マリア・テレジアも義弟と同意見だった。たとえば六一年に行政を効率化するため、ドイツ語の習得を公務員に義務づける法が定められた際、彼女はこれを新たな学校令の枠内でのみ制限付きで認めるとし、イタリア諸地域と南ネーデルラントを対象外とした。カウニッツはその理由を主君の決断力不足に帰したが、既述の諸事情を踏まえての判断とみるのが妥当だろう。歴史家H・バラージュ・エーヴァが言うように、「マリア・テレジアは、情報通の宰相や、疲れ知らずに旅を続けて問題をくみ上げることで知られた息子以上に、自らが治める国々を理解していた」のだった(27)。

こうして南ネーデルラントは、レーオポルト治下のトスカーナと並び、マリア・テレジア期のハプスブルク君主国における分権的統治の成功例となった。実際、各地の国制に通暁《つうぎょう》していたレーオポルトは南ネーデルラントの国制を模範的と考え、それをマリア・テレジアに伝えてもいる。またヨーゼフも、六八年に著した文書では、南ネーデルラントの政府官公庁の活動を「君主国全体のなかで最もよく構成され、最も賢明なものの一つ」と称賛していた(28)。

しかしカール・ロートリンゲンが八〇年七月に没すると、ヨーゼフは南ネーデルラントに対する中央からの統制を強めようと考えた。マリア・テレジアはこのヨーゼフの姿勢を危ぶみ、「私の目の黒いうちは、ネーデルラントには手を出させません」と決意して、息子をこう諭した。

［南ネーデルラントは］私たちのかけがえのない幸福な国で、私たちにそれは多くのものをもたらしてくれています。この地の人々が彼らの古い、そう、馬鹿馬鹿しいとさえ言える先入見に、どれほど執着しているかはご存じでしょう。しかし、彼らは従順にして忠実で、私たちのあれほど広大で不満の多いドイツ諸邦より、税収面ではるかに大きな貢献をしているのです！　これ以上何を望むことがありましょう？　この地は遠くにあって分離されており、強力な隣人との関係もありますから、総督は全権を持つべきです。すでに十分に改革は進み、過去の影が残っているだけです。［…］この地が互いに満足がいくよう巧みに統治されていることは、結果が証明しています。[29]

マリア・テレジアは、生きているあいだはヨーゼフを押し止めることができた。しかしその没後、ヨーゼフは南ネーデルラントで大々的な国制改革を強行し、抗議する同地の諸身分に素っ気なくこう告げた。「善をなすうえで、私はそなたたちの同意を必要としていない」[30]。この高圧的な姿勢は激しい反発を招き、最終的に独立運動（ブラーバント革命）の勃発を招くことになる。

3　死

予兆

一七八〇年一〇月一五日、マリア・テレジアは遺言を作成し、貧民への莫大な寄付や軍への給付などを指示した。しかし、先に紹介したレーオポルトの手記が示すように、周囲の人々はこうしたマリア・テレジアの言動、そして老いや体の不調を嘆く声にいつしか慣れ、あまり深刻に考えなくなっていた。たとえばこの時期、ヨーゼフの主たる関心事はネーデルラントの訪問に向けた準備だった。

またマリア・テレジアの生活も、一見平素と変わらなかった。ポルトガル大使夫人レオノール・アルメイダは、一〇月七日に次のエピソードを伝えている。ある日、マリア・テレジアは病臥《びょうが》している某侯爵を見舞おうとその屋敷を訪れたが、主人は就寝中で起こせないと従僕に告げられて引き下がった。あとで事の次第を聞いたその侯爵は狼狽し、息子を謝罪に遣わした。しかしマリア・テレジアは何ら咎《とが》めなかったばかりか、侯爵のもとを再度訪れた。そして問題の従僕を叱るどころか、主人への献身を称賛し、金の小箱を褒美として与えたのである。「このような小さな行為が、ウィーンほど恵まれたところはないと思うほど、皆を幸せにするのです。女帝はほとんどいつも病人を見舞います。彼女はその慰問により、多くの人を健康にしているといえるでしょう」(31)。

マリア・テレジアと子供たち（ヒューガー画、1776年）

このため、一一月中旬にマリア・テレジアが体調を崩した時も、周囲は当初さほど深刻にはとらえなかった。彼女自身もまた、不調を感じつつも予定は変えず、一九日には日曜日の恒例行事である謁見などに出席した。末娘マリ・アントワネットに宛てた最後の手紙でも、マリア・テレジアはこうした行事の重要性を懇切丁寧に説いている。「貴方がヴェルサイユでの謁見を再開すると聞いて、とても喜んでいます。私はその退屈さも空しさもよく分かっています。しかし、私を信じてください。もし謁見を行なわなければ、そのために生じる無数の不都合は、謁見の時のささいな不愉快さよりもはるかに重大なものとなります。とくに、気性が激しい国民を持つ貴方にとっては」[32]。

死

マリア・テレジアの最期の日々については、第二子のマリア・アンナとザクセン公子アルベルトが詳細な回想を残している[33]。一一月中旬以降、発熱して胸部が痛み、ときに窒息するほど激しい咳が続いて、夜も横になることができない日々が続いた。それでもマリア・テレジアは平静を装い、二四日にはブラティスラヴァから来訪したマリー・クリスティーネ夫妻を上機嫌で迎えた。しかし対面後、侍医のアントン・シュテルクは夫妻に対し、容態が予断を許さぬものであることを伝えた。

マリア・テレジアはシュテルクに対し、自らの体の具合については率直に何もかも打ち明け、死期が近いと判断した場合は時を移さず伝えるよう、常々約束させていた。二四日の夕方、異変に気づいたヨーゼフから、病気をわざと見過ごしたのちに治療して回復させ、称賛を浴びようとする腹積もりだろうと心無い罵倒を浴びたあと、シュテルクはこの約束を忠実に果たした。マリア・テレジアは心から感謝したが、公表は控え、子供たちにも伏せておくよう命じた。

「[マリア・テレジアは]命旦夕《めいたんせき》に迫っていると知った瞬間から、辛く致命的な病気の苦痛を忘れようとするかのように、仕事を整理し、家族、友人、使用人、さらには自分の葬儀に関することに一分一秒を費やした。こうしたことを、彼女は実に驚くべき冷静さで行った」（イギリス大使キース）。二六日からはヨーゼフが夜昼となく控室に侍し、自ら看護にあたったが、容態は回復せず、ついに執務もとれなくなる。二七日、政府はマリア・テレジアの危篤を発表した。(34)

「街は騒然となった。すべての家庭で宮廷や公の場での立場により、沈みゆく星の穏和で慈愛に満ちた温かさと上昇する星の激しい輝きのどちらを拠《よ》り所としているかにより、さまざまな、しかし活発な懸念、希望、期待が生まれた。だが我が家は、そしておそらくマリア・テレジアに仕える多くの年配の者たちは、この上なく沈痛な思いで一杯になった」（カロリーネ・ピヒラー）。一方ミュンヒェンとザルツブルクでは、報に接したモーツァルト一家が気を揉んだ。しかしそれは、マリア・テレジアが死んだ場合、ミュンヒェンで予定されていたヴォルフガングの新作オペラ『イドメネオ』（K336）の初演が服喪により延期されないかという心配のためであった。(35)

二八日の早朝には病者の塗油の秘跡が授けられ、立ち会った子供たちはみな涙をこらえられなかった。しかしマリア・テレジア自身は「このように死にたいと思って生きてきた」と語り、一人平静を保っていた。昼からは強い悪寒と激しい咳の発作に繰り返し襲われたが、精神の頑健さはなお衰えず、シュテルクに「これが最後のお迎えですか？」と尋ねて否定的な返事をもらうと、「では、これからもっと大変なことになるということね」と返答したという。比較的容態が穏やかなときはもっぱらヨーゼフと語らったが、周囲の人々は皆、彼の犠牲的精神に感銘を受けた。後年ザクセン公子アルベルトは、この時の彼ほど憔悴《しょうすい》した人物を見たことがないと回想している。この日にカウニッツに送った短信に、ヨーゼフは母の様子を次のように記した。

今日の午後は少し落ち着いていた。脈は不安定で、時に少し高く、時に低くなるが、体力はまだかなりある。精神の安定は完璧で、決まった痛みはない。呼吸は時々短くなり、常にとても苦しそうだ。彼女の勇気と諦観、そして不自由を支える剛毅な姿勢には驚かされる。彼女はそのすべてについて辛そうに話すが、その優れた気質、体力、まだ本質的に攻撃されているとは思えない高貴な部分により、私は彼女が回復することに大きな希望を抱いている。(36)

しかし明くる二九日は、マリア・テレジアにとって生涯最後の日となった。彼女はそれを予感し、死ぬところを見せたくないと娘たちを遠ざけた。頭脳は依然として明晰《めいせき》で、剛毅な精神も健在であった。眠るようにと勧められても、寝ているところを襲われるのは嫌で、死が来るのを見たいと拒否した。また、この日は雨であったが、微笑みながら「こんな大きな旅立ちに、何とひどい天気でしょう」とぼやいてみせたという。

夜の九時ごろ、マリア・テレジアは安楽椅子から起き上がると、自ら歩いて長椅子に移り、そこに身を沈めた。「お加減が悪いようですが」とヨーゼフが声をかけると、「ええ、でも死ぬには十分

臨終のマリア・テレジア

です」と答えたが、それが最後の言葉となる。三、四度呼吸したのち、マリア・テレジアは静かに息を引き取り、六三年の生涯を閉じた。

鳴動

母の最期を見届けたのち、ヨーゼフはカウニッツに宛てて、その日のうちに短信をしたためた。

親愛なる侯よ。私に降りかかった恐ろしい不幸については、もうご存じのことと思う。私は息子であることをやめた。それが一番だと思うからだ。今晩、フィレンツェとナポリ、ミラノとパルマに一人ずつ、最後にパリへ使者を四人送らねばならない。私はこのように悲しい手紙を書くことになる。私の友、私の支え、私の導き手となってくれ。今降りかかった重荷を抜きにしても、私が貴公をどれほど大切に思っているかはご承知だろう。(37)

こうして凶報を携えた急使が各地へ飛んだ。ウィーンでは、日が変わるまえにすべてが知れ渡った。カウニッツに訃報を届けた時のことを、フィリップ・コベンツルはこう語っている。「侯は彼のサロンに、義理の娘と別の女性、そして数人の男性と共にいた。私が何も言わず、そのうちの女性の一人の椅子の後ろに座を占めると、侯は私をじっと見つめた。私は頭と目で合図をし、それで彼は女帝が亡くなったことを理解した。大きな沈黙が続き、彼の目から大粒の涙が二つこぼれ落ちた」。カウニッツ自身は自分が受けた衝撃について、フランスにいるメルシーにこう伝えている。「いままさに私たちを襲った大惨事で、私以上に多くを失った者はいないだろう」。(38)

ホーフブルク宮殿の周りでは、人々が落ち着かない様子でそぞろ歩く姿がみられた。「五人の貴婦人」のサロンに集った人々は不安な気持ちでこの晩を過ごしていたが、「こう言えば十分でしょう。八時四五分」という短信が届くと、誰もが「母を失ったかのような感情に襲われた」（エレオノーレ・リヒテンシュタイン）。グライナー夫妻のサロンには知人の顧問官が訃報をもたらし、覚悟を決めていたはずの夫妻を強烈な衝撃で打ちのめした。ポルトガル大使夫人アルメイダは「見事で英雄的な生涯にふさわしい締めくくりとなる、見事で英雄的な最期」と讃えたうえで、祖国の母にこう伝えている。「民衆、貴族、そしてここにいるすべての外国人の涙は、彼女の命を取り戻すことができなかったとしても、彼女を真に賛美するものでした」[39]。

一二月二日、イギリス大使キースはこう報告している。「彼女の死後、この都のすべての者が深い悲しみの表情を浮かべている。時を追うごとに、最後の瞬間まで健在であった驚くべき精神力と揺るぎなかった博愛の精神、あるいは皇帝の親愛と兄弟愛がもつ重要な特質を示す新たな証拠がもたらされる」。彼いわく、マリア・テレジアは、「心優しく寛仁大度《かんじんたいど》な君主であり、同性そして人類に名誉を与えた、誰よりも優れた人物」であった[40]。

ただ民衆のなかには、導入されたばかりの飲料税への反発から、冷淡な反応を見せた者もいた。またモーツァルト家の人々は、誰一人追悼の言葉を発さなかった。ヴォルフガングはザルツブルクの父に喪服を送るように頼み、その理由を迷惑そうにこう書いている。「来週はもうみんな喪服を着るでしょうし――ぼくも、あちこちへ早々に出かけて、一緒に泣かなくてはなりませんからね」[41]（強調はモーツァルト自身によるもの）。

葬儀は故人の遺言に従って執り行われた。一二月一日から三日にかけて、遺体はホーフブルク宮

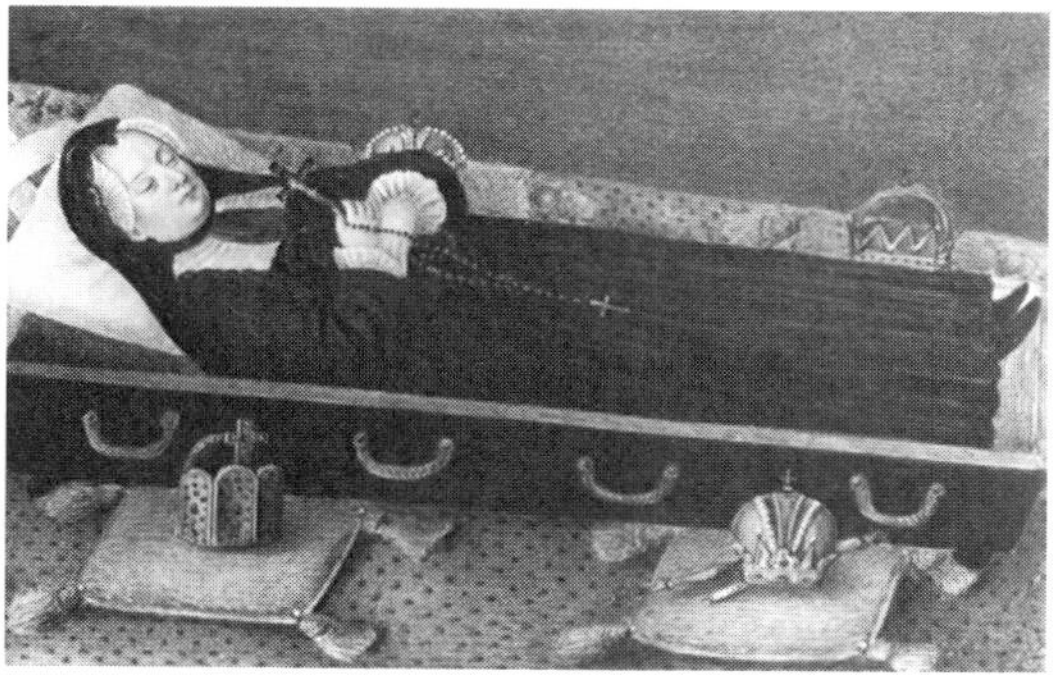
死の床のマリア・テレジア（左下部に帝冠が見える）

殿の礼拝堂に質素な修道女の装束をまとった姿で安置された。棺の横には帝冠、ボヘミアとハンガリーの王冠、大公帽そして笏《しゃく》が、上には騎士団の記章が、足元には銀の十字架像が配置された。これは夫の皇帝フランツ一世が没した時とほぼ変わりなく、とりわけ帝冠がおかれたことは興味深い（母后エリーザベト・クリスティーネが没した時には見られなかった措置である）。衛兵が警護する中、昼夜を問わず侍従たちが段に跪き、ミサが執り行われ、すべての塔で弔鐘が鳴らされた。死せる君主をもう一度見ようと民衆たちが押し寄せ、木の柵を破壊した。[42]

一二月三日、聖俗の貴顕たちが織り成す長い葬列を伴って、マリア・テレジアの遺体はカプツィーナー教会の地下墓所に運ばれた。夫の没後間もない一七六六年、彼女は「私に残されたもの、そして私が待ち焦がれているもの、それは私が棺に横たわる姿です。私は死装束をまとった姿で、私の心がこの世で知った唯一の愛の対象、そして私のすべての行動とすべての愛の目的と目標であったものと結ばれるのです」と書いていたが[43]、その願いはこうして成就し、今日なおその状態は続いている。

逝去への反応は、やがて国外でも現れるようになった。フランスの著名な文芸誌『メルキュール・ド・フランス』には、「マリア・テレジアはまだ我らの女王のなかに生きている」という言葉で締めくくられた追悼の短詩が掲載された。フランスやベルギーで続々と刊行された追悼文には、専制政治が至るところではびこるなか、諸身分などの中間的諸権力によって権力が制限された「穏健な君主政」の実現に努めた英邁《えいまい》な君主としてマリア・テレジアを讃える声が多く現れた。死後一年のあいだに発表されたこの種の文章の数は、一一四に達したという。ただローマ教皇ピウス六世は、マリア・テレジアの死に際してミサを挙げて欲しいというハプスブルク政府の要望を、君主が女性であることを理由に断った。(44)

プロイセン王フリードリヒ二世も、知らせを聞いて無反応ではいなかった。彼はマリア・テレジアを野心家、尊大、狡猾などと罵《ののし》ることが常だったが、一方で彼女の政治力や剛毅な精神に対し、しばしば敬意を払いもした。そしてその訃報に接したこの時、ダランベールに宛てた手紙のなかで、この「偉大な女性」に対し哀悼の意を表したのである。「女帝の死を残念に思います。彼女は王位と女性に名誉を与えたのです。私は彼女と戦いましたが、彼女の敵になったことは一度もありません」(45)。

4 残照

レガシー（政治的遺産）

マリア・テレジアは、初期には絶対主義的な支配を志向し、強引に事を運ぶこともしばしばだった。しかし後期にはより現実的で慎重になり、関係諸勢力との協調と合意形成を重んじて統治するようになった。統率力、洞察力、決断力、行動力、人物眼、人心掌握に優れた彼女の治世は、生前から敬意をもって想起され、支配した地域の多くにおいても、良き時代として記憶されている。

しかしユダヤ人やプロテスタントへの迫害、そしてスラブ系の人々への蔑視などにみられるように、敬虔《けいけん》なカトリックのドイツ人という自意識と峻厳《しゅんげん》な倫理意識は、時に視野狭窄《きょうさく》を招き、その施策を苛烈なものとした。国家主義的な政策の数々が必ずしも功を奏さず、臣民の生活水準の低下を招いたことも見逃せない。またマリア・テレジアの「成功」は、彼女の個性、能力そして国事に対する没我的な献身に依存した、再現性の乏しい一回限りの現象であったように思われる。

マリア・テレジアとヨーゼフの対立は、二人が没したのちも続いた。ヨーゼフは母の没後、一〇年に及んだ単独統治期に専制的な統治を強行し、挫折を重ねて消耗した末に病没する。しかし中央集権国家の樹立を志向する勢力は、ヨーゼフを讃仰《さんぎょう》の的として、政府内で影響力を長く発揮した。一八四八年革命の最中に即位した新帝が、ファーストネームのフランツにヨーゼフの名を加えて「フランツ・ヨーゼフ一世」と名乗ったのは、このような「ヨーゼフ主義者」の支持を得るためである。皇太后ゾフィーによれば、新帝自身はこの名に強い不満を抱いていた。しかし、「すべての大臣がこの名にそれは大きな価値を認めていた」ため、不承不承受け入れたのだった。(46)

ただ一方、マリア・テレジアの統治に範を仰ぎ、連邦主義的な国家形成を志向した人々もいた。ゾンネンフェルスはヨーゼフの没後間もない一七九〇年、憲法なくして正当な統治は不可能と考えてその作成を構想したが、そこで彼は、権力を抑制的に用いようとしたとしてマリア・テレジアの「魂の偉大さ」を讃える一方、多様な地域や身分のあいだにある相違を抹消して画一化を強行する専制的な姿勢を「すべてを共通の劣化に混ぜ合わせる」ものと批判し、全体の一致と各部の多様性の調和を図ることこそが公正なる君侯の統治の要諦だと説いた。またレーオポルトはヨーゼフの後を継いで即位すると(レーオポルト二世)、複合的国制の再興などにより、巧みに混乱を収拾した。彼は九二年に急逝したが、その後も連邦主義的国制理念の支持者は絶えなかった。たとえばメッテルニヒは、歴史的・地域的・文化的・民族的多様性を前提としてハプスブルク君主国を連邦制的に再編する構想を抱いていたが、そこで彼が依拠したのは、「マリア・テレジアのような栄光に満ちた統治」である。[47]

これに対し、もう一つの重要な争点であった宗教的寛容を中核とする政教問題は、ヨーゼフ側の「完勝」に終わった。八一年一〇月一三日、ヨーゼフは寛容令を公布し、カトリックに事実上の国教たる地位を与えつつも、非カトリックのキリスト者に対して市民権と信教の自由を認めた。[48] さらに彼はユダヤ人に対しても別に寛容令を発し、従来の差別的な扱いを改めた。これらの措置は以後も撤廃されることなく存続し、ヨーゼフの「遺産」のなかでも特筆すべきものとなった。

一方で、マリア・テレジアが道を開き、以後も途絶えることなく引き継がれたものもある。ハプスブルク君主国をパターナリズムに基づく官憲国家とする道である。ハプスブルク君主国の政治指導者たちは、カトリック的・家父長制的秩序理念のもとに君主主権を固守しつづけ、人民を教化善導すべき「臣民」とみなす姿勢を最後まで変えなかった。「何事も人民のために、何事も人民によらず」という言葉ほど、この観念を端的に表現したものはないだろう。

ただ、このような統治は一定の成果を上げもした。シャルロッテ・ヒエロニムスがマリア・テレジアのもとでの生活を「輝かしい奴隷制度」と表現し、その「母性的な監視」に抵抗を覚えたにもかかわらず、彼女の訓導には感謝し、生涯敬愛の念を抱きつづけたというエピソードには、この問題が抱える難しさが凝縮されている感がある。

このような背景のもと、オーストリアなど旧ハプスブルク圏の国々で「お上」頼みの心性が育まれて国家主義的・官僚主義的な伝統が強くなり、市民社会の自立性・主体性が弱い政治文化（「臣民文化」）が生まれたとする見方には、一定の説得力があるように思われる。これに関しては、フランスの啓蒙思想家ディドロの「自由な国家に起こりうる最大の不幸の一つは、公正で賢明な専制君主が二代、三代と続けて君臨することだろう。エリザベスのような君主が三人続けば、イギリス人は気づかないうちに一定の期間、奴隷制へと導かれていただろう」という発言が示唆に富む。民族問題に翻弄されて衰退の一途を辿《たど》った老大国という旧来のハプスブルク君主国像が根本的な見直しを迫られ、この国を啓蒙改革期から継続的に把握しようとする動きが進みつつある今日、パターナリズムに立脚した官憲国家の功罪をめぐる問題については、今後も議論が続くと思われる。(49)

記憶・記録・記念

マリア・テレジアは、生前から後世に自らが「正しく」記憶されることにも腐心していた。その精華が、ウィーンのカプツィーナー教会の地下にあるハプスブルク家の墓所において、一際目を引く巨大な棺である。彼女は実際に死を迎えるよりも三〇年以上まえから自らの墓所の整備に取り掛かり、一族の墓所を拡張して、自分たちの棺を光差すドーム型の部屋に安置することにした。そして自分と夫の彫像が向かい合う姿で乗り、自分たちの事績、権標、美徳を精密に描いたレリーフで装飾された棺を詳細に点検し、繰り返し何度もこの場を訪れて、満足気に「いつかここで安らかに眠れるでしょう」と語ったという。(50)しかしその後、この豪奢《ごうしゃ》な棺の前にはヨーゼフが眠る質素な棺が安置され、母子の相違と対立を静かに今日まで伝えている。

もっとも、このような自己表象はマリア・テレジアの専売特許ではない。ヨーゼフを除き、「後光のない玉座は長続きしない」というのは、歴代ハプスブルク君主の共通認識であった。一九世紀前半、ティロールを旅したあるイギリス人はこう語っている。「インスブルックでもティロールのほかの地域でも、旅行者は自分が誰の支配下にあるのかを忘れる心配はない。至る所にオーストリアの紋章が描かれ、インスブルックでは二〇もの異なる場所で、皇族に捧げられたモニュメントや凱旋門、円柱を目にすることができる」。ハプスブルク家による芸術保護も、この表象戦略を実行するうえで、優れた芸術的才能の持ち主が欠かせなかったという事情を抜きにしては語れない[51]。

マリア・テレジア夫妻の棺（奥）とヨーゼフの棺（手前）

没後もマリア・テレジアは「国母」として称揚され、ハプスブルク家が展開する表象戦略のなかで重要な役割を果たしつづけた。とくにオーストリア＝ハンガリー二重君主国が成立すると（一八六七年）、オーストリアとハンガリーの協和を演出するうえで格好の存在となる。こうして彼女が一七四一年にハンガリーで支援を勝ち取った瞬間は、学校の教科書や絵画などで繰り返し取り上げられた[52]。

この戦略の象徴というべきは、現在もウィーンのマリア・テレジア広場の中央に鎮座する記念像である。一九世紀後半、市壁が撤去された後に敷かれた環状道路リングシュトラーセに沿って国立歌劇場や国会議事堂などの建設が進むなか、ハプスブルク君主国への愛国心を喚起する「公定ナショナリズム」を顕現する場として、皇帝が住まうホーフブルク宮殿がある一帯はとくに重要視された。その中核をなすものとして、マリア・テレジア記念像は時の皇帝フランツ・ヨーゼフ一世の意向をうけ、財界や市民の広範な支持を得て建立された。そして一八八八年五月一三日（マリア・テレジアの誕生日）、皇帝夫妻をはじめとする貴顕があまた列席するなか、盛大に公開されたのである。もっとも、（珍しく）列席した皇后エリーザベトは、この像も式典も不快に感じた。彼女はこの式典を題材とした詩のなかで、この像のマリア・テレジアを「全盛期と変わらず高慢で狭量」とこき下ろしている。(53)

ウィーンのマリア・テレジア記念像

このモニュメントの頂上で、マリア・テレジアは玉座に座し、左手に国事詔書と笏を抱え、右手を「人民に挨拶するかたちで差し伸べた」姿で君臨している。その足元にはマリア・テレジアの特質とされた「剛毅」「正義」「穏健」「慈愛」を表す四つの寓意像がおかれ、高い台座はカウニッツ、ハウクヴィッツ、ファン・スウィーテン、リヒテンシュタインをはじめとする重要な臣下と文化人たち、そして軍人たち（ダウン、ラウドン、ケーフェンヒュラー、トラウン）の騎馬像によって取り囲まれている。このデザインは、オーストリア国立文書館長そしてオーストリア学術アカデミー総裁などの要職を歴任した歴史家アルフレート・アルネトの提案から生み出された。彼はマリア・テレジアを「孤独に鎮座する支配者」としてではなく、「彼女の玉座の支柱となった当時の最良の男性たちに囲まれ、支えられた

アルフレート・アルネト

姿」で描くべきと考えたのである。ただその結果、ここに家族たちの姿はない。また「当時の最良の男性たち」という方針のため、群像のなかに女性は一人もいない。

アルネトはまた、全一〇巻、総計六〇〇〇頁弱という大部のマリア・テレジア伝を著した（一八六三〜七九年）。膨大な史料を参照して執筆されたこの「記念碑」的な大著は、とりわけその情報量の豊かさにおいて、今日でも第一級の価値をもつ。さらに彼は、マリア・テレジアとその親族・臣下のあいだで取り交わされた書簡集の刊行においても——自らの道徳観や政治的配慮に基づいて削除など

を行いはしたが——多大な業績を残した。ただ一方、「はじめに」でも触れたように、この後マリア・テレジアとその時代に関する研究は（表象研究を除いて）一〇〇年近くも等閑視され、その刷新は一九八〇年代後半から、主として英語圏の歴史家たちによってなされることとなる。

マリア・テレジアはまた、（フリードリヒ二世が体現する）男性的で質実剛健というプロイセン像と対比されつつ、女性的で繊細優美というオーストリア像を体現する存在となり、徐々に「神話化」されていった。フーゴー・ホフマンスタールとリヒャルト・シュトラウスの共作により誕生した楽劇『ばらの騎士』——なお彼らは制作にあたり、ケーフェンヒュラーの日記を参照した——は、その精華といえる。ホフマンスタールはまた、マリア・テレジア生誕二〇〇周年となる一九一七年に草したエッセイにおいて、「女性としての彼女の性格は、最も完璧なかたちで君主の性格と融合している。彼女が偉大な統治者だったのは、彼女が比類なく善良で、「繊細で偉大な」女性だったか

らだ。それこそが、彼女の唯一無二なところである。［…］彼女は君主であるだけでなく、とても愛らしくて美しい女性、模範的な妻、そして優れた母だった」と称揚した。[55]

生誕から三〇〇年となる二〇一七年に各地で催された種々の企画では、このような「良妻賢母」イメージの強調は後退した。しかしそれに代わって登場したのが、仕事と家庭の両立に成功した「ワーキング・マザー」としてマリア・テレジアを描く動きである。[56]この時期には、近世史家バーバラ・シュトルベルク＝リリンガーによる（千頁を超える）優れた伝記などが刊行されたが、歴史上の人物のパブリック・イメージが、そうした学術的研究の成果よりも時々の世相や願望を反映したものになりがちなことは、古今東西変わらないらしい。

ハプスブルク君主国が崩壊したのちも、とくにオーストリアでは今日まで、マリア・テレジアが重要な存在でありつづけている。たとえば一九三〇年、没後一五〇年の記念展覧会の開幕にあたり、大統領ヴィルヘルム・ニクラスは、「［マリア・テレジアは］今日のような状況の変化にもかかわらず、その偉大な改革により、我々の時代においてもなお永遠の遺産でありつづけている」と挨拶した。[57]また、現在オーストリア大統領府の応接間として利用されているホーフブルク宮殿の一室には、マルティン・ファン・マイテンスが描いたマリア・テレジアの肖像画が掛けられ、ＥＵの旗とオーストリア国旗を左右に従える形を基本として、大統領が来賓を接遇する姿を今日も見つめている（カバー写真参照）。「はじめに」で触れたプラハのマリア・テレジア像は、おそらくこれと違った役割を担っていくと思われるが、そのありようが見えてくるには、今しばらくの時が必要だろう。

おわりに

二〇一七年に『ハプスブルク帝国』（講談社現代新書）を上梓したあと、私は当分の間、自分の専門（近世後期のハプスブルク君主国における王権－諸身分関係の探究）の研究に専念するつもりでいた。二〇〇〇年代半ば以降、さまざまな事情が重なって海外に研究目的で赴くことがなくなり、文書館で原史料にじっくり向き合う機会を持たずにいることには、常に忸怩《じくじ》たる思いを抱えていた。そのため、今後はオーストリアを定期的に訪れ――と言っても、勤務先での仕事の都合などから、年に一度半月程度渡航するだけなのだが――、文書館で史料調査に没頭し、それに基づいた仕事に注力しようと思っていたのである。

しかし思わぬことから、あまり時間の経たないうちに、二冊目の一般書を世に問うこととなった。そのきっかけは、二〇一九年に「マリア・テレジアに関する本を書いてみないか」とお誘いを受けたことである。先述の事情もあり、（いまだから言えるが）初めはあまり乗り気がしなかった。しかしだんだんと、書いてみたいという意欲がわいてきた。

振り返ってみると、前著では、（最良の意味で）オーソドックスかつスタンダードな通史を書くことが目標だった。しかしその結果、直接専門としない時期や分野について調べて書く作業が執筆時間の大半を占めることになった。また、一〇〇〇年に及ぶ時期を扱ったことで、新書としてはかなり大部なものになったにもかかわらず、叙述は広く浅くならざるを得なかった。これは仕方のないことで、当時もいまも後悔はない。しかしこのような経験をしたことで、今度は自分の専門とするところをじっくり深掘りして描いてみたいという気持ちが、無意識のうちに身内で醸成されていたのではないかと思う。

さらに執筆を（結果として）後押ししたのは、二〇二〇年から世界中で猛威を振るったコロナ禍だった。この年の二月下旬から三月上旬にかけて久し振りにウィーンに研究目的で赴き、これからはこれが年中行事になるものと思いながら帰国の途に就いた一週間後、オーストリア政府は全面ロックダウンを宣言し、つい先頃まで通っていたオーストリアの図書館や文書館は無期限の閉館を余儀なくされた。そして帰国後には、未曾有の状況に振り回されつつ、春学期を迎えることとなった。結局この学期は授業とその準備に追われ、研究にはまったく手をつけることができなかった。

しかし、波乱の春学期が終わって夏季休暇を迎えると、思ってもみなかったことになった。行動を著しく制限されたことで、執筆のための時間がまとまってとれたのである。実のところ、もともと出不精なため、コロナ禍による制限のある生活は、私にとってさほど苦ではなかった。また、執筆に必要な資料はすでに大方揃えていたし、インターネットと論文・史料のオープンアクセス化の進展により、参照できる史資料も飛躍的に増えた。さらに、マリア・テレジアの生誕三〇〇年にあたる二〇一七年に実施された諸々の企画の成果が次々に刊行されたことは、本当に有難かった。

しかし、執筆にはやはり苦労した。書くことは山のようにあり、しかも増える一方だったので、紙幅はすぐに足りなくなった。対象を狭く、それも最も知悉《ちしつ》した時期と分野に絞り込むことで、人物・事件・構造、そして政治・社会・文化などを総合的かつ有機的に統合した「全体史」を著したいという野心が当初にはあったが、この見通しはやはり甘かったと言わざるを得ない。前著とは別の、しかし同じくらいの難事に嵌《は》まり込んだことに気づくのに、あまり時間はかからなかった。

また、堅苦しくならないよう書くことにも、前著と同様に苦労した。学術をとりまく状況は相変わらず厳しく、専門知を軽んじて物事を「自由」に論じようとする風潮――そしてそれを「独創的」などと持て囃す風潮――に接する機会にも事欠かない。学術性を備えつつ、多くの人々に届く言葉で書くことの必要性は高まる一方である。その責を幾分なりとも果たせればという思いで努力したつもりだが、その成否の判断は読者諸賢に委ねたい。皇帝ヨーゼフ二世いわく、大学教授の書くようなものは無価値で、「図書館の書架に並ぶことはとっくになくなり、「包み紙となって」チーズの棚におかれている」そうだが、[1]本書がその例外となれば幸いだ。

本書が生まれるきっかけとなる誘いをかけてくださったのは、京都産業大学の玉木敏明先生である。また本書を担当された創元社の堂本誠二氏には、たび重なるわがままに辛抱強く耳を傾けられ、懇切丁寧なご対応をいただいた。そしてカバー写真の使用に際しては、オーストリア大統領府のクリスティーナ・ニコライディス＝シュトロマー氏のご高配を賜った。お三方に心から感謝を申し上げることで、本書の結びとしたい。

本書は、科学研究費補助金（研究課題番号22K00966）の成果の一部である。

二〇二三年一一月

岩﨑周一

132–141.

(54) Dickson [1987]; Beales [1987]; Klingenstein [1990]; Godsey [2018].

(55) Stollberg-Rilinger [2017], X–XXVIII; Wandruszka [1967]; Hofmannsthal [1979], 11, 13.

(56) Cerman [2018]; Keller [2018]; Stollberg-Rilinger [2020].

(57) Suppanz [2004]; Telesko [2012], 204–224; Pfundner [2017b], 139;

おわりに

(1) Wangermann [1978], 26; Beales [2009], 310.

[1877] X, 371.
(21) Arneth [1877] X, 418.
(22) Arneth [1867] II, 351–352.
(23) Arneth [1877] X, 633.
(24) バラージュ [2003], 277頁; Arneth [1877] X, 198–234; Zedinger [2000]; De Smedt [2011]; Eichwalder [1971], 199–201.
(25) Judge [2018], 37.
(26) Discailles [1872], 57–58.
(27) バラージュ [2003], 87頁.
(28) Wandruszka [1965] I, 374; Szántay [2018], 59.
(29) Beales [1987], 485–487; Arneth etc. (ed.) [1874] III, 485; Arneth [1881] I, 3.
(30) Beales [1987], 5.
(31) Anastácio [2017], 140.
(32) Arneth etc. (ed.) [1874], 482.
(33) Innerkolfer [1910], 76–85; Arneth [1877] X, 721–731; Wolf [1863] I, 168–171; Kállay [1981].
(34) Keith [1849] II, 114; Stollberg-Rilinger [2017], 827.
(35) Pichler [1914], 60; モーツァルト [1976–2001] IV, 481–482頁.
(36) Beer [1873], 20.
(37) Beer [1873], 20–21.
(38) Arneth [1885], 131; Arneth etc. [1889] I, 1.
(39) Wolf [1863] I, 171; Pichler [1914], 62; Anastacio [2017], 146.
(40) Keith [1849] II, 113–114.
(41) Arneth [1877] X, 732; モーツァルト [1976–2001] IV, 497頁.
(42) Pangerl etc. (Hg.) [2007], 547–550; Stangl [2010], 174–175.
(43) Walter [1968], 214.
(44) Michaud [1985]; Bruckmüller [2018], 19; バラージュ［2003］、203頁.
(45) Friedrich [1846–1856] XXV, 191.
(46) Heindl [1991]; Vocelka [2015], 70.
(47) Forster [2011], 24–26, 30; Osterkamp [2021]; Siemann [2016], 623.
(48) 歴史学研究会編 [2007b], 327–328頁.
(49) ハーニッシュ [2016], 53–54頁; Beales [2005], 50; Szabo [2018].
(50) Telesko [2012], 90–109.
(51) Wandruszka [1982], 167; Levy [1988], 22.
(52) Wandruszka [1968], 176–177.
(53) Telesko [2012], 147–155; Kaiserin Elisabeth [1997], 342; Pfunder [2017],

(45) Kauffmann [2001], 74–75.
(46) Kauffmann [2001], 62–63.
(47) Kaltenbrunner [2019].
(48) Pötzl-Malikova [2015].
(49) Sauer [2007], 23–56; Sauer [2021].
(50) Sauer [2007], 59–96; Blom etc. [2011].
(51) Blumenbach [1790], 95; Sauer [2007], 78.
(52) Fitzinger [1868], 5.
(53) 弓削 [2004]; Wigger etc. [2020], 85–86.
(54) Wigger etc. [2015], 100; Fitzinger [1868], 14.
(55) Montjoye [2008]; Sauer [2021], 172.
(56) Prosch [1789]; Outram [2019].
(57) Khevenhüller [1907–1925]VI, 124.

第8章　落日と残照

(1) Arneth [1881] III, 297; Walter [1968], 461.
(2) Arneth [1881] I, 337.
(3) Wolf [1863] I, 79–80.
(4) バラージュ [2003], 71–72頁.
(5) Walter [1968], 261; Arneth etc. (ed.) [1874] III, 406.
(6) Khevenhüller [1907–1925] VII, 396.
(7) Arneth [1867] II, 23–27; Arneth [1877] IX, 311–315; Szabo [2018], 9–10.
(8) Arneth [1867] I, 199–203; Walter [1968], 224–227.
(9) Arneth [1877] IX, 306.
(10) Walter [1968], 385.
(11) Arneth [1867] II, 99; Walter [1968], 391.
(12) Beales [1987] I, 489.
(13) Beales [1987] I, 489.
(14) Arneth [1867] I, 300; Arneth [1877a], 181, 192, 211; [1877b], 248
(15) Aretin [1997], 19–111; Rohrschneider [2014].
(16) ル・リデー [2004], 40頁; Whaley [2012].
(17) Arneth [1877] X, 304–305.
(18) Arneth etc. (ed.) [1874] III, 168–169.
(19) Arneth [1867] II, 325–326.
(20) Wandruszka [1965] I, 327; Arneth etc. (ed.) [1874] III, 172, 193, 268; Arneth

(15) Evans [2008], 69; バラージュ [2003], 57–58頁 ; Beales [2009], 534.
(16) Reinalter [1991]; Teich [1981]; Teich [1975]; Fettweis etc (Hg.) [1989]; Cerman [2011].
(17) ネットゥル [1981]; トムソン [1983].
(18) Grab [1984]; バラージュ [2003], 45–50頁 ; ベッカリーア [1997]; ベッカリーア [2011].
(19) Mazzotti [2007].
(20) Agnesi [1801], XVII–XVIII.
(21) Findlen [2011], 262, 276.
(22) Klemun etc. [2017].
(23) Siemann [2016], 189.
(24) Pichler [1914] I, 158–159; Seiffert [2012].
(25) モーツァルト [1976–2001] VI, 340–341頁 .
(26) Pichler [1914] I, 7–22, 31, 47–49; Peham [2013], 10–45.
(27) Arneth [1859].
(28) Pichler [1914] I, 293–294.
(29) Langer [1843], 750.
(30) モーツァルト [1976–2001]VI, 284頁 .
(31) Czigány [1984], 82–119; Tezla [1970], 90–91; Szilágyi [2014], 287–297; Vermes [2014], 139–140; Kalmár [2018], 44.
(32) Banakas [2022], 26, 53–54, 135, 150–151; Yonan [2011]; Telesko etc. (Hg.) [2020].
(33) Arneth etc. (ed.) [1874] I, 85, 105; III, 406; Koschatzky [1979b]; Schütz [2005]; シュッツ [2006].
(34) メスマー [1993].
(35) モーツァルト [1976–2001] II, 385–386頁 .
(36) Midelfort [2005].
(37) エレンベルガー [1980], 61–80頁 ; ブラネリ [1992]; ダーントン [1987]; シェルトーク etc. [1987]; タタール [1994].
(38) ショムファイ [1996], 302–327頁 .
(39) Arneth [1881] III, 119.
(40) Haydn [1965], 77.
(41) Haydn [1965], 260–261.
(42) 西川 [2005], 191頁 ; Dickson [1987] I, 113; ヴォルフ [2015], 6頁 .
(43) Kauffmann [2001]; Natter [2007]; 田村 [2009], 69–94頁 .
(44) 鈴木 [2003], 74頁 .

(50) Evans [1994], 11; Matis (Hg.) [1981]; Dickson [1987] II, Table 3-1.
(51) Engelbrecht [1982] III, 293; François [1990], 95–96.
(52) Teich [1975], 333–338.
(53) https://whc.unesco.org/en/list/618/ (最終確認日：2023年5月4日)
(54) Knofler [1979].
(55) Stollbers-Rilinger [2017], 586; Beales [1987], 158–161.
(56) 八林 [2005]; 八林 [2007]; Reith [1999], 75–78; Sandbruber [2005], 155; Larkin [2007], 109–110.
(57) Ammerer etc. (Hg.) [2006].
(58) Otruba [1971], 594.
(59) Hochedlinger etc. [2005], 1–153; Knittler [1993], 890; Komlos [1989]; Komlos etc. [1995]: 国立成育医療研究センター「日本人の平均身長は低下傾向——低出生体重児増加が影響している可能性あり」https://www.ncchd.go.jp/press/2017/adultheight.html (最終確認日：2023年7月27日).

第７章　「私たちの啓蒙された時代」

(1) Arneth [1881] IV, 510.
(2) Klingenstein etc. (Hg.) [2009]; Kauffmann [1994], 68–69; Cermann [2010]; Breuer etc. [2019]; Vaderna [2022]; Shek Brnardić [2020]; Janković [2017], 69–71.
(3) Singerton [2022], 57–61; Arneth [1868] III, 352; Szabo [2018], 7.
(4) Krueger [2009], 71; Walter [1968], 243; Arneth etc. (ed.) [1874] II, 341.
(5) バラージュ [2003], 149–160; Csáky etc. (Hg.) [1995]; Andreozzi etc. (eds.) [2017]; ブラウン [1996].
(6) ダーントン [1994], 18頁.
(7) フィーアハウス [1982], 393頁; Pezzl [1786–1790] I, 87–90.
(8) Arneth [1867] I, 386.
(9) Gates-Coon [2015], 107.
(10) Wurzbach XVII, 60–63; Cerman [2010], 390–400; Beales [1987], 323–324; Beales [2009], 579; Singerton [2022], 38–39; カント [2003], 370頁.
(11) Wolf [1875], 139; Arneth [1881] III, 273; Arneth [1885], 104.
(12) Orel [1955], 92–93.
(13) バラージュ [2003], 50–61頁; ボルペール [2009]; ラインアルター [2016]; 深沢 [2020], 4頁.
(14) Abafi [1890–1893]; 453; Rudan [1980], 185–260; Corti [1950], 98.

(22) Grassl [1975]; Vushko [2008]; Řezník [2015], 207–284; Schembor [2015], 19–86.
(23) Wolff [2010], 13–62; Kaps [2017], 133–155; Scharr [2010]; Arneth [1877c], 86.
(24) Mises [1902], 1–78; Grassl [1975], 159–183.
(25) 井内 [1980], 420; Verhandlungen [1849] I, 585–586.
(26) Grassl [1975], 183–219; 野村 [2008], 52–55頁.
(27) Walter [1968], 513.
(28) Arneth [1881] IV, 315.
(29) クリストフ [2003], 404頁; Arneth [1977b], 142; Evans [2008], 40; Szabo [1994], 257.
(30) 岩崎 [2013], 127頁.
(31) Arneth [1879], 60–75; Stollberg-Rilinger [2017], 661–666; Steiner [2014], 425–441.
(32) 歴史学研究会編 [2007], 48–50頁; Levy [1988], 58; Van Horn Melton [1988].
(33) Bruckmüller [1985], 322–334.
(34) Bruckmüller [1985], 324; Engelbrecht [1982] III, 247; 山之内 [2006], 277頁.
(35) Haydn [1965], 76; 大宮 [1998], 15–19頁.
(36) Arneth [1881] IV, 304, 466; Yonan [2011], 97–153頁
(37) Beck [2017], 147; Arneth etc (eds.) [1874], 427.
(38) 南塚 [1978], 19–22頁; 佐藤 [1992], 126–132頁.
(39) Brázdil etc. [2001]; バーニー [2020], 239–240頁.
(40) Arneth [1881] II, 67; Arneth [1877b], 349
(41) Guglia [1917] II, 355; Stollberg-Rilinger [2017], 726–742; Beales [1987], 346–358; Blanning [1994], 50–51; 歴史学研究会編 [2007], 304–305頁.
(42) 篠原 [1991], 12–13頁.
(43) Komlos [1983], 215–216.
(44) Wangermann [1973], 70; Evans [2008], 22; Liebel-Weckowicz etc. [1982], 319.
(45) Tapie [1996[4]], 120; Sandgruber [1995], 130; Winkelbauer [1986], 188–238; Bruckmüller [1985], 222; Klír etc. [2017], 122; Schumpeter [1953], 16; Ingrao [2019[3]], 231.
(46) Melville [1981], 295–313
(47) Cerman [2012]; 秋山 [2018], 73頁.
(48) Kraft [1936]; 秋山 [2018].
(49) Van Horn Melton [1982]; Komlos [1983]; Good [1984]; 碓井 [1996], 31–60頁.

(50) Walter [1968], 342–359; Arneth [1881] IV, 539; Braubach [1961].
(51) Arneth etc. [1874] I, 116–117; II, 50, 472; バダンテール [2022], 122–127頁.
(52) Arneth etc. [1874] I, 458–459, 465–466.
(53) Arneth etc. [1874] I, 1–6, 60, 84, 117; Lever [1991], 37–97; Hardman [2021], 22–43.
(54) Arneth etc. [1874] II, 35.
(55) Arneth etc. [1874] II, 310; III, 132; Lever [1991], 98–200; Hardman [2021], 44–74.
(56) クリストフ [2002], 190, 196頁; ファー [2018], 420頁.
(57) Arneth etc. [1889] II, 452; Arneth etc. [1874] III, 290; Arneth [1866], 13–14.
(58) ハント [1999], 167–227頁; Goodman [2003]; Arneth etc. [1889] II, 465.
(59) Lever [2005], 489, 821.

第6章　三頭体制

(1) バラージュ [2003], 30頁.
(2) Pezzl [1786–1790] III, 350.
(3) Evans [2006], 19; Godsey [2018], 247–287; Szabo [2018].
(4) Arneth [1876], 327–328.
(5) Khevenhueller [1907–1925] VI, 273; Gates-Coon [2015], 117.
(6) Pichler [1914] I, 54–55.
(7) モーツァルト [1976–2001] I, 294, 301, 318頁; Arneth [1876], 335.
(8) Corti [1950], 153; Hausmann [2014], 90.
(9) Rechberger [1788], 7–18.
(10) モーツァルト [1976–2001] I, 356, 356頁.
(11) Wimmer [1991], 116–121.
(12) Kwiatkowski [1904], 136–144.
(13) Constitutio Criminalis Theresiana, Beylagen LI; Kwiatkowski [1904], 40.
(14) バラージュ [2003], 98–110; 足立 [1995]; 宮本 [2003]; 宮本[1997], 46.
(15) Arneth [1877b], 207–214; Stollberg-Rilinger [2017], 720–726.
(16) Szabo [1994], 291, 351–352; Hochedlinger etc. [2005], V–XVIII.
(17) 坂井 [1996], 130頁.
(18) 岩崎 [2013]; 同 [2014]; Dickson [1987] II, Appendix A, 385.
(19) 小山 [1997]; 戸波 [2004].
(20) Walter [1968], 309; Arneth [1881] I, 151; Arneth [1887a], 358.
(21) Glassl [1975], 23–50.

(19) バラージュ [2003], 124; Beales [1987], 310, 329; Gates-Coon [2015], 200, 305.
(20) Khevenhueller [1907–1925] II, 153.
(21) Arneth [1881] IV, 20.
(22) Wandruszka [1965] I; 大西 [2015a]; 大西 [2015b]; Tazzara etc. (eds.) [2020].
(23) Arneth [1881] II, 377; Levy [1988], 68.
(24) Wandruszka [1961], 312; Graf [1998].
(25) Wandruszka [1965] II, 208–218; Forster [2011]; 浜本 [1991], 150–157.
(26) Badinter [2017], 266; Graf [1998], 166–167.
(27) Wandruszka [1965] I, 342–343; バラージュ [2003], 124頁.
(28) Beales [1987], 72.
(29) Hrazky [1959], 187, 194–195.
(30) Hrazky [1959], 186, 188, 199–200.
(31) Wolf [1863], 13–28; Mraz [1979], 184; Stollberg-Rilinger [2017], 489–498; Badinter [2008].
(32) Badinter [2008], 44–45; Beales [1987], 82–89; Khevenhüller [1907–1925] VI, 240–241.
(33) Arneth etc. [1874] II, 8.
(34) Zedinger [2022].
(35) Wolf [1863] I, 27.
(36) Stollberg-Rilinger [2017], 763–764.
(37) Khevenhüller [1907–1925] VI, 158.
(38) バダンテール [2022], 96–104.
(39) Walter [1968], 243.
(40) Arneth [1881] IV, 70–80; Tapie [1996[4]], 224.
(41) Arneth [1876], 411–414; Walter [1968], 325–329; Khevenhüller [1907–1925] VII, 175.
(42) Wolf [1863] I, 126; Arneth [1881] II, 304–305.
(43) Corti [1950], 28.
(44) Walter [1968], 187.
(45) Corti [1950], 62–67.
(46) Arneth [1863–1877] VII, 361, 365; Corti [1950], 39, 62–63, 87; Hausmann [2014], 91–94.
(47) Hausmann [2014], 65–82; Corti [1950], 273, 452; Arneth etc. [1874] I, 8.
(48) Arneth [1881] I, 104–107, 163–164, II: 14–15, 74–75.
(49) Grab [1984]; Arneth [1881] IV, 207.

(33) Macek [2014[3]], 107–108.
(34) Horbec [2017], 56.
(35) Arneth [1863–1877] VII, 105–137; 中澤 [2009], 77–84頁; バラージュ [2003], 81頁.
(36) 岩崎 [2011], 45; Khevenhüller [1907–1925] VI, 43–44, 57.
(37) Khevenhüller [1907–1925] VI, 125–126; Zedinger [2008], 289.
(38) Walter [1968], 207–208, 215; Pichler [1914] I, 27.
(39) Walter [1968], 205; Khevenhüller [1907–1925] VI, 394–395; Badinter [2017], 210–211.
(40) Walter [1968], 214.
(41) Innerkofler [1910].

第5章　家族の肖像

(1) Wandruszka [1965] I, 117.
(2) Walter [1968], 343; Ranke [1835], 674.
(3) バダンテール [2022], 18–19, 40, 65; Cerman [2010], 18–22; Walter [1968], 498, 238.
(4) Innerkofler [1910], 53–54; クリストフ [2002], 92頁; Badinter [2008], 251–252.
(5) 共同訳聖書実行委員会・日本聖書協会 [1987], (新) 385–386頁.
(6) Badinter [2017], 152; Arneth [1881] I, 348; II, 304.
(7) Kovács [1986], 73–74; Wolf [1863] I, 79–88; Arneth [1881] III, 51.
(8) Zedinder [2008], 261.
(9) Klecker [1997].
(10) Arneth [1881] I, 55; Kallbrunner [1952], 29; Wolf [1863] I, 21.
(11) モーツァルト [1976–2001] III, 494–495頁.
(12) Kudlich [1873] I, 65.
(13) ブルデュー [2007], 23頁.
(14) Walter [1968], 216, 403.
(15) Arneth [1881] IV, 5–13; Beales [2005], 157–181; バラージュ [2003], 110–124頁.
(16) 屋敷 [1995], 147頁; マッシー [2014]〈下〉, 102頁.
(17) バラージュ [2003], 308頁; Hock etc. [1879], 122; Arneth [1863–1877] II, 141.
(18) モーツァルト [1976–2001] V, 13頁.

第４章　再戦

(1) Pommerin etc. [1986], 165–239.
(2) Tapie [1996[4]], 133.
(3) Horn [1957], 442; Eichwalder [1971], 193–196.
(4) Horn [1957], 455.
(5) Khevenhüller [1907–1925] II, 303–304.
(6) Khevenhüller [1907–1925] II, 330, 543–544; Walter [1968], 62; Arneth [1863–1877] IV, 322.
(7) Klingenstein [1975], 284–301; Khevenhüller [1907–1925] III, 69.
(8) Szabo [1994], 20–35; Khevenhüller [1907–1925] III, 71.
(9) Arnheim [1889], 293
(10) Duffy [1977], 172–173; ブレーカー [2000], 136–137頁.
(11) Kunisch [1975], 219.
(12) ゲーテ [1997], 76–77頁.
(13) Duffy [1977], 173–187; Arneth [1863–1877] IV, 191, 198; Arneth [1867–1868] III, 463.
(14) Kunisch [2005], 405.
(15) Lippert [1908], 64.
(16) Walter [1938], 254–308; Dickson [1987] I, 233–246; Szabo [2018], 9.
(17) Volz (Hg.) [1920], 200, 203, 223.
(18) Dickson [1987] I, 391.
(19) 岩﨑 [2022], 28頁.
(20) マッシー [2014](上), 341頁; Badinter [2017], 164.
(21) Arneth [1863–1877] VI, 208.
(22) Kunisch [2005], 407.
(23) Arneth [1863–1877] VI, 275.
(24) Szabo [2008], 373, 382.
(25) Arneth [1863–1877] VI, 332.
(26) Arneth [1863–1877] VI, 343–344.
(27) 海老沢 [1991]1, 49頁.
(28) 海老沢 [1991]1, 216–217頁.
(29) 海老沢 [1991]1, 236頁.
(30) Kroener [1989]; Szabo [2008], 21; Füssel [2010], 14; 久保 [1998], 131–174頁.
(31) Walter [1968], 181.
(32) ゲーテ [1997], 304–350頁.

(23) Volz [1913] III, 13.
(24) 岩崎 [2014]; Kudlich [1873] I, 59.
(25) Kallbrunner [1952], 38.
(26) 大西 [2017], 149–153: Wandruszka [1959]; Zlabinger [1970].
(27) Hammer–Luz [2011], 142.
(28) Kallbrunner [1952], 73.
(29) Wandruszka [1965] I, 113; Wangermann [1978], 25; Allgemeine Zeitung (7. Febr. 1821), 152.
(30) Khavanova [2022]; Gnant [2015]; Cermann [2011]; Horbec [2017].
(31) Lesky etc. [1973], 43.
(32) Van den Tweel etc. [2020], 322.
(33) Brechka [1970], 119.
(34) 高橋 [2002]; 高橋 [2013].
(35) Bachleitner [2017], 51; Brechka [1970], 127.
(36) Brechka [1970], 135.
(37) Bachleitner [2017], 52–53; 80–82, 287–288.
(38) Graf [2016], 89–101.
(39) Graf [2016], 92; Levy [1988], 33.
(40) Codex Austriacus VI, 954.
(41) 秋山 [2018], 137–148; Krász etc. [2016], 232, 240.
(42) Van Swieten [1768], 12.
(43) Klaniczay [1988], 225–247.
(44) Hinrichs [1937], 51.
(45) Khevenhüller [1907–1925] II, 202; Gugitz [1940], 31–32; Van Horn Melton [2001], 188; カサノヴァ [1995], 313; Obersteiner [1993], 175.
(46) Obersteiner [1993], 174–178; Steiner [2014], 299–384; Derek [2005], 14.
(47) Arneth etc. [1874] I, 83–84; Hinrichs [1937], 115.
(48) Wandruszka [1965] I, 113; Arneth [1881] I, 288; II, 377.
(49) Klueting [1995], 44–46; Stollberg-Rilinger [2017], 290–291; ビルクナー [1991].
(50) Iby etc. [2007], 100–238; Beck [2017], 286–379.
(51) Ranke [1835], 676.
(52) Dickson [1996]; 岩崎 [2022], 30; Karajan [1859], Brief IV; Szabo [1994], 117.
(53) Kallbrunner [1952], 75–107.
(54) Dickson [1996], 12–18.

(39) Sandgruber [1995], 215; Arneth [1881] II, 320; IV, 149; Arnerh etc. [1874] II, 150; バラージュ [2003], 73.
(40) Droysen u.a.(Hg.) [1879–1939] IV, 102–3, 126, 133, 134.
(41) Arneth [1865], 54; Hinrichs [1937], 42–43.
(42) Guglia [1917] I, 302.
(43) Walter [1968], 3.

第3章 「革命」

(1) Hume [1932] I, 125–131.
(2) Walter [1968], 58; Stollberg-Rilinger [2017], 250, 894.
(3) Hinrichs [1937], 53.
(4) Arneth etc. [1874] II, 482; Ranke [1835], 672.
(5) Arneth [1881] I, 64–65; II, 207, 334; Hinrichs [1937], 40.
(6) Arneth etc. [1874] I, 159; クリストフ [2002], 41頁.
(7) Wandruszka [1965] I, 110–111, 114; 共同訳聖書実行委員会・日本聖書協会 [1987], 292頁; 甚野 [2007], 10–12頁.
(8) Pichler [1914] I, 8–20; Khevenhüller [1907–1925] III, 22; Ranke [1835], 672; Arneth [1881] I, 222.
(9) Kallbrunner [1952], 25–73; Walter [1968], 63–97, 108–130.
(10) Burkhardt [2006], 384.
(11) Kallbrunner [1952], 54.
(12) Kretschmayr [1925], 169–207; Dickson [1987] I, 223–228; II, 1–35.
(13) Arneth [1881] IV, 156–157; Browning [1993], 20, 84–86; Arneth [1865], 161; Droysen u.a. [1879–1939] V, 399; Banakas [2022], 78; Arneth [1863], 287.
(14) Iwasaki [2014], 301–305; Zedinger [2000], 51–53, 65–68, 144–145.
(15) Kretschmayr [1925], 206.
(16) Walter [1968], 346.
(17) Mályusz [1937], 11; Knigge [1977], 311.
(18) Kallbrunner [1952], 69; Khevenhüller [1907–1925] II, 318.
(19) Arneth [1863–1877] IV, 180–220; Szijártó [2020], 66, 96, 103–104; バラージュ [2003], 148–160.
(20) Hochedlinger etc. (Hg.) [2019] I-I, 551–564; Winter [1903]; Hochedlinger [2004].
(21) カーザー [2013], 211–214頁.
(22) Duffy [1977], 105–117; Droysen u.a. [1879–1939] X, 247; Rudersdorf [1988].

Kallbrunner [1952], 53–54.
(9) Hinrichs [1937], 90–91; Schönberger [1963]; Khevenhüller [1907–1925] I, 74–98; II, 329.
(10) Anderson [1995], 62.
(11) Anderson [1995], 6–7, 74; Browning [1993], 40–41.
(12) Volz (Hg.) [1913] II, 5; III, 55–62; Anderson [1995], 61; Kunisch [2005], 159–174.
(13) Volz (Hg.) [1913] II, 61–62.
(14) Arneth [1863], 400.
(15) Anderson [1995], 76; Browning [1993], 53; Kunisch [2005], 182–185.
(16) Walter [1968], 25; Droysen u.a. (Hg.) [1879–1939] I, 331.
(17) Oesterreichischer Erbfolgekrieg [1896–1914] III, 4; Arneth [1863–1877] IV, 180–181; Dickson [1987] I, 305.
(18) Hertel [2016]; Stollberg-Riringer [2017], 80–96; Varga [2020]; 上村 [2020].
(19) Oesterreichischer Erbfolgekrieg [1896–1914] III, 9–18.
(20) Kummer [1964], 406.
(21) Anderson [1995], 90.
(22) Walter [1968], 28.
(23) Walter [1968], 30.
(24) Arneth [1863–1877] II, 327; Voltaire [1878], 198.
(25) Pangerl etc. (Hg.) [2007], 357–385, 412–420.
(26) Bernig [2008], 179–185.
(27) Karajan [1859], Anhang 27.
(28) Khevenhüller [1907–1925] I, 129.
(29) Iby etc. [2007], 32–100; Beck [2017], 295–306.
(30) Volz (Hg.), [1913] II, 188.
(31) Arneth [1863–1877] IV, 41–51; Bergl [1927], 187–247; Plaggenborg [1998], 1–16; Silber [2017], 763–789; Feiner [2020], 460–472.
(32) Braun [2018], 81–98.
(33) ゲーテ [1997], 327, 338.
(34) Aretin [1997] III, 19–81; Whaly [2012] II, 379–392; Rohrschneider [2014], 35–44; Badinter [2017], 172.
(35) Beales [2005], 186–192.
(36) Badinter [2017], 76; Stollberg–Rilinger [2017], 148–149; Faroqhi [2014], 18.
(37) Zedinger [2008], 17–18.
(38) Khevenhüller [1907–1925] IV, 141.

(20) 坂　井 [1996], 91 頁 ; Klingenstein [1975]; Cerman [2004]; Cerman [2010]; Kökényesi [2013], 118; Janković [2017].
(21) 岩崎 [2011].
(22) Spielman [1994]; ブルデュー [1990], 437; Küchelbecker [1730], 379; Montagu [1965], 74.
(23) Küchelbecker [1730], 405–410; Wandruszka [1971]; Gates-Coon [2015], 26.
(24) Wailand [1977]; Pečar [2003], 108; Khevenhüller [1907–1925] I, 260; II, 245.
(25) Montesquieu [2014], 38–39.
(26) Malanima [2010], 262.
(27) Dickson [1987] I, 115–129; Knittler [1993]; Cerman [2012]; 篠原 [1991], 11, 26頁 ; 岩崎 [2007]; 飯田 [2022]; Kudlich [1873] I, 65; Klír etc. [2017], 117; Ingrao [2019^3], 209; Landsteiner [2011].
(28) 佐藤 [2005].
(29) Hohberg [1682] I, 189–190.
(30) Krzywon [1992], 12–56.
(31) Arneth [1863], XVII.
(32) Arneth [1858] III, 432.
(33) Badinter [2017], 55–56; Mraz [1979], 30.
(34) Zedinger [1994], 116–121.
(35) Stollberg-Rilinger [2017], 61–63; Badinter [2017], 58–62.
(36) Coxe [1847] III, 225.
(37) Arneth [1863], 131; Coxe [1847] III, 189.
(38) Seitschek [2018], 126; Arneth [1863–1877] IV, 138–139

第２章　戦乱

(1) Walter [1968], 27.
(2) Kallbrunner [1952], 29, 49.
(3) Badinter [2017], 41; Arneth [1871], 172; Iwasaki [2014], 243–244; Arneth [1863], 89; Karajan [1859], 36; Schnettger [2020], 80–81.
(4) Karajan [1859], 16–19; Badinter [2017], 79; Schnettger [2020], 99.
(5) Codex Austriacus. V, 7–8; Arneth [1863], 90; Zedinger [2008], 84.
(6) Badinter [2017], 65; Urbanski [1979], 93; Arneth [1863], 371.
(7) Walter [1951], 19–38; Arneth [1871]; Braubach [1953]; Kallbrunner [1952], 31, 52.
(8) Karajan [1859]; Khevenhüller [1907–1925] III, 105; Badinter [2017], 207–208;

引用註

はじめに

(1) Maťa [2018], 52–53; Cerman [2018], 276.
(2) Experts from CIIRC took part in the 3D visualization of the Maria Theresa monument - News service - Czech technical university in Prague (cvut.cz) (最終閲覧日：2023年7月30日).
(3) Stollberg-Rilinger [2017], XXIII; Winkelbauer [2022].
(4) Shek Brnardić [2006], 411–412.

第1章　曙光

(1) Seitschek [2018], 170; Badinter [2017], 21.
(2) Seitschek [2018], 182.
(3) Kalmár [1996]; Kökényesi [2020], 190–191.
(4) Seitschek etc. (Hg.) [2011]; Seitschek etc. (Hg.) [2020].
(5) バーニー [2020], 285–286頁.
(6) Badinter [2017], 32–34; Sanz [2020], 162–168; Seitschek [2018], 129–130.
(7) Montagu [1965], 68; Zedinger [2008], 277; Badinter [2017], 31–32; Montesquieu [2014], 39.
(8) Seitschek [2018], 121–126; Badinter [2017], 19, 26.
(9) Karajan [1859], 39; Urbanski [1980], 93.
(10) Badinter [2017], 25.
(11) Stollberg-Rilinger [2017], 24.
(12) Küchelbecker [1730], 151–152.
(13) Mraz [1979], 25.
(14) Seitschek [2018], 194–203; Urbanski [1979]; Badinter [2017], 47.
(15) Luh [2018].
(16) Brunner [1955], 126.
(17) 岩崎 [2017], 12–209; Evans [1979], vii.
(18) Hoffmann etc. (eds.) [1994]; Zmora [2001]; Ammerer [2007]; Hayton etc. (eds.) [2010]; Iwasaki [2014]; 古谷 etc. [2016]; Godsey [2018]; Maťa [2019].
(19) Evans [1979], 117–154; Van Horn Melton [1995]; Winkelbauer [1999], 35–46; Klingenstein [1997]; Krueger [2009], 23–54; Iwasaki [2017].

マッシー、R. K. [2014]『エカチェリーナ大帝――ある女の肖像』上下巻（北代美和子訳）白水社。

南塚信吾編 [1999]『ドナウ・ヨーロッパ史』山川出版社。

宮本弘典 [1997]「啓蒙主義的刑法改革の一断面――オーストリアにおける拷問廃止について」『関東学院法学』6-2、31–70頁。

――― [2003]「翻訳 ヨーゼフ・フォン・ソネンフェルス『拷問廃止について』」『関東学院法学』12-4、427–489頁。

メスマー、F. A. [1993]「動物磁気発見のいきさつ」（本間邦雄訳）『キリスト教神秘主義著作集16 近代の自然神秘思想』教文館、284–319頁。

モーツァルト、W. A. [1976－2001]『モーツァルト書簡全集』全６巻（海老沢敏・高橋英郎編訳）白水社。

モンテスキュー、Ch. [1989]『法の精神』（野田良之ほか訳）岩波文庫。

屋敷二郎 [1995]「フリードリヒ大王の国家思想――啓蒙絶対主義における社会契約論と親政」『一橋論叢』114-1、135–152頁。

八林秀一 [2005]「青い月曜日を考える」『専修経済学論集』39-3、365–391頁。

――― [2007]「青い月曜日を考える 補遺」『専修経済学論集』41-3、225–270頁。

山之内克子 [2003]『啓蒙都市ウィーン』山川出版社。

――― [2005]『ハプスブルクの文化革命』講談社。

――― [2006]「啓蒙期オーストリアにおける教育――初等学校の制度的変遷を中心に」浅野啓子・佐久間弘展（編著）『教育の社会史――ヨーロッパ中・近世』知泉書館、271–291頁。

弓削尚子 [2004]『啓蒙の世紀と文明観』山川出版社。

吉岡昭彦・成瀬治編 [1979]『近代国家形成の諸問題』木鐸社。

ラーンシュタイン、P. [1988]『バロックの生活――1640年～1740年の証言と報告』（波田節夫訳）法政大学出版局。

――― [1996]『ゲーテ時代の生活と日常――証言と報告 1750－1805年』（上西川原章訳）法政大学出版局。

ラインアルター、H. [2016]『フリーメイソンの歴史と思想――「陰謀論」批判の本格的研究』（増谷秀樹・上村敏郎訳・解説）三和書籍。

ル・リデー、J. [2004]『中欧論――帝国からEUへ』（田口晃・板橋拓己訳）白水社。

歴史学研究会編 [2007]『世界史史料6 ヨーロッパ近代社会の形成から帝国主義へ 18・19世紀』岩波書店。

ロジェ、L. J. ほか [1997]『キリスト教史７ 啓蒙と革命の時代』（上智大学中世思想研究所編訳・監修）平凡社。

ハンスン、A. M. [1988]『音楽都市ウィーン――その黄金期の光と影』(喜多尾道冬・稲垣孝博訳)音楽之友社。

ハント、L. [1999]『フランス革命と家族ロマンス』(西川長夫・平野千果子・天野知恵子訳)平凡社。

ビルクナー、S(編著)[1991]『ある子殺しの女の記録――18世紀ドイツの裁判記録から』(佐藤正樹訳)人文書院。

ファー、E. [2018]『マリー・アントワネットの暗号――解読されたフェルセン伯爵との往復書簡』(ダコスタ吉村花子訳)河出書房新社。

フィーアハウス、R. [1982]「一八世紀後半のドイツにおける身分制と国内行政」ハルトゥング/フィーアハウスほか [1982]、373–404頁。

深沢克己 [2020]「フリーメイソン団成立史研究の現状と論点」『日本學士院紀要』75-1、1–25頁。

ブラウン、B. A. [1996]「マリーア・テレージア時代のヴィーン」(鍵山由美訳)ザスロー [1996] 116–146頁。

ブラネリ、V. [1992]『ウィーンから来た魔術師――精神医学の先駆者メスマーの生涯』(井村宏次・中村薫子訳)春秋社。

ブルデュー、P. [1990]『ディスタンクシオン――社会的判断力批判2』(石井洋二郎訳)藤原書店。

――― [2007]『結婚戦略――家族と階級の再生産』(丸山茂・小島宏・須田文明訳)藤原書店。

古谷大輔・近藤和彦編 [2016]『礫岩のようなヨーロッパ』山川出版社。

ブレーントラスト編 [2006]『マリア・テレジアとシェーンブルン宮殿』(山之内克子・蝶野立彦・落合桃子訳)「マリア・テレジアとシェーンブルン宮殿」展カタログ委員会。

ブレーカー、U. [2000]『スイス傭兵ブレーカーの自伝』(阪口修平、鈴木直志訳)刀水書房。

フロイデンベルガー、H. [1991]「オーストリアにおけるプロト工業的発展局面」(御園生真訳)。F. メンデルス / R. ブラウンほか [1991]『西欧近代と農村工業』(篠塚信義・石坂昭雄・安元稔編訳)北海道大学図書刊行会、323–354頁。

ベーン、M. v. [1984]『ドイツ十八世紀の文化と社会』(飯塚信雄ほか訳)三修社。

ベッカリーア、C. [1997]『公共経済の諸要素』(三上禮次訳)九州大学出版会。

――― [2011]『犯罪と刑罰』(小谷眞男訳)東京大学出版会。

堀田誠三 [1996]『ベッカリーアとイタリア啓蒙』名古屋大学出版会。

ボルペール、P.-E. [2009]『「啓蒙の世紀」のフリーメーソン』(深沢克己編訳)山川出版社。

雑誌』48-4、575–595頁。

――― [2013]「18世紀西洋の医学・薬学を日本に導入したツュンベリー」『薬史学雑誌』48-2、99–107頁。

田村久男 [2009]「18世紀の女性画家アンゲリカ・カウフマンのドイツ作家との交遊――ヴィンケルマン、ゲーテ、ヘルダーの肖像画を中心に」『明治大学教養論集』444、69–94頁。

丹後杏一 [1997]『ハプスブルク帝国の近代化とヨーゼフ主義』多賀出版。

ダーントン、R. [1987]『パリのメスマー――大革命と動物磁気催眠術』（稲生永訳）平凡社。

――― [1994]『革命前夜の地下出版』（関根素子・二宮宏之訳）岩波書店。

デュルメン、R . v. [1993, 1995, 1998]『近世の文化と日常生活』全3巻（佐藤正樹訳）鳥影社。

戸波勝徳 [2004]「第一回ポーランド分割とプロイセン」『史学研究』243、1–20頁。

トムソン、C. [1983]『モーツァルトとフリーメーソン』（湯川新・田口孝吉訳）法政大学出版局。

中澤達哉 [2009]『近代スロヴァキア国民形成思想史研究――「歴史なき民」の近代国民法人説』刀水書房。

成瀬治 [1988]『絶対主義国家と身分制社会』山川出版社。

西川尚生 [2005]『モーツァルト』音楽之友社。

ネットゥル、P. [1981]『モーツァルトとフリーメイスン結社』（海老沢敏・栗原雪代訳）音楽之友社。

野村真理 [2008]『ガリツィアのユダヤ人――ポーランド人とウクライナ人のはざまで』人文書院。

バダンテール、E. [2022]『女帝そして母、マリア・テレジア――ハプスブルク帝国の繁栄を築いたマリー・アントワネットの母の葛藤と政略』（ダコスタ吉村花子訳）原書房。

バーニー、Ch. [2020]『チャールズ・バーニー音楽見聞録〈ドイツ篇〉』（小宮正安訳）春秋社。

ハーニッシュ、E. [2016]『ウィーン／オーストリア二〇世紀社会史』（岡田浩平訳）三元社。

浜本隆志 [1991]『ドイツ・ジャコバン派――消された革命史』平凡社。

バラージュ・エーヴァ、H. [2003]『ハプスブルクとハンガリー』（渡邊昭子・岩崎周一訳）成文社。

ハルトゥング、F. / R. フィーアハウスほか [1982]『伝統社会と近代国家』（成瀬治ほか編訳）岩波書店。

カサノヴァ、G. [1995]『カサノヴァ回想録3 パリの社交界』(窪田般彌訳)河出文庫。

カーザー、K. [2013]『ハプスブルク軍政国境の社会史――自由農民にして兵士』(越村勲・戸谷浩編訳) 学術出版会。

川成洋 (編者代表)、菊池良生・佐竹謙一 (編者) [2023]『ハプスブルク事典』丸善。

カント、I. [2003]『カント全集〈21〉書簡1』(北尾宏之・坂部恵編訳) 岩波書店。

共同訳聖書実行委員会・日本聖書協会 [1987]『聖書 新共同訳――旧約聖書続編つき』日本聖書協会。

久保清治 [1998]『ドイツ財政史研究――一八世紀プロイセン絶対王制の財政構造』有斐閣。

クリストフ、P. (編) [2002]『マリー・アントワネットとマリア・テレジア秘密の往復書簡』(藤川芳朗訳) 岩波書店。

ゲーテ、J. W. [1997]『詩と真実』第一部 (山崎章甫訳) 岩波書店。

小山哲 [1997]「消滅した国家ポーランド」『岩波講座世界歴史17 環大西洋革命』岩波書店、75–101頁。

坂井榮八郎 [1996]『ゲーテとその時代』朝日新聞社。

坂井洲二 [1986]『年貢を納めていた人々――西洋近世農民の暮し』法政大学出版局。

ザスロー、N. [1996]『啓蒙時代の都市と音楽 西洋の音楽と社会6』(樋口隆一監訳) 音楽之友社。

佐藤勝則 [1992]『オーストリア農民解放史研究――東中欧地域社会史研究序説』多賀出版。

佐藤正樹 [2005]『ドイツ女性作家の歴史からみたアンナ・ルイーザ・カルシュの位置』(文部科学省科学研究費補助金研究成果報告書)

篠原琢 [1991]「一八四八年革命とボヘミアの農村住民」『史学雑誌』100-10、1–40頁。

柴宜弘・伊東孝之・南塚信吾・直野敦・萩原直 (監修) [2015]『新版 東欧を知る事典』平凡社。

シュッツ、K. [2006]「マリア・テレジア時代の芸術と文化」『マリア・テレジアとシェーンブルン宮殿』、16–22頁。

ショムファイ、L. [1996]「エステルハージー宮廷におけるハイドン」(飯森豊水訳) ザスロー [1996]、302–327頁。

ダインダム、J. [2017]『ウィーンとヴェルサイユ ヨーロッパにおけるライバル宮廷1550～1780』(大津留厚・小山啓子他訳) 刀水書房。

高橋文 [2002]「日本におけるファン・スウィーテン水の受容」『日本醫史學

岩崎周一 [2014]「近世ハプスブルク君主国における軍事と地域社会」『京都産業大学論集 社会科学系列』31、201–230頁。

——— [2017]『ハプスブルク帝国』講談社。

——— [2020]「西洋近世史研究の七〇年」『思想』1149、51–72頁。

——— [2022]「「穏健な君主政は最上の政体」——啓蒙改革期ハプスブルク君主国における複合的国制と王権の諸身分認識」『西洋史学』273、22–41頁。

ヴァントルツカ、A. [1981]『ハプスブルク家——ヨーロッパの一王朝の歴史』（江村洋訳）谷沢書房。

ウィルソン、P. H. [2005]『神聖ローマ帝国 1495–1806』（山本文彦訳）岩波書店。

上村敏郎 [2020]「マリア・テレージアのハンガリー王戴冠式と虚構報道——塗油儀礼におけるイメージ形成」『史境』79/80、125–147頁。

ヴォルフ、Ch. [2015]『モーツァルト 最後の四年——栄光への門出』（磯山雅訳）春秋社。

碓井仁 [1996]「中欧工業化史の新たな展望——1960年以降の業績を中心に」『経済論究（九州大学院）』94、31–60頁。

ウートラム、D. [2017]『啓蒙』（田中秀夫監訳、逸見修二・吉岡亮訳）法政大学出版局。

ウルフ、S. J. [2001]『イタリア史 1700–1860』（鈴木利夫訳）法政大学出版局。

エストライヒ、G. [1993]『近代国家の覚醒』（阪口修平ほか編訳）創文社。

海老澤敏 [1991]『モーツァルトの生涯』（全3巻）白水社。

海老原明夫 [1981-1982]「カメラールヴィッセンシャフトにおける『家』——J. H. G. フォン・ユスティの思想を中心として（一）〜（四）」『国家学会雑誌』94-7/8、451–503頁；94-9/10、603–658頁；95-7/8、429–490頁；95-11/12、637–683頁。

エレンベルガー、H. F. [1980]『無意識の発見（上）力動精神医学発達史著』（木村敏・中井久夫監訳）弘文堂。

大津留厚・水野博子・河野淳・岩崎周一編 [2013]『ハプスブルク史研究入門——歴史のラビリンスへの招待』昭和堂。

大西克典 [2015a]「一八世紀トスカーナ大公国における統一土地台帳編纂計画とその挫折：ピエトロ・レオポルド期の改革路線対立」『西洋史学』258、125–142頁。

——— [2015b]「ピエトロ・レオポルド期トスカーナ大公国における土地税改革——一七七二－一七八三年」『史学雑誌』124–6、1114–1128頁。

——— [2017]「イタリア啓蒙——ムラトーリとその影響」高橋進・村上義和編著『イタリアの歴史を知るための50章』明石書店、149–153頁。

Lothringen und Erzherzogin Maria Theresia. Böhlau.
———. [2000], *Die Verwaltung der Österreichischen Niederlande in Wien (1714–1795). Studien zu den Zentralisierungstendenzen des Wiener Hofes im Staatswerdungsprozeß der Habsburgermonarchie*. Wien.
———. [2008], *Franz Stephan von Lothringen (1708–1765). Monarch – Manager - Mäzen*. Böhlau.
Zedinger, R. / W. Schmale (Hg.) [2009], *Franz Stephan von Lothringen und sein Kreis*. Bochum.
Zedinger, R. [2022], *Maria Luisa de Borbón (1745–1792). Großherzogin der Toskana und Kaiserin in ihrer Zeit*. Wien.
Zedler, J. H. (Hg.) [1732–1754], *Grosse vollständige Universal-Lexikon aller Wissenschaften und Künste*. 62 Bde. Halle / Leipzig.
Zinzendorf, K. / H. Wagner, H. (Hg.) [1972], *Wien von Maria Theresia bis zur Franzosenzeit*. Wien.
Zlabinger, E. [1970], *Ludovico Antonio Muratori und Osterreich*. Innsbruck.
Zmora, H. [2001], *Monarchy, Aristocracy, and the State in Europe 1300–1800*. London.
Zöllner, E. (Hg.) [1983], *Österreich im Zeitalter des aufgeklärten Absolutismus*. Wien.
アーベル、W. [1972]『農業恐慌と景気循環――中世中期以来の中欧農業及び人口扶養経済の歴史』（寺井誠訳）未来社。
秋山晋吾 [2018]『姦通裁判――18世紀トランシルヴァニアの村の世界』星海社。
足立昌勝 [1993]『国家刑罰権力と近代刑法の原点』白順社。
阿南大 [2008]「南ネーデルランドという「第三項」――近世オーストリア君主国の内、近代「ハプスブルク君主国」の外」『東欧史研究』30、39–54頁。
飯田恭 [2022]『農場と森林のプロイセン史――一六〜一九世紀の御領地・御領林経営』慶應義塾大学出版会。
稲野強 [2014]『マリア・テレジアとヨーゼフ二世――ハプスブルク、栄光の立役者』山川出版社。
岩崎周一 [2007]「近世ハプスブルク君主国・下オーストリアにおける領主層の所領収益構造」『社会経済史学』73-2、57–74頁。
――― [2011]「「貴族制的君主国」の中核として――18世紀ハプスブルク君主国の政治社会における金羊毛騎士団の意義と機能」『日本18世紀学会年報』25、36–49頁。
――― [2013]「近世ハプスブルク君主国における軍隊と兵士」『京都産業大学論集 社会科学系列』30、123–154頁。

Whaley, J. [1996], Die Habsburgermonarchie und das Heilige Römische Reich im 18. Jahrhundert. In: W. Brauneder / L. Höbelt (Hg.), *Sacrum Imperium: Das Reich und Österreich 996–1806*. Wien, 288–318.

———. [2012], *Germany and the Holy Roman Empire*. 2 vols. Oxford.

Wigger, I. / K. Klein [2015], „Bruder Mohr": Angelo Soliman und der Rassismus der Aufklärung. In: W. D. Hund (Hg.), *Entfremdete Körper. Rassismus als Leichenschändung*. Bielefeld, 81–115.

Wigger, I. / S. Hadley [2020], Angelo Soliman: desecrated bodies and the spectre of Enlightenment racism. In: *Race & Class*. 62-2, 80–107

Wilson, P. H. [2016], *The Holy Roman Empire. A Thousand Years of Europe's History*. London.

Wimmer, J. [1991], *Gesundheit, Krankheit und Tod im Zeitalter der Aufklärung: Fallstudien aus den habsburgischen Erbländern*. Wien / Köln.

Winkelbauer, Th. [1986], *Robot und Steuer. Die Untertanen der Waldviertler Grundherrschaften Gföhl und Altpölla zwischen feudaler Herrschaft und absolutischen Staat (vom 16. Jahrhundert bis zum Vormärz)*. Wien.

———. [2003], *Ständefreiheit und Fürstenmacht. Länder und Untertanen des Hauses Habsburg im konfessionellen Zeitalter*. 2 Bde. Wien.

———. (Hg.) [2015], *Geschichte Österreichs*. Stuttgart.

———. (Hg.) [2022], *Die Habsburgermonarchie (1526–1918) als Gegenstand der modernen Historiographie*. Wien.

Winter, G. [1903], Die Gründung des kaiserlichen und königlichen Haus-, Hof- und Staatsarchivs 1749–1762. In: *Archiv für Österreichische Geschichte*. 92, 1–82.

Wolf, A. [1863], *Marie Christine, Erzherzogin von Oesterreich*. 2 Bde. Wien.

———. (Hg.) [1867], *Leopold II. und Marie Christine. Ihr Briefwechsel (1781–1792)*. Wien.

———. [1875], *Fürstin Eleonore Liechtenstein, 1745–1812: nach Briefen und Memoiren ihrer Zeit*. Wien.

Wolff, L. [2010], *The Idea of Galicia: History and Fantasy in Habsburg Political Culture*. Stanford.

Wurzbach, C. [1856–1891], *Biographisches Lexikon des Kaiserthums Oesterreich*. 60 Bde. Wien.

Yonan, M. [2011], *Empress Maria Theresa and the Politics of Habsburg Imperial Art*. Pennsylvania.

Zedinger, R. [1994], *Hochzeit im Brennpunkt der Mächte: Franz Stephan von*

Voltaire [1878], *Œuvres complètes de Voltaire. Tome XV. Précis du siècle de Louis XV.* Garnier.
Volz, G. B. (Hg.) [1913–1914], *Die Werke Friedrichs des Großen.* 10 Bde. Berlin.
———. (Hg.) [1920], *Die politischen Testamente Friedrich's des Grossen.* Berlin.
Vushko, I. [2008], *Enlightened Absolutism, Imperial Bureaucracy and Provincial Society: The Austrian Project to Transform Galicia, 1772–1815.* Yale.
Wallnig, Th. / E. Lobenstein / F.-S. Seitschek (Hg.) [2017], *Maria Theresia? Neue Perspektive der Forschung.* Bochum.
Walter, F. [1938], *Die Geschichte der österreichischen Zentralverwaltung in der Zeit Maria Theresias (1740–1780).* Wien.
———. [1951], *Männer um Maria Theresia.* Wien.
———. (Hg.) [1968], *Maria Theresia. Briefe und Aktenstüche in Auswahl.* Darmstadt.
———. [1972], *Österreichische Verfassungs- und Verwaltungsgeschichte von 1550–1955. Aus dem Nachlass herausgegeben von Adam Wandruszka.* Wien / Köln / Graz.
Wandruszka, A. [1959], Die Religiosität Franz Stephans von Lothringen. Ein Beitrag zur. Geschichte der „Pietas Austriaca" und zur Vorgeschichte des Josephinismus in Österreich. In: *Mitteilungen des Österreichischen Staatsarchivs* 12, 162–173.
———. [1961], Die Persönlichkeit Kaiser Leopolds II. In: *Historische Zeitschrift.* 192, 295-317.
———. [1963–1965], *Leopold II.* 2 Bde. Wien / München.
———. [1967]. Das Zeit- und Sprachkostüm von Hofmannsthals ›Rosenkavalier‹. In: *Zeitschrift für Deutsche Philologie.* 86-4, 561–570.
———. [1968], Maria Theresia und der Österreichische Staatsgedanke. In: *Mitteilungen des Instituts für Österreichische Geschichtsforschung.* 76, 174–188.
———. [1971], Die »Zweite Gesellschaft« der Donaumonarchie. In: H. Siegert (Hg.), *Adel in Österreich.* Wien, 56–67.
———. [1982], *Das Haus Habsburg. Die Geschichte einer europäischen Dynastie.* Wien.
Wangermann, E. [1973], *The Austrian Achievement 1700–1800.* London.
———. [1978], *Aufklärung und staatsbürgerliche Erziehung: Gottfried van Swieten als Reformator drs österreichischen Unterrichtswesens 1781–1791.* München.
Weczerka, H. (Hg.) [1995], *Stände und Landesherrschaft in Ostmitteleuropa in der frühen Neuzeit.* Marburg.
Weinzierl, E. [1954], Die Bekämpfung der Hungernot in Böhmen 1770–1772 durch Maria Theresia und Joseph II. In: *Mitteilungen des österreichischen Staatsarchivs.* 7, 478–514.

Theresias. Herrschaft und Bildpolitik im Zeitalter der Aufklärung. Böhlau.
Thewes, G. [2012], *Stände, Staat und Militär: Versorgung und Finanzierung der Armee in den Österreichischen Niederlanden 1715–1795*. Böhlau.
Trencsényi, B. / M. Zászkaliczky (eds.) [2010], *Whose Love of Which Country? Composite States, National Histories and Patriotic Discourses in Early Modern East Central Europe*. Leiden / London.
Turba, G. [1912], *Die Grundlagen der Pragmatischen Sanktion. II. Die Hausgesetze*. Leipzig / Wien.
———. (Hg.) [1913], *Die Pragmatische Sanktion*. Wien.
Urbanski, H. [1979], Unveröffentlichte Aufzeichnungen Karls von Lothringen. In: Koschatzky (Hg.), [1979a], 91–96.
Vacha, B (Hg.) [1992], *Die Habsburger: eine europäische Familiengeschichte*. Wien.
Vaderna, G. [2022], *The Culture of the Aristocracy in the Habsburg Monarchy, 1750–1820*. Praesens Verlag.
Van den Tweel, J. G. / R. Sedivy [2020], Gerard van Swieten, the Dutch personal physician of Empress Maria Theresia (1700–1780). In: *Wiener Medizinische Wochenschrift*. 170, 320–324.
Van Horn Melton, J. [1995], The Nobility in the Bohemian and Austrian Lands, 1620–1780. In: Scott, N. M. (ed.), *The European Nobilities in the 17th and 18th Centuries*. Vol.2 London, 110–143.
Van Swieten, G. [1768], *Vampyrismus*. Augsburg.
Varga, B. M. [2021], Making Maria Theresia 'King' Of Hungary. In: *The Historical Journal*. 64-2, 233–254.
Verhandlungen des Österreichischen Reichstages nach der stenographischen Aufnahme. 5Bde. Wien, 1849.
Vermes, G. [2014], *Hungarian Culture and Politics in the Habsburg Monarchy, 1711–1848*. Budapest.
Vischer, J. M. [1681], *Topographia Ducatus Stiriae*. Graz.
Vocelka, K. / L. Heller [1997], *Die Lebenswelt der Habsburger. Kultur- und Mentalitätsgeschichte einer Geschichte*. Graz.
——— [1998], *Die private Welt der Habsburger. Leben und Alltag einer Geschichte*. Graz
Vocelka, K. [2001], *Glanz und Untergang der höfischen Welt. Repräsentation, Reform und Reaktion im habsburgischen Vielvölkerstaat*. Wien.
Vocelka, M. u. K., [2015], *Franz Joseph I. Kaiser von Österreich und König von Ungarn 1830–1916. Eine Biographie*. München.

Theresias. Amalthea.

Singerton, J. [2022], *The American Revolution and the Habsburg Monarchy (The Revolutionary Age)*. Virginia.

Stangl, W. [2010], *Tod und Trauer bei den Österreichischen Habsburgern 1740–1780. Dargestellt im Spiegel des Hofzeremoniells*. Saarbrücken.

Steiner, S. [2014], *Rückkehr unerwünscht. Deportationen in der Habsburgermonarchie der Frühen Neuzeit und ihr europäischer Kontext*. Böhlau.

Stollberg-Rilinger, B. [2017], *Maria Theresia. Die Kaiserin in ihrer Zeit. Eine Biographie*. München.

———. [2020], Maria Theresa and the Love of Her Subjects. In: *Austrian History Yearbook*. 51, 1-12.

Storrs, Ch. (ed.) [2009], *The Fiscal-Military State in Eighteenth-Century Europe. Essays in honour of P. G. M. Dickson*. Farnham.

Suppanz, W. [2004], Maria Theresia. In: E. Brix / E. Bruckmüller / H. Stekl (Hg.): *Memoria Austriae I. Menschen, Mythen, Zeiten*. Wien, 26–47.

Szabo, F. A. J. [1994], *Kaunitz and Enlightened Absolutism 1753–1780*. Cambridge.

———. [2008], *The Seven Years War in Europe, 1756–1763*. Lomdon.

———. [2018], Cameralism, Josephinism and Enlightenment: The Dynamic of Reform in the Habsburg Monarchy, 1740–92, In: *Austrian History Yearbook*. 49, 1-14.

Szántay, A. [2018], Joseph II' s 'General Picture of the Monarchy' 1768 – On Lombardy and the Austrian Netherlands. In: Forgó etc. (Hg.), [2018], 45–63.

Szijártó, I. M. [2020], *Estates and Constitution: The Parliament in Eighteenth-century Hungary*. Oxford.

Szilágyi M. [2014], Ein ungarischer Schriftsteller im theresianischen Wien: Georg Bessenyei. In: I. Fazekas / Zs. Cziráki, et al. (Hg.), *Wiener Archivforschungen. Festschrift für den Ungarischen Archivdelegierten in Wien*. Wien, 287–297.

Tanzer, G. [1992], *Spectacle müssen seyn. Die Freizeit der Wiener im 18. Jahrhundert*. Böhlau.

Tapié, V. L. [1996[4]], *Maria Theresia. Die Kaiserin und ihr Reich*. Graz / Köln / Wien.

Tazzara, C. / P. Findlen / J. Soll [2020] (eds.), *Florence After the Medici: Tuscan Enlightenment, 1737–1790*. Routledge.

Teich, M. [1975], Born's amalgamation process and the international metallurgic gathering at Skleno in 1786. In: *Annals of Science*. 32–4, 305–340.

Telesko, W. [2012], *Maria Theresia. Ein europäischer Mythos*. Böhlau.

Telesko, W. / S. Hertel / S. Linsboth (Hg.) [2020], *Die Repräsentation Maria*

Harald Hepper. Bochum.
Scheutz, M. / A. Strohmeyer (Hg.) [2010], *Von Lier nach Brüssel: schlüsseljahre österreichischer Geschichte (1496–1995)*. Studien.
Schilling, L. [1994], *Kaunitz und das Renversement des alliances. Studien zur außenpolitischen Konzeption Wenzel Antons von Kaunitz*. Berlin.
Schindling, A. / W. Ziegler (Hg.) [1990], *Die Kaiser der Neuzeit 1519–1918. Heilige Römisches Reich, Österreich, Deutschland*. München.
Schnettger, M. [2020], »Codesta nuova corte«. Außensichten auf den Wiener Hof im Spätjahr 1740. In: Braun etc. (Hg.), [2020], 73–110.
Schönberger, A. [1963], *Johann Joseph Fürst Khevenhüller-Metsch. Sein Leben und seine Tätigkeit bei Hof*. Phil. Diss. Wien.
Schumpeter, J. A. [1953], Die Krise des Steuerstaates. In: Ibid., *Aufsätze zur Soziologie*. Tübingen, 1–71.
Schütz, K. [2005], Bernaldo Bellotto in Wien und München (1759–61). In: W. Seipel (Hg.), *Bernardo Bellotto genannt Canaletto. Europäische Veduten*. Wien, 101–155.
Seiffert, W.-D. [2012], Zur Entstehung und Überlieferung von Mozarts Kleiner Nachtmusik. In: *Mozart-Jahrbuch*. 2009/2010, 119–140.
Seitschek, S. / H. Hutterer / G. Theimer (Hg.) [2011], 300 *Jahre Karl VI. (1711–1740) . Spuren der Herrschaft des „letzten Habsburgers“*. Wien.
Seitschek, S. [2018], *Die Tagebücher Kaiser Karls VI. Zwischen Arbeitseifer und Melancholie*. Horn.
Seitschek, S. / S. Hertel (Hg.) [2020], *Herrschaft und Repräsentation in der Habsburgermonarchie (1700–1740) . Die kaiserliche Familie, die habsburgischen Länder und das Reich*. Berlin / Boston.
Shek Brnardić, T. [2006], The Enlightenment in Eastern Europe: Between Regional Typology and Particular Micro-history. In: *European Review of History*. 13/3, 411–435.
Shek Brnardić, T. [2020], The Seven Years War (1756–1763) as a Cultural Zone of Entanglement: Case Studies of Croatian Captives. In: *RADOVI - Zavod za hrvatsku povijest*. 52, 121–139.
Siemann, W. [2016], *Metternich. Stratege und Visionär. Eine Biographie*. München.
Silber, M. K. [2017], The Making of Habsburg Jewry in the Long Eighteenth Century. In: J. Karp / A. Sutcliffe (eds.), *The Cambridge History of Judaism. Vol. 7*. Cambridge, 763–792.
Silva-Tarouca, E. [1960], *Der Mentor der Kaiserin: der weltliche Seelenführer Maria*

Ranke, L. (Hg.). [1835], Maria Theresia und ihr Hof im Jahr 1755: Aus den Papieren des Großkanzler von Fürst. In: *Historisch-politische Zeitschrift*. 2, 667–740.

Rebel, H. [1998], Peasantries under the Austrian Empire, 1300–1800. In: T. Scott (ed.), *The Peasantries of Europe from the Fourteenth to the Eighteenth Centuries*. London, 191–225.

Rechberger, A. J. [1788], *Vollständige Geschichte der Einimpfung der Blattern in Wien ...* Wien.

Reinhard, W. [1999], *Geschichte der Staatsgewalt. Eine vergleichende Verfassungsgeschichte Europas von den Anfängen bis zur Gegenwart*. München.

Řezník, M. [2015], *Neuprientierung einer Elite: Aristokratie, Ständewesen und Loyalität in Galizien (1772–1795)*. Peter Lang.

Rohrschneider, M. [2014], *Österreich und der immerwährender Reichstag: Studien zur Klientelpolitik und Parteibildung (1745–1763). Van*denhoeck und Ruprecht.

Rudan, O. [1980], Erzherzogin Maria Anna in Klagenfurt 1781 bis 1789. Palais und Kloster vereint. In: *Carinthia I*. 170, 185–260.

Rudersdorf, M. [1988], Josef Wenzel von Liechtenstein (1696–1772): Diplomat, Feldmarschall und Herresreformer im kaiserlichen Dienst. In: Press etc. (Hg.), [1988], 347–381.

Ruzicka, D. [2002], *Friedrich Wilhelm Graf von Haugwitz (1702–1765) . Weg, Leistung und Umfeld eines schlesisch-österreichischen Staatsmannes*. Frankfurt am Main.

Sandgruber, R. [1995], *Ökonomie und Politik: Österreichische Wirtschaftsgeschichte vom Mittelalter bis zur Gegenwart*. Wien.

Sanz, V. L. [2020], Der Hof und die Regierung von Karl VI. in Barcelona. In: Seitschek etc. (Hg.), [2020], 141–172.

Sauer, W. (Hg.) [2007], *Von Soliman bis Omofuma: Geschichte der afrikanischen Diaspora in Österreich 17. bis 20. Jahrhundert*. Studien.

———. [2021], From Slave Purchases to Child Redemption: A Comparison of Aristocratic and Middle-Class Recruiting Practices for „Exotic" Staff in Habsburg Austria. In: R. Mallinckrodt / J. Köstlbauer / S. Lentz (eds.), *Beyond Exceptionalism. Traces of Slavery and the Slave Trade in Early Modern Germany, 1650–1850*. Berlin/Boston, 163–188.

Scharr, K. [2010], *Die Landschaft Bukowina. Das Werden einer Region an der Peripherie 1774–1918*. Böhlau.

Schembor, F. W. [2015], *Galizien im ausgehenden 18. Jahrhundert: Ausbau der österreichischen Verwaltung im Spiegel der Quellen. Mit einem Vorwort von*

k. Kriegsarchivs. 9 Bde. Wien 1896–1914.

Orel, A. [1955], Maria Wilhelmine Thun (Mäzenatentum in Wiens klassischer Zeit). In: *Mozart-Jahrbuch.* 1954, 89–101.

Osterkamp, J. [2021], *Vielfalt ordnen. Eine föderale Geschichte der Habsburgermonarchie (Vormärz bis 1918).* Vandenhoeck & Ruprecht.

Outram, D. [2019], *Four Fools in the Age of Reason: Laughter, Cruelty and Power in Early Modern Germany.* Virginia.

Pangerl, I. / M. Scheutz / Th. Winkelbauer (Hg.) [2007], *Der Wiener Hof im Spiegel der Zeremonialprotokolle (1652–1800) . Eine Annäherung.* Studien.

Pauser, J. / M. Scheutz / Th. Winkelbauer (Hg.) [2004], *Quellenkunde der Habsburgermonarchie (16.–18. Jahrhundert). Ein exemplarisches Handbuch.* Wien / München.

Pečar, A. [2003], *Die Ökonomie der Ehre. Der höfische Adel am Kaiserhof Karls VI. (1711–1740).* Darmstadt.

Peham, H. [2013], *Die Salonièren und die Salons in Wien: 200 Jahre Geschichte einer besonderen Institution.* Styria.

Pezzl, J. [1786–1790], *Skizze von Wien.* 6Hefte. Wien.

Pfundner, M. / G. Mauthe (Hg.) [2017], *Maria Theresia: Habsburgs mächtigste Frau.* Wien.

Pichler, C. [1914], *Denkwürdigkeiten aus meinem Leben. ... der Urschrift neu herausgegeben von Emil Karl Blümml.* 2 Bde. München.

Plaggenborg, S. [1998], Maria Theresia und die böhmischen Juden. In: *Bohemia.* 39, 1–16.

Pommerin, R. / L. Schilling (Bearb.) [1986], Denkschrift des Grafen Kaunitz zur mächtepolitischen Konstellation nach dem Aachener Frieden von 1748. In: J. Kunisch (Hg.), *Expansion und Gleichgewicht. Studien zur europäischen Mächtepolitik des ancien régime.* Berlin, 165–239.

Pötzl-Malikova, M. [2015], *Franz Xaver Messerschmidt, 1736–1783 – Monografie und Werkverzeichnis.* Weitra.

Preinfalk, M. / B. Golec (eds.) [2018], *Marija Terezija. Med razsvetljenskimi reformami in zgodovinskim spominom.* Ljubljana.

Press, V. / D. Willoweit (Hg.) [1988], *Liechtenstein – Fürstliches Haus und staatliche Ordnung.* Vaduz-München-Wien.

Prosch, P. [1789], *Leben und Ereignisse des Peter Prosch, eines Tyrolers von Ried im Zillerthal, oder Das wunderbare Schicksal, Geschrieben in den Zeiten der Aufklärung.* München.

Staates? Das Bild Maria Theresias und ihrer Zeit in der tschechischen Historiographie. In: Preinfalk etc. (eds.): [2018], 51–68.

Matis, H. (Hg.) [1981], *Von der Glückseligkeit des Staates. Staat, Wirtschaft und Gesellschaft in Österreich im Zeitalter des aufgeklärten Absolutismus*. Berlin.

Mazzotti, M. [2007], *The World of Maria Gaetana Agnesi, Mathematician of God*. Baltimore.

McCagg Jr., W. O. [1989], *A history of Habsburg Jews 1670–1918*. Indiana.

Michaud, C. [1985], Laudatio et carmen post mortem· Nachrufe auf Maria Theresia in Frankreich und Belgien. In: Österreichische Akademie der Wissenschaften (Hg.), [1985], Bd.1, 673–700.

Midelfort, H. C. Erik [2005], *Exorcism and Enlightenment: Johann Joseph Gassner and the demons of eighteenth-century Germany*. Yale.

Montagu, M. W. [1965], *The Complete Letters of Lady Mary Wortley Montagu. Edited by Robert Halsband. Vol.1. 1708–1720*. Oxford.

Montesquieu, Ch.-L. De [2015], *Meine Reisen in Deutschland 1728–1729. Hg. von J. Overhoff / Übersetzung: H. W. Schumacher*. Klett-Cotta.

Montjoye, I. [2008], *Maria Theresias Türkenkind. Die abenteuerliche Lebensgeschichte der Anna Maria Königin*. Wien.

Morrow, M. S. [1989], *Concert Life in Haydn' s Vienna: Aspects of a Developing Musical and Social Institution*. New York.

Mraz, G. u. G. [1979], *Maria Theresia. Ihr Leben und ihre Zeit in Bildern und Dokumenten*. München.

Natter, Tobias G. (ed.) [2007], *Angelica Kauffmann: A Woman of immense Talent*. Ostfildern.

NDB [1953–]: Die Historische Kommission bei der bayrischen Akademie der Wissenschaft (Hg.), *Neue deutsche Biographie*. bisher 20 Bde. Berlin.

Oberhammer, E. (Hg.) [1990], *Der ganzen Welt ein Lob und Spiegel. Das Fürstenhaus Liechtenstein in der frühen Neuzeit*. Wien / München.

Obersteiner, G. P. [1993], *Theresianische Verwaltungsreformen im Herzogtum Steiermark. Die Repräsentation und Kammer (1749–1763) als neue Landesbehörde des aufgeklärten Absolutismus*. Graz.

Österreichische Akademie der Wissenschaften (Hg.) [1985], *Österreich im Europa der Aufklärung. Kontinuität und Zäsur in Europa zur Zeit Maria Theresias und Josephs II*. 2 Bde. Wien.

Oesterreichischer Erbfolgekrieg. 1740–1748. Nach den Feld-Akten und anderen authentischen Quellen bearbeitet in der kriegsgeschichtlichen Abteilung des k. und

Europe: the struggle for labour rent in Lower Austria in the second half of the sixteenth century. In: *The Agricultural History Review*. 59-2, 266-292.

Langer, A. [1843], Ein Abend bei Karoline Pichler. In: *Allgemeine Theaterzeitung*. 168, 750.

Larkin, E. T. [2007], Johann Pezzl' s Faustin: An Idealized, Historical Appeal for Enlightened Practice. In: *Mededelingen van de Stichting Jacob Campo Weyerman*. 2, 107–119.

Lau, Th. [2016], *Maria Theresia*. Böhlau.

Leeb. R. (Hg.) [2003], *Geschichte des Christentum in Österreich. von der Spätantike bis zur Gegenwart*. Wien.

Lengyel, R / G. Tüskés (eds.) [2017], *Learned Societies, Freemasonry, Sciences and Literature in 18th-century Hungary: A Collection of Documents and Sources*. MTA BTK ITI, Budapest.

Lesky, E. / A. Wandruszka (Hg.), *Gerard van Swieten und seine Zeit*. Böhlau, 1973.

Lever, É. [1991], *Marie-Antoinette*. Paris.

———. [2005], *Marie-Antoinette Correspondance (1770–1793)*. Taillandier.

Levy, M. J. [1988], *Governance and Grievance: Habsburg Policy and Italian Tyrol in the Eighteenth Century*. Purdue.

Lippert, W. (Hg.) [1908], *Briefwechsel 1747–1772. Kaiserin Maria Theresia und Kurfürstin Maria Antonia von Sachsen*. Leipzig.

Luh, J. [2018], Eine geplante Heirat zwischen Maria Theresia und Friedrich dem Großen?. In: Texte des RECS #16, 24/01/2018, https://recs.hypotheses.org/2233.

Macek, B. [2014[3]], *Die Krönung Josephs II. zum Römischen König in Frankfurt am Main. Logistisches Meisterwerk, zeremonielle Glanzleistung und Kulturgüter für die Ewigkeit*. Peter Lang.

Mályusz, E. [1937]. Kaunitz über die Kulturpolitik der Habsburgermonarchie. In: *Südost-Forschungen*. 2/1, 1–16.

Maner, H.-Ch. (Hg.), [2005], *Grenzregionen der Habsburgermonarchie im 18. und 19. Jahrhundert. Ihre Bedeutung und Funktion aus der Perspektive Wiens*. Münster.

Malanima, P. [2010]. Urbanization. In: S. Broadberry / K. H. O' Rourke (eds.), *The Cambridge Economic History of Modern Europe. Vol 1: 1700–1870*. Cambridge, 235–263.

Maťa, P. / Th. Winkelbauer (Hg.) [2006], *Die Habsburgermonarchie 1620 bis 1740. Leistungen und Grenzen des Absolutismusparadigmas*. Stuttgart.

Maťa, P. [2018], Landesstiefmutter - oder doch Retterin des böhmischen

Epoche von 1740–1780 aus Anlaß der 200. Wiederkehr des Todestages der Kaiserin. Salzburg / Wien.

Koschatzky, W. [1979b], Jean-Etienne Liotard in Wien. In: Ibid. (Hg.), [1979a], 308–319.

Kovács, E. [1986], Die ideale Erzherzogin. Maria Theresias Forderungen an ihre Töchter. In: *Mitteilungen des Instituts für österreichische Geschichtsforschung*. 94, 49–80.

Krász, L. / P. G. Tóth [2016], Die Dekriminalisierung der Magie und der Kampf gegen den Aberglauben in Ungarn und in Siebenbürgen 1740 – 1848. In: W. Behringer / S. Lorenz / D. R. Bauer (Hg.), *Späte Hexenprozesse. Der Umgang der Aufklärung mit dem Irrationalen*. Bielefeld, 225–248.

Kretschmayr, H. (Hg.) [1925], *Die österreichische Zentralverwaltung. II. Abteilung. von der Vereinigung der österreichischen und böhmischen Hofkanzlei bis zur Einrichtung der Ministerialverfassung (1749–1848). 2. Band*. Wien.

Kroener, B. R. [1999], Die materiellen Grundlagen österreichischer und preußischer Kriegsanstrengungen 1756–1763. In: Ibid. (Hg.), *Europa im Zeitalter Friedrichs des Großen. Wirtschaft, Gesellschaft, Kriege*. München, 47–78.

Krueger, R. [2009], *Czech, German, and Noble: status and national identity in Habsburg Bohemia*. Oxford.

Krzywon, E. J. [1992], Tradition und Wandel. Die Karschin in Schlesien (1722–1761). In: A. Bennholt-Thomsen (Hg.), *Anna Louisa Karsch (1722–1791). Von schlesischer Kunst und Berliner "Natur". Ergebnisse des Symposions zum* 200. *Todestag der Dichterin*. Göttingen, 12-56.

Küchelbecker, J. B. [1730], *Allerneueste Nachricht von römisch = kaÿserliche Hofe nebst einer ausführlichen historischen Beschreibung der kaiserlichen Residenz = Stadt Wien, und der umliegenden Oerter, Theils aus den Geschichten, theils aus eigener Erfahrung zusammen getragen und mit sauberen Kuppffern aus Licht gegeben*. Hannover.

Kudlich, H. [1873], *Rückblicke und Erinnerungen*. 3 Bde. Wien / Pest / Leipzig.

Kummer, P. E. [1964], Abt Adrian Pliemel von Melk und Maria Theresia. Ihr erster Besuch im Stift Melk (3./4. Juli 1743). In: *Jahrbuch für Landeskunde von Niederösterreich*. 36/1, 399–424.

Kunisch, J. [2005], *Friedrich der Grosse. Der König und seine Zeit*. München.

Kwiatkowski, E. [1904], *Die Constitutio criminalis Theresiana. Ein beitrag zur Theresianischen reichs- und rechtsgeschichte*. Wien.

Landsteiner, E. [2011], Demesne lordship and the early modern state in Central

Klingenstein, G. [1975], *Der Aufstieg des Hauses Kaunitz. Studie zur Herkunft und Bildung des Staatskanzlers Wenzel Anton*. Göttingen.

———. [1990], Review: Revisions of Enlightened Absolutism: 'The Austrian Monarchy is Like no Other' . In: *The Historical Journal*. 33-1, 155–167.

Klingenstein, G. / F. A. Szabo (Hg.) [1996], *Staatskanzler Wenzel Anton von Kaunitz-Rietberg 1711–1794. Neue Perspektiven zu Politik und Kultur der europäischen Aufklärung*. Graz / Estergom / Paris / New York.

Klingenstein, G. [1997], The meanings of 'Austria' and 'Austrian' in the eighteenth century. In: R. Oresko / G. C. Gibbs / H. M. Scott (Hg.), *Royal and Republican Sovereignity in Early modern Europe*. Cambridge, 423–478.

Klingenstein, G. / E. Faber / A. Trampus (Hg.) [2009], *Europäische Aufklärung zwischen Wien und Triest: Die Tagebücher des Gouverneurs Karl Graf von Zinzendorf 1776–1782*. 4 Bde. Wien.

Klír, T. / D. Vodáková [2017], Economy and population of an Early Modern Village: Milčice - home of the most famous Bohemian peasant F. J. Vavák. In: *Historie - Otázky – Problémy*. 9-1, 106–151.

Klueting, H. [1995], *Der Josephinismus. Ausgewählte Quellen zur Geschichte der theresianisch-josephinischen Reformen*. Darmstadt.

Knittler, H. [1993], Die Donaumonarchie 1648–1848. In: L. Mieck (Hg.), *Europäische Wirtschafts- und Sozialgeschichte von der Mitte des 17. Jahrhunderts bis zur Mitte des 19. Jahrhunderts*. Stuttgart, 880–915.

Knofler, M. J. [1979], Die Nadelburg - Beispiel einer frühindustriellen Siedlung. In: Koschatzky (Hg.), [1979a], 159–64.

Koja, S. / R. Enke (eds.) [2018], *'The Most Beautiful Pastel Ever Seen': The Chocolate Girl by Jean-Étienne Liotard in the Dresden Gemäldegalerie*. Hirmer Verlag.

Kökényesi, Z. [2020], Die Wege der Integration. Eine Skizze zu den Karrieremöglichkeiten und der Repräsentation von ungarischen Aristokraten am Hof Maria Theresias. In: Braun etc. (Hg.), [2020], 189–210.

Komlos, J. [1983], *The Habsburg Monarchy as a Customs Union: Economic Development in Austria-Hungary in the Nineteenth Century*. Princeton.

———. [1989], *Nutrition and Economic Development in the Eighteenth-Century HabsburgMonarchy: An Anthropometric History*. Princeton.

Komlos, J. / A. Ritschl [1995], Holy Days, Work Days, and the Standard of Living in the Habsburg Monarchy. In: *The journal of interdisciplinary history*. 26/1, 57–66.

Koschatzky, W. (Hg.) [1979a], *Maria Theresia und ihre Zeit. Eine Darstellung der überregionaler Arbeitsteilung und imperialer Politik (1772-1914)*. Wien.

———. [2017], Creating Differences for Integration: Enlightened Reforms and Civilizing Missions in the Eastern European Possessions of the Habsburg Monarchy (1750–1815). In: D. Tricoire (ed.), *Enlightened Colonialism. Civilization Narratives and Imperial Politics in the Age of Reason*. Basingstoke, 133–155.

Karafiol, E. [1965], *The Reforms of the Empress Maria Theresa in the provincial Government of lower Austria 1740–1765*. Phil. Diss. Cornell Univerity.

Karajan, Th. G. [1859], *Maria Theresia und Graf Sylva-Tarouca*. Wien.

Kauffmann, A. [2001], *„Mir träumte vor ein paar Nächten, ich hätte Briefe von Ihnen empfangen." Gesammelte Briefe in den Originalsprachen*. Hrsg., kommentiert und mit einem Nachwort versehen von W. Maierhofer. Libelle.

Kauffmann, K. [1994], *„Es ist nur ein Wien!" Stadtbeschreibungen von Wien 1700 bis 1873: Geschichte eines literarischen Genres der Wiener Publizistik*. Böhlau.

Keith, R. M. [1849], *Memoirs and correspondence (official and familiar) of Sir Robert Murray. Keith, K.B., envoy extraordinary ad minister plenipotentiary at the courts of Dresden, Copenhagen, and Vienna, from 1769–1792, … ed. Mrs. Gillespie Smyth*. London.

Keller, K. [2018], Berichte und Kritik. Herrscherin, Ausnahme, Mythos: Neue Publikationen zu Maria Theresia. In: *Zeitschrift für Historische Forschung*. 45-1, 83–96.

Khavanova, O. [2022], "There are many Hungarians at the College…": The Vienna Theresianum and the Hungarian Aristocracy. In: Vaderna (ed.), [2022], 101–117.

Khevenhüller-Metsch, R. / H. Schlitter (Hg.) [1907–1925], *Aus der Zeit Maria Theresias. Tagebuch des Fürsten Johann Josef Khevenhüller-Metsch, Kaiserlichen Obersthofmeisters 1742–1776*. 7 Bde. Wien / Leipzig.

Klaniczay, G. [1988], Gerard van Swieten und die Anfänge des Kampfes gegen Aberglauben in der Habsburg-Monarchie. In: *Acta Histórica Academiae Scientiarum Hungaricae*. 34 /2-3, 225–247.

Klecker, E. [1997], Bella gerant alii. Tu, felix Austria, nube! Eine Spurensuche· In: *Österreich in Geschichte und Literatur.* 41, 30–44.

Kleiner, S. [1982], *Das florierende Wien. Vadutenwerk in vier Teilen aus den Jahren 1724–37. Nachwort von Elisabeth Herget*. Dortmund.

Klemun, M. / H. Hühnel [2017], *Nikolaus Joseph Jacquin (1727–1817) – ein Naturforscher (er)findet sich*. Göttingen.

österreichische Finanzpolitik der Barockzeit (1703–1715). Wien.

Holzmair, E. [1964], Maria Theresia als Trägerin „männlicher" Titel. eine numistische Studie. In: *Mitteilungen des Instituts für österreichische Geschichtsforschung*. 72, 122–134.

Horn, D. B. [1957], The Diplomatic Revolution. In: Lindsay, J. O. (ed.), *The New Cambridge Modern History vol. 7, The Old Regime: 1713–63*. Cambridge, 440–464.

Hrazky, J. [1959], Die. Persönlichkeit der Infantin Isabella von Parma. In: *Mitteilungen des Österreichischen Staatsarchivs*. 12, 174–239.

Hume, D. [1932], *The Letters of David Hume. Edited by J. Y. T. Greig*. 2 vols. Oxford.

Iby, E. / A. Kollar [2007], *Schönbrunn*. Wien.

Ingrao, Ch. W. (ed.) [1994], *State and Society in early modern Austria*. Purdue.

———. [2019[3]], *The Habsburg monarchy, 1618–1815*. Cambridge.

Innerkofler, A. (Hg.) [1910], *Eine große Tochter Maria Theresias: Erzherzogin Marianna, in ihrem Hauptmonumente, dem Elisabethinen-Kloster zu Klagenfurt*. Klagenfurt.

Iwasaki, S. [2014], *Stände und Staatsbildung in der frühneuzeitlichen Habsburgermonarchie in Österreich unter der Enns 1683–1748*. St. Pölten.

Janković, V, [2017], Origins and Reflections of the Identities of Croatian Nobility During the Eighteenth Century in the Social and Cultural Environment of Early Modern Europe. In: *Review of Croatian history*. XIII, 1; 45–78.

Judge, J. C. [2018], *The United States of Belgium: The Story of the First Belgian Revolution*. Leuven.

Kaiserin Elisabeth / B. Hamann (Hg.) [1997], *Kaiserin Elisabeth - Das poetische Tagebuch*. Wien.

Kállay, I. [1981], Ein Geheimbericht über den Tod Maria Theresias. In: *Mitteilungen des österreichischen Staatsarchivs*. 34, 342–344.

Kallbrunner, J (Hg). [1952], *Kaiserin Maria Theresias Politisches Testament*. Wien.

Kalmár, J. [1996], Regierungsnormen Karl Habsburgs vor seiner Kaiserwahl im Jahr 1711. In: *Mitteilungen des österreichischen Staatsarchivs*. 44, 138–144.

———. [2018], Die Politik der Königin Maria Theresia in der ungarischen Geschichtsschreibung. In: Preinfalk etc. (eds.), [2018], 41–50.

Kaltenbrunner, R. [2019], *Barbara Krafft nata Steiner 1764–1825. Porträtistin der Mozartzeit*. Salzburg.

Kann, R. A. [1974], *A History of the Habsburg Empire 1526–1918*. California.

Kaps, K. [2015], *Ungleiche Entwicklung in Zentraleuropa. Galizien zwischen*

State: Representative Institutions in Ireland and Europe, 1689–1800. Palgrave Macmillan.
Heindl, W. [1991], *Gehorsame Rebellen. Bürokratie und Beamte in Österreich 1780 bis 1848*. Wien / Köln / Graz.
Helczmanovszki, H. (Hg.), [1973], *Beiträge zur Bevölkerungs- und Sozialgeschichte Österreichs*. Wien.
Heppner, H. / N. Reisinger, (Hg.) [2006], *Steiermark. Wandel einer Landschaft im langen 18. Jahrhundert*. Böhlau.
Hertel, S. [2016], Maria Theresia als „König von Ungarn" im Krönungszeremoniell in Preßburg (1741). In: *Frühneuzeit-Info*. 27, 110–123.
Hinrichs, C. (Hg.) [1937], *Friedrich der Grosse und Maria Theresia. Diplomatische Berichte von Otto Christoph Graf v. Podewils*. Berlin.
Hochedlinger, M. [2003], *Austria's Wars of emergence. War, States and Society in the Habsburg Monarchy 1683–1797*. London.
———. [2004], Das k. k. „Geheime Hausarchiv". In: J. Pauser / M. Scheutz / Th. Winkelbauer (Hg.), [2004], 33–44.
Hochedlinger, M. / A. Tantner (Hg.) [2005], *„…Der größte Teil der Untertanen lebt elend und mühselig". Die Berichte des Hofkriegsrates zur sozialen und wirtschaftlichen Lage der Habsburgermonarchie 1770–1771*. Wien.
Hochedlinger, M. / Th. Winkelbauer (Hg.) [2010], *Herrschaftsverdichtung, Staatsbildung, Bürokratisierung. Verfassungs-, Verwaltungs- und Behördengeschichte der Frühen Neuzeit*. Wien / München.
Hochedlinger, M. / P. Mat'a / Th. Winkelbauer (Hg.) [2019], *Verwaltungsgeschichte der Habsburgermonarchie in der Frühen Neuzeit I: Hof und Dynastie, Kaiser und Reich, Zentralverwaltungen, Kriegswesen und landesfürstliches Finanzwesen*. 2 Bde. Wien / München.
Hock, C. / H. I. Bidermann [1879], *Der Osterreichische Staatsrath. 1760–1848*. Wien.
Hoffmann, Ph. T. / K. Norberg (eds.) [1994], *Fiscal Crises, Liberty, and Representative Government 1450–1789*. Stanford.
Hofmannsthal, H. [1979], Maria Theresia· Zur zweihundertsten Wiederkehr ihres Geburtstages im Jahre 1917. In: Koschatzky (Hg.), [1979a], 11–16.
Hohberg, W. H. von. [1682], *Georgica curiosa aucta, das ist: Umständlicher Bericht und klarer Unterricht von dem vermehrten und verbesserten adelichen Land- und Feld-Leben, auf alle in Teutschland übliche Land- und Haus-Wirthschafften gerichtet* ... 2 Bde. Nürnberg.
Holl, B. [1976], *Hofkammerpräsident Gundaker Thomas Graf Starhemberg und die*

1790. Purdue.

Gnant, Ch. [2015], Die Universität Wien im 18. Jahrhundert. Entkirchlichung – Verstaatlichung – Ausbau. In: J. Rüdiger / D. Schweizer (Hg.), *Stätten des Wissens. Die Universität Wien entlang ihrer Bauten 1365–2015*, Wien, 87–100.

Godsey, W. D. [2018], *The Sinews of* Habsburg Power*: Lower Austria in a Fiscal-Military State 1650–1820*. Oxford.

Godsey, W. D. / P. Mat'a (eds) [2022], *The Habsburg Monarchy as a Fiscal-Military State: Contours and Perspectives 1648–1815*. Oxford.

Good, D. F. [1984], *Economic Rise of the Habsburg Empire, 1750–1914*. California.

Goodman, D. (ed.) [2003], *Marie Antoinette: Writings on the Body of a Queen*. Routledge.

Grab, A. [1984], Enlightend Despotism and State Building: The Case of Austrian Lombardy. In: *Austrian History Yearbook*. 19-20, 43–72.

Graf, G. [1998], *Der Verfassungsentwurf aus dem Jahr 1787 des Granduca Pietro Leopoldo di Toscana. Edition & Übersetzung - Das Verfassungsprojekt*. Berlin.

Graf, K. [2016], Der Endinger Hexenprozess gegen Anna Trutt von 1751. In: W. Behringer / S. Lorenz / D. R. Bauer (Hg.), *Späte Hexenprozesse. Der Umgang der Aufklärung mit dem Irrationalen*. Bielefeld, 89–101.

Grassl, H. [1975], *Das österreichische Einrichtungswerk in Galizien (1772–1790)*. Wiesbaden.

Gugitz, G. [1940], *Das Wiener Kaffeehaus: Ein Stück Kultur- und Lokalgeschichte*. Wien.

Guglia, E. [1917], *Maria Theresia: Ihr Leben und ihre Regierung*. 2 Bde. München.

Hamann, B. (Hg.), [1988], *Die Habsburger. Ein biographisches Lexikon*. Wien.

Hardman, J. [2021], *Marie-Antoinette: The Making of a French Queen*. Yale.

Hartmann, P. C. [1985], *Karl Albrecht – Karl VII. Glücklicher Kurfürst - Unglücklicher Kaiser*. Regensburg.

Hassenpflug-Elzholz, E. [1982], *Böhmen und die böhmischen Stände in der Zeit des beginnenden Zentralismus*. München.

Haug-Moritz, G. / H. P. Hye / M. Raffler (Hg.) [2009], *Adel im „langen"18. Jahrhundert*. Wien.

Hausmann, F. [2014], *Herrscherin im Paradies der Teufel: Maria Carolina Königin von Neapel*. München.

Haydn, J. [1965], *Joseph Haydn - Gesammelte Briefe und Aufzeichnungen. hg. von D. Bartha*. Kassel.

Hayton, D. W. / J. Kelly / J. Bergin (eds.) [2010], *The Eighteenth-Century Composite*

Staatsmann und Grundherr. In: *Österreich in Geschichte und Literatur*. 15, 193–203.

Engelbrecht, H. [1982], *Geschichte des österreichischen Bildungswesens*. Band 3. Wien.

Evans, R. J. W. [1979], *The Making of the Habsburg Monarchy 1550–1700: an Interpretation*. Oxford.（新井皓士訳『バロックの王国——ハプスブルク朝の文化社会史一五五〇－一七〇〇年』慶應義塾大学出版会、2013年）

Evans, R. J. W. / T. V. Thomas (Hg.) [1991], *Crown, Church and the Estates. Central european politics in the sixteenth and seventeenth centuries*. London.

Evans, R. J. W. [2008], *Austria, Hungary, and the Habsburgs. Essays on Central Europe C. 1683–1867*. Oxford.

Faroqhi, S. [2014], *Travel and Artisans in the Ottoman Empire: Employment and Mobility in the Early Modern Era*. I, B. Tauris.

Feiner, S. [2020], *The Jewish Eighteenth Century: A European Biography, 1700-1750* (trans. J. M. Green). Bloomington.

Fellner, Th. / H. Kretschmayr (Hg.) [1907], *Die österreichische Zentralverwaltung. I. Abteilung. von Maximilian I bis zur Vereinigung der österreichischen und böhmischen Hofkanzlei (1749). 3. Band. Aktenstücke 1683–1749*. Wien.

Fettweis, G. B. / G. Hamann (Hg.) [1989], *Über Ignaz von Born und die Societät der Bergbaukunde 1786*. Wien.

Fillafer, F. L. [2020], *Aufklärung habsburgisch. Staatsbildung, Wissenskultur und Geschichtspolitik in Zentraleuropa 1750–1850*. Göttingen.

Findlen, P. [2011], Calculations of faith: mathematics, philosophy, and sanctity in 18th-century Italy (new work on Maria. Gaetana Agnesi). In: *Historia Mathematica*. 38-2, 248–291.

Forgó, A. / K. Kulcsár (Hg.) [2018], *Die habsburgische Variante des Aufgeklärten Absolutismus. Beiträge zur Mitregentschaft Josephs II., 1765–1780*. Wien.

Forster, E. [2011], Gesellschaftliche Neuordnung am Ende des 18. Jahrhunderts? Ein Vergleich der österreichischen und toskanischen Rechtsentwürfe. In: *Neues Recht / Diritto nuovo*. 20–2, 15–39.

François, E. [1990], The German Urban Network between the Sixteenth and Eighteenth Centuries. Curtural and Demographic Indicators. In: A. M. Van der Woude / A. Hayami / J. De Vries (eds.), *Urbanization in History: a Process of Dynamic Interactions*. Oxford / New York, 84–100.

Füssel, M. [2010], *Der Siebenjährige Krieg. Ein Weltkrieg im 18. Jahrhundert*. C. H. Beck.

Gates-Coon, R. [2015], *The Charmed Circle: Joseph II and the Five Princesses, 1765–*

Cerman, I. [2018], Maria Theresa' s Tricentennial in the Czech Republic of 2017. In: *Opera Historica*. 19, 271–277.

Cerman, M. [2012], *Villagers and Lords in Eastern Europe, 1300–1800*. Palgrave Macmillan.

Codex Austriacus. 6 Bde. Wien 1704, Leipzig 1748, 1752, Wien 1777.

Constitutio Criminalis Theresiana. Wien 1769.

Coreth, A. [1982], *Pietas Austriaca. Österreichische Frömmigkeit im Barock*. Wien.

Corti, E. C. [1950], *Ich, eine Tochter Maria Theresias: ein Lebensbild der Königin Marie Karoline von Neapel*. München.

Coxe, W. [1847], *History of the house of Austria: from the foundation of the monarchy by Rhodolph of Hapsburg, to the death of Leopold the second, 1218 to 1792*. 3 vols. London.

Csáky, M. / W. Pass (Hg.) [1995], *Europa im Zeitalter Mozarts*. Böhlau.

Csendes, P. / F. Opll (Hg.) [2003], *Wien. Geschichte einer Stadt. Bd.2: Die frühneuzeitliche Residenz (16. bis 18. Jahrhundert) Hg. von K. Vocelka / A. Traninger*. Wien / Köln / Weimar.

Czigány, L. [1984], *The Oxford History of Hungarian Literature: From the Earliest Times to the Present*. Oxford.

De Smedt, H. [2011], Living Apart Together. The Southern Netherlands and the Habsburg Monarchy in the 18th Century. Socio-Economic Changes. In: Heppner, H. / P. Urbanitsch / R. Zedinger (eds.) *Social Change in the Habsburg Monarchy*, 37–59.

Dickson, P. G. M. [1987], *Finance and Government under Maria Theresia 1740–1780*. 2 vols. Oxford.

———. [1995], Monarchy and Bureaucracy in Late Eighteenth-Century Austria. In: *English Historical Review*. 110, 323–367.

———. [1996], Baron Bartenstein on Count Haugwitz's 'New System' of Government. In: T. C. W. Brawning / D. Cannadine (eds.), *History and Biography: essays in honour of Derek Beales*. Cambridge, 5–20.

Discailles, E. [1872], *Les Pays-Bas sous le règne de Marie-Thérèse (1740–1780)*. Muquardt.

Droysen, J. G. u.a. (Hg.) [1879–1939], *Die politische Correspondenz Friedrichs des Großen*. 46 Bde. und ein Ergänzungsband, Berlin / Leipzig.

Duffy, Ch. [1977], *The Army of Maria Theresa. The Armed Forces of Imperial Austria, 1740–1780*. New York.

Eichwalder, R. [1971], Georg Adam Fürst Starhemberg (1724–1807). Diplomat,

1795. Böhlau.

Braubach, M. [1953], Johann Christoph Bartensteins Herkunft und Anfänge. In: *Mitteilungen des Instituts für österreichische Geschichtsforschung*. 61, 99–149.

———. [1961], *Maria Theresias jüngster Sohn Max Franz. Letzter Kurfürst von Köln und Fürstbischof von Münster*. Wien / München.

Braun, B. [2018], *Eine Kaiserin und zwei Kaiser. Maria Theresia und ihre Mitregenten Franz Stephan und Joseph II*. Bielefeld.

Braun, B. / J. Kusber / M. Schnettger (Hg.) [2020], *Weibliche Herrschaft im 18. Jahrhundert. Maria Theresia und Katharina die Große*. Bielefeld.

Brázdil, R. / H. Valášek / J. Luterbacher / J. Macková [2001], Die Hungerjahre 1770–1772 in den boehmischen Ländern. Verlauf, meteorologische Ursachen und Auswirkungen. In: *Österreichische Zeitschrift für Geschichtswissenschaften*. 12-2, 44–78.

Brechka, F. T. [1970], *Gerard van Swieten and his World 1700–1772*. Den Haag.

Breuer, D. / G. Tüskés / R. Lengyel (Hg.) [2019], *Aufgeklärte Sozietäten, Literatur und Wissenschaft in Mitteleuropa*. De Gruyter.

Breunlich-Pawlik, M. / H. Wagner (Hg.) [1972], *Aus der Zeit Maria Theresias. Tagebuch des Fürsten Johann Josef Khevenhüller-Metsch, Kaiserlichen Obersthofmeisters 1742–1776. VIII. 1774–1780 und Nachträge*. Wien.

Browning, R. [1993], *The War of the Austrian Succession*. London.

Bruckmüller, E. [1985], *Sozialgeschichte Österreichs*. Wien.

———. [2018], Maria Theresia: ältere und neuere biographischen Forschungen. In: Preinfalk etc. (eds.), [2018] 19–39.

Brunner, O. [1955], Das Haus Österreich und die Donaumonarchie. In: *Südostforschung*. 14, 122–144.

Burkhardt, J. [2006], *Vollendung und Neuorientierung des frühmodernen Reiches 1648–1763*. Stuttgart.

Cerman, I. [2004], Bildungsziele – Reiseziele. Die Kavalierstour im 18. Jahrhundert. In: *Jahrbuch der Österreichischen Gesellschaft zur Erforschung des Achtzehnten Jahrhunderts*. 18/19, 49–78.

———. / V. Lubos (Hg.) [2006], *Adelige Ausbildung: Die Herausforderung der Aufklärung und die Folgen*. München.

———. [2010], *Habsburgischer Adel und Aufklärung. Bildungsverhalten des Wiener Hofadels im 18. Jahrhundert*. Stuttgart.

Cerman, I. / R. Krueger / S. Reynolds (eds.) [2011], *The Enlightenment in Bohemia*. Oxford.

Österreichische Geschichte. 46, 1–215.

Arnerh, A. / M. A. Geffroy (Hg.) [1874], *Marie-Antoinette: Correspondance Secrète Entre Marie-Thérèse Et Le Comte De Mercy-Argenteau, Avec Les Lettres De Marie-Thérèse Et De Marie-Antoinette*. 1–3. Paris.

Arneth, A., [1881], *Briefe der Kaiserin Maria Theresia an ihre Kinder und Freunde*. 4 Bde. Wien.

———. [1885], Graf Philipp Cobenzl Und Seine Memoiren. In: *Archiv für Österreichische Geschichte*. 67, 1–177.

Arneth, A. / M. J. Flammermont (eds.) [1889], *Correspondance secrète du Comte de Mercy-Argenteau avec l' Empereur Joseph II et le Prince de Kaunitz*. 1–2. Paris.

Arnheim, F. [1889], Das Urtheil eines schwedischen Diplomaten über den Wiener Hof im Jahre 1756. In: *Mitteilungen des österreichischen Geschichtsforschung*. 10, 287–294.

Bachleitner, N. [2017], *Die literarische Zensur in Österreich von 1751 bis 1848*. Böhlau.

Badinter, É. [2008], *Isabelle de Bourbon-Parme, « Je meurs d' amour pour toi ». Lettres à l' archiduchesse Marie-Christine, 1741–1763*. Tallandier.

———. [2017], *Maria Theresia. Die Macht der Frau*. Wien.

Banakas, A.-S. [2021], *Les portraits de Marie-Thérèse: Représentation et lien politique dans la Monarchie des Habsbourg (1740–1780)*. De Gruyter Oldenbourg.

Beales, D. [1987], *Joseph II: Vol. I, In the Shadow of Maria Theresa, 1741–1780*. Cambridge.

———. [2005], *Enlightenment and Reform in Eighteenth-century Europe*. I. B. Tauris.

———. [2009], *Joseph II: Vol. II, Against the World, 1780–1790*. Cambridge.

Beck, M. [2017], *Macht-Räume Maria Theresias. Funktion und Zeremoniell in ihren Residenzen, Jagd- und Lustschlössern*. Berlin.

Beer, A. (Hg.) [1871], *Aufzeichnungen des Grafen William Bentinck über Maria Theresia*. Wien.

———. (Hg.) [1873], *Joseph II., Leopold II. und Kaunitz: ihr Briefwechsel*. Wien.

Bergl, J. [1927], Die Ausweisung der Juden aus Prag im Jahre 1744. In: Steinherz, S. (Hg.), *Die Juden in Prag*. Prag, 1927, 187–247.

Berning, B. [2008], *„Nach allem löblichen Gebrauch": die böhmischen Königskrönungen der Frühen Neuzeit (1526–1743)*. Köln.

Blanning, T. C. W. [1994], *Joseph II*. London.

Blom, Ph. / W. Kos (Hg.) [2011], *Angelo Soliman: Ein Afrikaner in Wien*. Wien.

Blumenbach, J. F. [1790], *Beyträge zur Naturgeschichte*. Bd. 1. Göttingen.

Bodi, L. [1995], *Tauwetter in Wien: zur Prosa der österreichischen Aufklärung 1781–*

引用・参考文献

Abafi, L. [1890–1899], *Geschichte der Freimaurerei in Österreich-Ungarn*. 5 Bde. Budapest.

ADB [1875–1912], Die historische Commission bei der königlichen Akademie der Wissenschaft (Hg.), *Allgemeine deutsch Biographie. Auf Veranlassung Seiner Majestät des Königs von Bayern*. 56 Bde. Leipzig / München.

Agnesi, M. G. [1801], *Analytical institutions in four books: originally written in Italian (translated by John Colson)*. London.

Allgemeine Zeitung (7. Febr. 1821).

Ammerer, G. / A. S. Weiß (Hg.) [2006], *Strafe, Disziplin und Besserung: Österreichische Zucht- und Arbeitshäuser 1750–1850*. Frankfurt am Main.

Ammerer, G. / W. D. Godsey / M. Scheutz / P. Urbanitsch / A. S. Weiß (Hg.) [2007], *Bündnispartner und Konkurrenten der Landesfürsten? Die Stände in der Habsburgermonarchie*. Wien / München.

Amt der Nieder österreichischischen Landesregierung (Hg.) [1980], *Österreich zur Zeit Kaiser Josephs II. Mitregent Kaiserin Maria Theresias, Kaiser und Landesfürst*. Stift Melk.

Anastácio, V. [2017], Leonor de Almeidas Bericht über den Tod Maria Theresias. Eine portugiesische Perspektive auf weibliche Herrschaftsausübung. In: Wallnig etc. (Hg.), [2017], 135–148.

Anderson, M. S. [1995], *The War of the Austrian Succession 1740–1748*. Longman.

Andreozzi, D. / L. Mocarelli (eds.) [2017], *The Empress Cities: Urban Centres, Societies and Economies in the Age of Maria Theresia von Habsburg*. Trieste.

Aretin, K. O. [1993–1997], *Das alte Reich 1648–1806*. 3 Bde. Stuttgart.

Arneth, A. (Hg.) [1859], *Maria Theresia und der Hofrath von Greiner*. Wien.

———. [1863], *Die Relationen der Botschafter Venedigs über Österreich in achtzehnten Jahrhundert*. Wien.

———. [1863–1877], *Geschichte Maria Theresias*. 10 Bde. Wien.

———. [1864], *Prinz Eugen von Savoyen*. 3 Bde. Wien.

———. (Hg.) [1866], *Marie Antoinette, Joseph II und Leopold II: Ihr Bruefwechsel*. Leipzig.

———. (Hg.) [1867–1868], *Maria Theresia und Joseph II.: ihre Correspondenz sammt Briefen Joseph's an seinen Bruder Leopold*. 3 Bde. Wien.

———. [1871], Johann Christoph Bartenstein und seine Zeit. In: *Archiv für*

や・ら・わ行

ま行

な行

は行

た行

さ行

か行

索引

あ行

岩﨑周一（いわさき しゅういち）
京都産業大学外国語学部ヨーロッパ言語学科ドイツ語専攻教授。一橋大学大学院社会学研究科博士後期課程総合社会科学研究専攻修了。博士（社会学）。著書・翻訳書：『ハプスブルク帝国』（講談社現代新書、2017）; Stände und Staatsbildung in der frühneuzeitlichen Habsburgermonarchie in Österreich unter der Enns 1683-1748. St. Pölten, 2014; H・バラージュ・エーヴァ（渡邊昭子、岩﨑周一訳）『ハプスブルクとハンガリー』（成文社、2003）; 大津留厚、水野博子、河野淳、岩﨑周一編『ハプスブルク史研究入門――歴史のラビリンスへの招待』（昭和堂、2013）

マリア・テレジアとハプスブルク帝国《ていこく》
複合君主政国家《ふくごうくんしゅせいこっか》の光《ひかり》と影《かげ》

2023年11月10日　第1版第1刷発行

著　者……………………………
岩　﨑　周　一
発行者……………………………
矢　部　敬　一
発行所……………………………
株式会社 創　元　社
https://www.sogensha.co.jp/
本社　〒541-0047 大阪市中央区淡路町4-3-6
Tel.06-6231-9010㈹
東京支店　〒101-0051 東京都千代田区神田神保町1-2 田辺ビル
Tel.03-6811-0662㈹
印刷所……………………………
株式会社 太洋社

ISBN978-4-422-20346-1 C1322